"十四五"普通高等教育系列教材

信息素养与信息检索

INFORMATION LITERACY & INFORMATION RETRIEVAL

主编　张　岚　冯晓丽
编写　高祥永　郑知卉　勇世英
　　　董玉萍　白　波　宫丽君
　　　赵　申　李明飞
主审　戴建陆

中国电力出版社
CHINA ELECTRIC POWER PRESS

内 容 提 要

本书编写以提升学习者终身学习能力为导向，通过独特的延伸阅读与丰富的搜索示例，将理论与实践有机结合，融入课程思政元素，语言深入浅出，形象地阐述信息素养和文献信息检索的基本概念、原理、检索技巧，详细介绍各类文献信息检索与利用、学术规范与学位论文写作的相关知识，侧重于移动端搜索，重点论述了网络信息资源、搜索引擎的应用与搜索技巧，特别是如何辨别网络虚假消息、反对网络暴力、注重网络安全、保护个人隐私等实用性强的内容。本书图文并茂、原创示例、例证丰富、特色鲜明。

本书可作为普通高等院校本专科生及研究生信息检索、信息素养类课程的教材，也可作为广大教师、科研人员、工程技术人员等在职人员的参考书。

图书在版编目（CIP）数据

信息素养与信息检索 / 张岚，冯晓丽主编 . —北京：中国电力出版社，2023.9
ISBN 978-7-5198-7891-7

Ⅰ.①信… Ⅱ.①张… ②冯… Ⅲ.①信息学－高等学校－教材②情报检索－高等学校－教材 Ⅳ.① G201 ② G252.7

中国国家版本馆 CIP 数据核字（2023）第 102267 号

出版发行：中国电力出版社
地　　址：北京市东城区北京站西街 19 号（邮政编码 100005）
网　　址：http://www.cepp.sgcc.com.cn
责任编辑：冯宁宁（010-63412537）
责任校对：黄　蓓　于　维
装帧设计：王英磊
责任印制：吴　迪

印　　刷：望都天宇星书刊印刷有限公司
版　　次：2023 年 9 月第一版
印　　次：2023 年 9 月北京第一次印刷
开　　本：787 毫米 ×1092 毫米　16 开本
印　　张：16
字　　数：346 千字
定　　价：49.00 元

前言
PREFACE

　　沈阳电力高等专科学校从 20 世纪 90 年代开始开设文献检索课，2003 年 4 月，学校与辽宁商务职业学院合并成立沈阳工程学院，经过 20 余年的教学探索实践，时至今日，文献检索课已经发展成为一门面向全校本专科生及研究生的课程。由黑板粉笔授课发展为多媒体授课，由线下授课发展为线上线下同步授课，由手工检索工具实习发展到 PC 端移动端实习，由一位授课教师发展到团队授课。

　　高等教育的任务不仅是给学生传授知识，更重要的是对学生进行全面素质的培养。大学阶段，学生的课余时间、自主学习时间更多，课堂上的许多知识、问题需要课后通过相关文献资料的阅读来深入理解、消化吸收。大学生除学好本专业知识外，还应广泛涉猎其他专业相关知识，而这一切都离不开文献信息的查找与选择。通过学习，在拓宽学生获取知识渠道、增强学生获取信息能力的同时，强化大学生探求新知的乐趣，提高学生学习新知的效率，对学生未来的终身教育与学习均有帮助。

　　信息素养教育实践性很强，着重提升学生信息素养和信息能力，培育批判性思维，使学生掌握文献信息检索的基础知识和基本理论，熟悉本专业及相关专业文献信息资源检索，正确高效合理利用互联网，掌握通过多种方式科学获取和有效利用文献信息资源的基本技能，旨在培育学生在求学期间和未来职业活动以及日常生活中的独立思考能力、信息获取能力、自学能力、科学研究能力及创新能力，让学生终身受益。

　　本书来源于几位编者多年的教学实践，在《信息检索》第一、二版及《文献信息检索》的基础上改革创新：全书以课程思政为主导，以立德树人、铸魂育人为根本出发点，弘扬社会主义核心价值观，传递正能量；展示中国科技力量，展示新老一辈科学家的巨大成就，示例丰富，突出能源电力行业特色；强调实用性，充分考虑读者特别是 00 后大学生学习、工作、生活需要，精心设计搜索示例与搜索任务，注重互动，给学生留白，让学生积极思考、动手实践，侧重移动端检索。

　　本书由沈阳工程学院张岚、冯晓丽主编，高祥永、郑知卉、勇世英、董玉萍、白波、宫丽君、赵申、李明飞编写。张岚、冯晓丽编写了第 1、3、4、5、6、7 章，张岚、冯晓丽、高祥永、郑知卉、勇世英、董玉萍、白波共同编写了第 2 章，附录和部分图表由宫丽君、赵申、李明飞完成。全书由戴建陆主审。特别感谢王奕萌同学提供了部分搜索示例的意见与建议，以及中国电力出版社对本书出版的大力支持。本书在编写过程中还参考了大量专家学者的论著、成果，在此一并致谢。

由于编者水平有限，书中可能存在不妥之处，恳请同行专家、读者批评指正。

编者
2022 年 9 月

写在前面的话

一切皆可搜索

搜索无处不在

爱上搜索

搜索没有标准答案

也许你的搜索办法更胜一筹

搜到就好

搜对就好

搜索可以很有趣

搜索越来越简单

搜索让生活、工作、学习变得不一样

搜索即趋势

保持好奇

保持求真

一起体验搜索的快乐

优质资源那么多

用就是在做贡献

高效获取文献信息资源

成为信息达人

搜索高手

全面提升信息素养

目录 ⌕

CONTENTS

第3章 学术规范与学位论文写作

第4章 搜索引擎

第5章 遨游互联网

第 6 章 是真的吗？

第 7 章 阅读改变人生

附录 常用相关词汇

第1章　搜索这件事儿　🔍

　　21 世纪 20 年代，80 亿人口的地球村有 50 亿网民，中国网民已经在 2021 年上半年突破
10 亿。互联网渗透到人类社会生活、学习、工作的方方面面，是获取信息最重要的渠道之
一。信息川流不息，IBM 公司估计每天有 2.5 万亿字节的数据产生。信息技术的迅猛发展及
其产业化的空前成功将人类社会带入信息无处不在的信息泛在时代。信息总量以几何级数暴
增，刚刚过去 10 年的信息总量超出过去 100 年的信息总量，而且多数是免费的，免费并不
意味着可以不劳而获，最终仍将为甄别和使用这些信息碎片付出宝贵的时间和精力——需要
花费更多时间，去分辨信息的轻重、优劣，分辨哪些信息值得信赖，哪些信息又可以忽略。
一份（数字出版的）报纸所包含的信息量多于 17 世纪一个普通人一生的经验。古时最有学
问的智者倾其一生可以阅读多少文字？10 万字？20 万字？也许他一生也读不完一本《时间
简史》。信息社会的典型特征是：对全社会而言，信息是一种战略性资源。对身处网络世界
的民众来说，信息借助新媒介、新技术闯入，信息爆炸成为日常。虚假消息横冲直撞，网民
被信息洪流裹挟着前行。

　　搜索成了日常的一部分，搜索无处不在。2022 年谷歌每秒处理 99000 多次搜索，每天
处理超过 85 亿次搜索；2020 年抖音日均视频搜索量突破 4 亿，快手日均搜索次数也在 2021
年超过 3 亿；截至 2021 年，微信"搜一搜"月活跃用户数超过 7 亿；截至 2022 年 6 月，中
国搜索引擎用户规模达 8.21 亿，较 2021 年 12 月减少 737 万，占网民整体的 78.2%。2017
年 12 月—2021 年 12 月中国搜索引擎用户规模及使用率如图 1-1 所示。

单位：万人

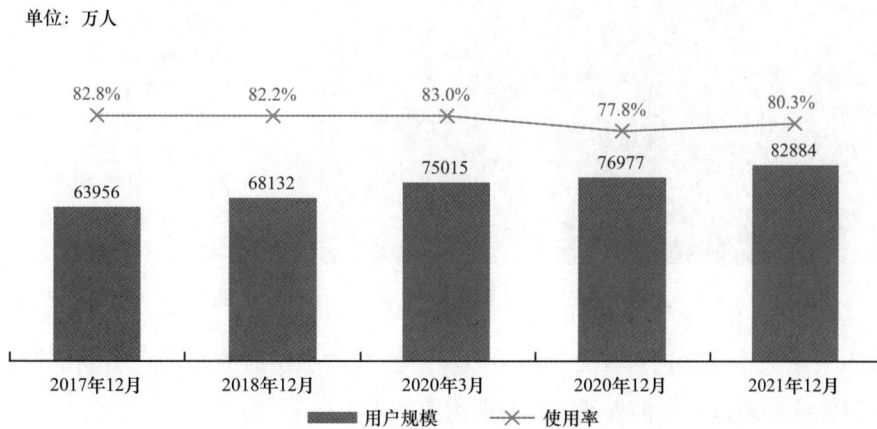

图 1-1　2017 年 12 月—2021 年 12 月中国搜索引擎用户规模及使用率

大学生创新创业训练计划如何搜索文献支撑选题，如何给 EI/SCI（EI 指工程索引，SCI 指科学引文索引）收录期刊投稿，毕业论文撰写与查重，网络课程众里寻他千百度，考研方向确定与导师选择，耸人听闻的消息是真是假……“百度一下，你就知道”是 PC 机时代的场景，移动端主导的网络世界新的竞争对手异军突起——国家市场监督管理总局对知网涉嫌垄断行为立案调查，“遇事不决，抖音来学”，“你感兴趣的视频都在 B 站”，“种草笔记”……传统搜索引擎使用率必然下降，但这并不意味着搜索行为减少，反而以另一种方式增加——内嵌在诸多应用（applications）之中，分散在各个场景的头部应用里。微信和支付宝两个超级应用里日渐增多的搜索内容，使得遇到问题搜索答案有了更多选择。微信搜索见图 1-2。

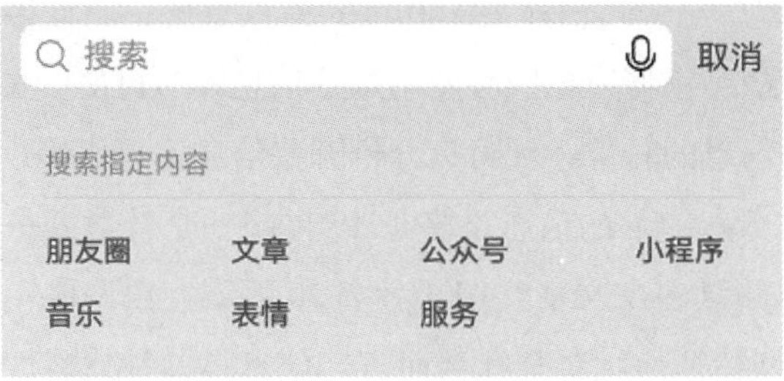

图 1-2 微信搜索

挑战来了： 只凭一张网友随手拍摄于飞机上的照片（见图 1-3），能否搜索出右下角那片白色区域的准确地理位置？

图 1-4 是 2022 年 2 月在网络上广为流传的一段文字，文字有不止一处明显错误，属于典型的自媒体不负责任发布，却在网络上迅速传播、误导受众。你能否找出其中的错误？

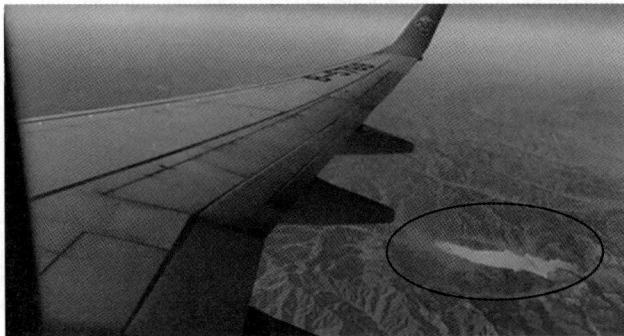

图 1-3 一张网友随手拍摄于飞机上的照片

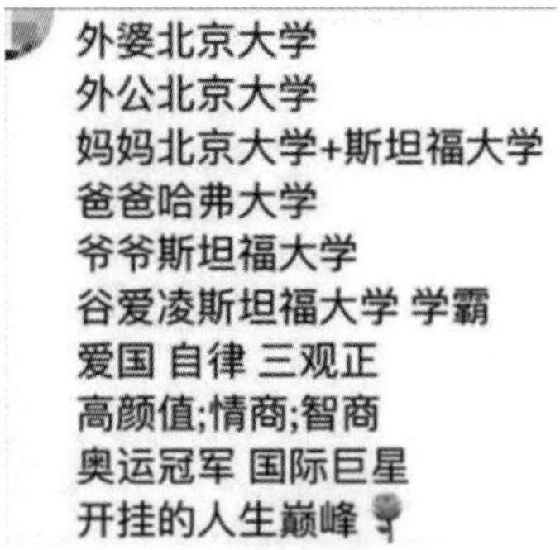

外婆北京大学
外公北京大学
妈妈北京大学+斯坦福大学
爸爸哈弗大学
爷爷斯坦福大学
谷爱凌斯坦福大学 学霸
爱国 自律 三观正
高颜值;情商;智商
奥运冠军 国际巨星
开挂的人生巅峰

图 1-4 网络不实消息示例

美国康奈尔大学当地时间 2020 年 10 月 1 日发布的一份研究报告说：新冠肺炎疫情期间，美国前总统特朗普是全世界新冠肺炎假消息的最大推手。

欧美西方媒体的双标，戴着有色眼镜，偷换概念、移花接木等种种卑劣的手段，所谓“fake news”大行其道。

面对浩如烟海的信息，如何去粗取精，海底捞针？如何雾里看花，甄别筛选？

1.1　信息　知识　情报　数据　文献

提及信息的定义，没有标准的绝对答案，不同的学科领域可以有不同的诠释。

信息无处不在，无时不有。信息论的创始人香农给出的定义是"信息是用来消除不确定性的东西。"控制论的创始人维纳认为"信息是人们在适应外部世界并且使这种反应作用于外部世界的过程中同外部世界进行交换的内容和名称。"我国信息论专家钟义信给出了"信息是事物运动的状态和状态变化的方式，是事物的一种属性"的释义。《辞海》（2019 年第七版）将信息解释为对观察对象形态、运动状态和方式的反映，是事物的一种普遍属性。

苏格拉底说："真正的知识在于知道你一无所知"。知识是人们在改造客观世界的实践中所获得的认识和经验的总和。知识是信息的一部分。知识是同类信息的深化、积累，是优化了的信息的总汇和结晶。信息社会，知识成为社会发展的巨大资源。

任务来了：请问"知识就是力量"是谁的名言？完整的原文是什么？

情报是运动着的知识，是传播中的知识，这种知识是使用者在得到这种知识之前不知道的。情报是被传递的知识或事实，是知识的激活，是运用一定的媒体，越过空间和时间传递给特定用户，解决具体问题所需要的特定知识和信息。

数据是指对客观事件进行记录并可以鉴别的符号，是对客观事物的性质、状态以及相互关系等进行记载的物理符号或这些物理符号的组合。

延伸阅读：

什么是大数据？

大数据（big data）是指一般的软件工具难以捕捉、管理和分析的大容量数据，一般以"太字节"（terabyte，TB）为单位。大数据之"大"，并不仅仅在于"容量之大"，更大的意义在于通过对海量数据的交换、整合和分析，发现新的知识，创造新的价值，带来"大知识""大科技""大价值""大发展"，使我们逐渐走向创新社会化的新信息时代。

国际数据公司（international data corporation，IDC）将大数据描述为：大数据是一个看起来似乎来路不明的大的动态过程。但实际上，大数据并不是一个新生事物，虽然它确确实实正在走向主流和引起广泛的注意。大数据并不是一个实体，而是一个横跨很多 IT 边界的动态活动。

麦肯锡全球研究所给出的定义是：一种规模大到在获取、存储、管理、分析方面大大超出了传统数据库软件工具能力范围的数据集合，具有海量的数据规模、快速的数据流转、多样的数据类型和价值密度低四大特征。

维基百科对大数据的定义则简单明了：大数据是指利用常用软件工具捕获、管理和处理数据所耗时间超过可容忍时间的数据集。

2017 年到 2021 年，我国数据产量从 2.3ZB 增长至 6.6ZB，全球占比 9.9%，位居世界第二。大数据产业规模快速增长，从 2017 年的 4700 亿元增长至 2021 年的 1.3 万亿元。

文献是记录有知识的一切载体，用文字、图像、符号、音频、视频等手段记录人类知识。千百年来，历经殷墟龟甲兽骨、春秋简牍、秦汉丝帛绢、古埃及莎草纸、古欧洲羊皮卷、华夏纸张、缩微制品、磁带软盘光盘、云存储……载体的变化层出不穷，见证体积越来越小，存储密度越来越高，访问速度越来越快的发展趋势。未来会有新的存储介质出现，带来意想不到的使用体验。

延伸阅读：

明朝那些事儿

历时 94 载由张廷玉、徐元文等人编纂的官修《明史》，以乾隆四年（1739 年）武英殿本《明史》为最早，以纸张为载体，采用刻版印刷方式，数量极为有限，价格更是不菲，属于稀缺资源。20 世纪 80 年代"当代毕昇"王选院士发明汉字激光照排系统，让中国印刷告别铅与火，跨进光与电。众多书写明朝历史的书籍焕发新的生命，再次呈现在世人面前。

时至今日，《明史》被搬到了互联网之上，点击鼠标瞬间即可在线阅读，可选择的版本众多，多数都是免费。

互联网还不太发达的 2006 年的某天，一个网名叫做"就是这样吗"的人闯进天涯论坛煮酒论史板块开始码字——《明朝的那些事儿——历史应该可以写得好看》。后转至新浪博客连载，"当年明月"每天在其新浪博客上"写"2000 字左右，人们可以一天一天地在线阅读，品味数字阅读、读网的快乐，2009 年 3 月《明朝的那些事儿——历史应该可以写得好看》网络连载完毕。但短短数月内点击量超过千万，出版发行势不可挡，2006 年 9 月印刷本《明朝那些事儿》首次面世，总销量超过三千万册。豆瓣逾 50 万人评价，各版本评分均在 9.0 以上。还有"车载有声书——光盘版""音频版""漫画版"等不同媒介的版本涌现。

由此可见，一方面是传统文献的数字化多媒体化，另一方面是数字出版回归传统纸媒，二者互补共进才是出路。

新浪博客连载的《明朝的那些事儿》界面见图 1-5。

知识永远是人类最有力的工具，知识只有运用于实践才会转化为力量和智慧。1996年，联合国教科文组织总干事埃德加·福尔在《学会生存》一书中指出："未来的文盲不再是那些不识字的人，而是那些不会学习的人。"

当今世界正经历百年未有之大变局，世界多极化、经济全球化、社会信息化、文化多样

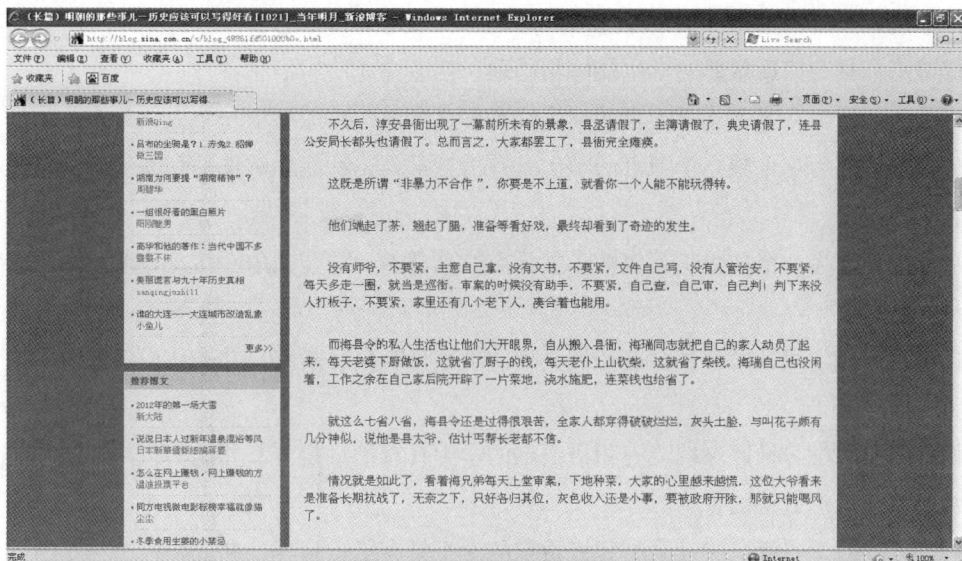

图 1-5　新浪博客连载的《明朝的那些事儿》界面

化深入发展，全球治理体系和国际秩序变革加速推进。故线上成了不可或缺的永恒主题，信息变多、思考变浅，机会变多、竞争跨界，随时干扰、永远在线。知道知识在哪儿，比知道知识是什么更重要。未来世界的认知能力是找到信息的搜索能力、运用信息的思考能力以及从大量信息里抓取趋势的洞察能力。

信息检索也称信息搜索，是指信息用户根据需要从有序化的信息集合（检索工具）中找出有关信息的过程。更广义地理解，信息检索还包括信息存储的过程，将大量无序的信息按照一定的规则方法有序地组织起来，全称为信息存储与检索。信息检索最早发展于图书馆的参考咨询工作。

1.2　信息素养　元素养

信息素养是一种对信息社会的适应能力，是一种重要的基础能力。

信息素养这一概念是美国信息产业协会主席保罗·泽考斯基于 1974 年提出的。1989 年美国图书馆协会（ALA）下设的"信息素养总统委员会"在其年度报告中对信息素养的含义进行了重新概括："要成为一个有信息素养的人，就必须能够确定何时需要信息并且能够有效地获取、评价和使用所需要的信息。"

1998 年，美国图书馆协会和教育传播协会制定了学生学习的九大信息素养标准，概括了信息素养的具体内容。

标准一：具有信息素养的学生能够有效地和高效地获取信息。

标准二：具有信息素养的学生能够熟练地和批判地评价信息。

标准三：具有信息素养的学生能够精确地、创造性地使用信息。

标准四：作为一个独立学习者的学生具有信息素养，并能探求与个人兴趣有关的信息。

标准五：作为一个独立学习者的学生具有信息素养，并能欣赏作品和其他对信息进行创造性表达的内容。

标准六：作为一个独立学习者的学生具有信息素养，并能力争在信息查询和知识创新中做得最好。

标准七：对学习社区和社会有积极贡献的学生具有信息素养，并能认识信息对民主化社会的重要性。

标准八：对学习社区和社会有积极贡献的学生具有信息素养，并能实行与信息和信息技术相关的符合伦理道德的行为。

标准九：对学习社区和社会有积极贡献的学生具有信息素养，并能积极参与小组的活动探求和创建信息。

2000 年 1 月 18 日，美国大学与研究图书馆协会标准委员会审议通过了《高等教育信息素养能力标准》，其包含 5 项标准和 22 项具体指标。

2005 年，北京市高等教育学会图书馆工作研究会提出了《北京地区高校信息素质能力指标体系》。从信息意识、信息知识、信息能力、信息伦理四个方面提出了高校学生应具有的信息素质要求，具体由 7 个一级指标、19 个二级指标、61 个三级指标组成。

维度一：具备信息素质的学生能够了解信息以及信息素质能力在现代社会中的作用、价值与力量。

指标如下：

（1）具备信息素质的学生具有强烈的信息意识。

（2）具备信息素质的学生了解信息素质的内涵。

维度二：具备信息素质的学生能够确定所需信息的性质与范围。

指标如下：

（1）具备信息素质的学生能够识别不同的信息源并了解其特点。

（2）具备信息素质的学生能够明确地表达信息需求。

（3）具备信息素质的学生能够考虑到影响信息获取的因素。

维度三：具备信息素质的学生能够有效地获取所需要的信息。

指标如下：

（1）具备信息素质的学生能够了解多种信息检索系统，并使用最恰当的信息检索系统进行信息检索。

（2）具备信息素质的学生能够组织与实施有效的检索策略。

（3）具备信息素质的学生能够根据需要利用恰当的信息服务获取信息。

（4）具备信息素质的学生能够关注常用的信息源与信息检索系统的变化。

维度四：具备信息素质的学生能够正确地评价信息及其信息源，并且把选择的信息融入自身的知识体系中，重构新的知识体系。

指标如下：

（1）具备信息素质的学生能够应用评价标准评价信息及其信息源。

（2）具备信息素质的学生能够将选择的信息融入自身的知识体系中，重构新的知识体系。

维度五：具备信息素质的学生能够有效地管理、组织与交流信息。

指标如下：

（1）具备信息素质的学生能够有效地管理、组织信息。

（2）具备信息素质的学生能够有效地与他人交流信息。

维度六：具备信息素质的学生作为个人或群体的一员能够有效地利用信息来完成一项具体的任务。

指标如下：

（1）具备信息素质的学生能够制订一个独立或与他人合作完成具体任务的计划。

（2）具备信息素质的学生能够确定完成任务所需要的信息。

（3）具备信息素质的学生能够通过讨论、交流等方式，将获得的信息应用到解决任务的过程中。

（4）具备信息素质的学生能够提供某种形式的信息产品（如综述报告、学术论文、项目申请、项目汇报等）。

维度七：具备信息素质的学生了解与信息检索、利用相关的法律、伦理和社会经济问题，能够合理、合法地检索和利用信息。

指标如下：

（1）具备信息素质的学生了解与信息相关的法律、伦理和社会经济问题。

（2）具备信息素质的学生能够遵循在获得、存储、交流、利用信息过程中的法律和道德规范。

高校信息素质能力指标体系见图 1-6。

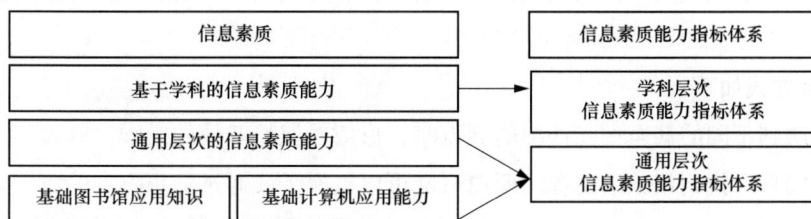

图 1-6　高校信息素质能力指标体系

2011 年，美国信息素养教育领域专家雅各布森与麦基发表了一篇名为《将信息素养重构为一种元素养》的论文，首次提出了元素养的概念。元素养是一种根本的、自我参照的综合框架，可以理解为"催生其他素养的素养"。

2015 年 2 月 5 日，美国大学与研究图书馆协会理事会（ACRL）正式批准通过了《高等教育信息素养框架》（简称《框架》）。中文版授权清华大学图书馆翻译，中文版可从 ACRL 网站或清华大学图书馆网站下载获取。《框架》主要采纳了"元素养"的概念。元素养是指学生作为信息消费者和创造者成功参与合作性领域所需的一组全面的综合能力，开启了信息素养的全新愿景。元素养要求从行为上、情感上、认知上以及元认知上参与到信息生态系统中。《框架》基于元素养这一核心理念，特别强调元认知，或称为批判式反省（critical self-reflection），因为这对于在快速变化的生态系统中变得更加自主至关重要。

值得商榷：critical self-reflection 翻译成"批判式反省"是否恰当？

1. 权威性的构建与情境性

信息资源反映了创建者的专业水平和可信度，人们基于信息需求和使用情境对其进行评估。权威性的构建取决于不同团体对不同类型权威的认可。权威性适应于一定的情境，这是因为信息需求有助于决定所需的权威水平。

📝 **知识技能如下：**

（1）明确权威的类型，如学科专业知识（如学术成就）、社会地位（如公职或头衔）或特殊经历（如参与某个历史事件）。

（2）使用研究工具和权威指标来判定信息源的可信度，了解可能影响这种可信度的因素。

（3）明白在很多学科领域，知名学者和著名出版物被视作权威，并被普遍作为标准。即便在这些情况下，一些学者仍将挑战这些信息源的权威性。

（4）认识到权威的内容可以被正式或非正式地包装，并且其来源可能包括所有媒介类型。

（5）确认自己正在一个特定的领域形成自己的权威观点，并清楚为此所需承担的责任，包括追求精确度和可靠性，尊重知识产权，以及参与团体实践。

（6）理解由于权威人士积极互联，以及信息源随时间而不断发展，信息生态系统也在日益社会化。

📝 **行为方式如下：**

（1）在遇到不同的甚至相互冲突的观点时，形成并保持开放的思维。

（2）激励自己找到权威信息源，明白权威可以被授予或通过意想不到的方式表现出来。

（3）逐步明白对内容做客观评估的重要性，评估时需持有批评精神，并对自己的偏见和世界观保持清醒认识。

（4）质疑推崇权威的传统观念，并认可多元观点和世界观的价值。

（5）意识到维持这些态度和行为需要经常进行自我评价。

2. 信息创建的过程性

任何形式的信息都是为了传递某个消息而生成的，并通过特定的传送方式实现共享。研究、创造、修改和传播信息的迭代过程不同，最终的信息产品也会有差异。

📝 **知识技能如下：**

（1）可以阐明不同创造过程所产生的信息的功能和局限性。

（2）评估信息产品的创造过程与特定信息需求之间的匹配程度。

（3）可以清楚说明，在一个特定学科中，信息创造与传播的传统和新兴的过程。

（4）认识到可能因为包装形式不同，信息给人的感觉也会有异。

（5）判断信息形式所隐含的是静态信息还是动态信息。

（6）特别关注在不同背景下各类信息产品被赋予的价值。

（7）将对信息产品的优势和局限性的认识运用到新类型的信息产品中。

（8）在自己创造信息的过程中形成一种认识，即自己的选择将影响该信息产品的使用目的及其所传达的消息。

📝 **行为方式如下：**

（1）力图找出能体现所隐含创造过程的信息产品特性。

（2）重视将信息需求与适当产品相匹配的过程。

（3）承认信息的创造最可能始于一系列不同形式或模式的交流。

（4）承认以新兴格式或模式表达的信息所拥有潜在价值的模糊性。

（5）抵制将信息形式等同于其所隐含的创造过程的倾向。

（6）知道因不同目的而产生的不同信息传播方式可供利用。

3. 信息的价值属性

信息拥有多方面的价值，可以是商品、教育手段、影响方式以及谈判和认知世界的途径。法律和社会经济利益影响信息的产生与传播。

📝 **知识技能如下：**

（1）恰当地注明出处和引用，表达对他人原创观点的尊重。

（2）明白知识产权是法律和社会的共同产物，随着文化背景的不同而有差异。

（3）可以清楚地说明版权、正当使用、开放获取和公共领域的用途及其显著特征。

（4）明白在信息产生和传播系统中，一些人或群体如何以及为什么被忽视或排斥。

（5）认识到获取或缺乏获取信息源的问题。

（6）判断信息发布的途径和方式。

（7）明白个人信息商品化和在线互动如何影响个人获取到的信息，以及个人在线生成或传播的信息。

（8）在线活动中，对个人隐私和个人信息商业化的问题保持高度清醒的认识，并做出明智选择。

📝 **行为方式如下：**

（1）尊重他人的原创。

（2）重视知识创造所需的技能、时间和努力。

（3）将自身定位为信息市场的贡献者而非单纯的消费者。

（4）注意审视自身的信息倾向性。

4. 探究式研究

在任何领域，研究都是永无止境的，它依赖于越来越复杂的或新的问题的提出，而获得的答案反过来又会衍生出更多问题或探究思路。

📝 **知识技能如下：**

（1）基于信息空白或针对已存在的、但可能存在争议的信息来制定研究问题。

（2）确立合适的调研范围。

（3）通过将复杂问题分解为简单问题、限定调研范围来处理复杂的研究。

（4）根据需求、环境条件和探究类型使用多种研究方法。

（5）密切关注收集到的信息，评估缺口或薄弱环节。

（6）以有意义的方式组织信息。

（7）对多渠道获取的观点进行综合，通过信息分析和演绎得出合理结论。

📝 **行为方式如下：**

（1）视研究为开放式探索和信息研究过程。

（2）明白一个问题也许看起来很简单，但仍可能对研究有颠覆性和重要性影响。

（3）重视问题发现和新调研方法学习过程中的求知欲。

（4）保持开放思想和批判态度。

（5）重视持久性、适应性和灵活性，明白模糊性对研究过程是有益的。

（6）在信息收集和评估过程中寻求多维视角。

（7）如有需要可寻求适当帮助。

（8）在收集和使用信息过程中要遵守道德与法律准则。

（9）展现学识上的虚心（如承认个人知识或经验的局限）。

5. 对话式学术研究

由于视角和理解各异，不同的学者、研究人员或专业人士团体会不断地带着新见解和新发现参与到持续的学术对话中。

📝 **知识技能如下：**

（1）在自己的信息产品中引用他人有贡献的成果。

（2）在适当的层面为学术对话做出贡献，如本地的网络社区、引导式讨论、本科生学术刊物、会议报告 / 海报环节。

（3）识别通过各种途径加入学术对话的障碍。

（4）理性评判他人在参与式信息环境中所做的贡献。

（5）鉴别特定文章、书籍和其他学术作品对学科知识所做的贡献。

（6）对具体学科中特定主题的学术观点变化进行总结。

（7）明白指定的学术作品可能并不代表唯一的观点，甚至也不是多数人的观点。

✎ **行为方式如下：**

（1）清楚自己参与的是正在进行的学术对话，而不是已结束的对话。

（2）找出自己研究领域内正在进行的对话。

（3）将自己视为学术的贡献者而不仅仅是消费者。

（4）明白学术对话发生在各种场合。

（5）在更好地理解学术对话大背景之前，不对某一具体学术作品的价值进行判断。

（6）明白只要参与对话就要担负相应的责任。

（7）重视用户生成内容的价值，并评价他人的贡献；明白体制偏爱权威，而由于语言表达不流畅以及不熟悉学科流程会削弱学习者参与和深入对话的能力。

6. 战略探索式检索

信息检索往往是非线性并且迭代反复的，需要对广泛的信息源进行评估，并随着新认识的形成，灵活寻求其他途径。

✎ **知识技能如下：**

（1）确定满足信息需求任务的初步范围。

（2）确认关于某一话题的信息产生方，如学者、组织、政府及企业，并决定如何获取信息。

（3）检索时运用发散思维（如头脑风暴）和收敛思维（如选择最佳信息源）。

（4）选择与信息需求和检索策略相匹配的检索工具。

（5）根据检索结果来设计和改进需求与检索策略。

（6）理解信息系统（如已记载信息的收集）的组织方式，以便获取相关信息。

（7）使用不同类型的检索语言（如控制词表、关键词、自然语言）。

（8）管理检索过程和结果。

✎ **行为方式如下：**

（1）展现出思维的灵活性和创造性。

（2）明白最初的检索尝试不一定可以得到充足的结果。

（3）认识到各种信息源在内容和形式上有很大的不同，并且其相关性和价值也会因见解和需求与检索性质的不同而差异很大。

（4）寻求专家的指导，如图书馆员、研究人员和专业人士。

（5）明白浏览及其他偶然发现的信息收集方法的价值。

（6）坚持面对检索的挑战，并知道在拥有足够的信息时结束任务。

2018年中华人民共和国教育部发布《教育信息化2.0行动计划》，多次提及信息素养。其明确提出，充分认识提升信息素养对于落实立德树人目标、培养创新人才的重要作用，制定学生信息素养评价指标体系，开展规模化测评，实施有针对性的培养和培训；制定学生信息素养评价指标体系；加强学生信息素养培育；继续办好各类应用交流与推广活动，创新活动的内容和形式，全面提升学生信息素养。

在新媒体情境中，元素养通过对相关素养理念和新技术进行整合吸纳，指导人们在网络协同环境中获取、使用、生产和分享信息，特别强调以批判性思维在参与式环境中生产和共享信息能力的培养。

批判性思维是信息素养的关键性技能之一，也是身处信息洪流中最需要的一种智慧。

什么样的思维才称得上批判性思维？批判并不意味着批评、否定，而更多地接近于辨析，通常包含四个过程：①辨识决定自己思维和行动的假设。②查验假设的准确性和可靠性。以上两步实际上是发现自身偏见的过程。③从多个角度审视自己的观念和决定（知识的、组织的、私人的）。④在以上三步的基础上，采取明智的判断和行动。

信息素养需要知识基础，在实践中运用知识形成能力，伴随终身，并在需要的时候发挥作用。

1.3 十大文献

图书、连续出版物、会议文献、科技报告、专利文献、学位论文、标准文献、政府出版物、科技档案、产品资料。

1.3.1 图书

凡由出版社出版的不包括封底和封面的49页以上的印刷品，具有书名、著者、国际标准书号、定价并取得版权保护的出版物称为图书。

大学的核心功能是教学，教材作为教学内容和教学方法的知识载体，是对值得传授的知识形态的界定，被认为是最基本的、权威的知识体系，在大学课程教学过程中发挥核心作用。图书示例见图1-7。

科技图书大多是对已发表的科研成果、生产技术和经验或者某一知识领域系统的论述或概括，它往往以期刊论文、会议论文、研究报告及其他第一手资料为基本素材，经过作者的分析、归纳重新组织而编写成的。不少科技图书的内容还包含一些从未发表过的研究成果或

图 1-7　图书示例

资料。

科技图书的特点是内容比较系统、全面、成熟、可靠，有一定的新颖性；但编辑出版时间较长，传递信息速度较慢。

可以通过科技图书使读者综合、积累和传递科技知识，教育和培养科技人才。科技图书可以帮助人们比较全面系统地了解某一特定领域中的历史和现状，可以将人们正确地领入自己所不熟悉的领域，还可以作为一种经常性的查考工具。从信息检索角度来看，科技图书一般不作为主要检索对象，研究人员利用图书的比重较小。

国际标准书号（ISBN）是专门为识别图书等文献而设计的国际编号。2007 年 1 月 1 日之前，国际标准书号由 10 位数字组成，分为四段：组号（国家、地区、语言的代号），出版者号，书序号和校验码（位）。2007 年 1 月 1 日起，实行新版 ISBN，由 13 位数字组成，总共五段，在原来的 10 位数字前加上 3 位 EAN（欧洲商品编号）图书产品代码"978"。ISBN 相当于图书的身份证号码，全球通用，全球唯一。

例：高等教育出版社 2014 年出版的《高等数学》，ISBN 为 978-7-04-039663-8。

例：剑桥大学出版社 2007 年出版的诺贝尔文学奖得主 Abdulrazak Gurnah 的 *The Cambridge Companion to Salman Rushdie*，ISBN 为 978-0-521-60995-1。

例：中国电力出版社 2022 年出版的《中国电力工业发展史》，ISBN 为 978-7-5198-6449-1。

1.3.2　连续出版物

连续出版物通常具有编号，无预定结束日期，具有固定名称，连续分册或分部出版。连续出版物包括期刊、年度出版物、报刊和丛刊等。

世界上第一种期刊是创刊于 1665 年 1 月 5 日的《学者周刊》。第一份中文期刊创办于 1815 年，由两名英国传教士和一名中国人主办，中文名称是《察世俗每月统计传》。

学术期刊是获取学术信息的重要信息源。截至 2022 年，重庆维普《中文科技期刊数据库》收录 12000 余种中文期刊；中国知网学术期刊库收录中文学术期刊 8570 余种，外文学术期刊包括来自 80 个国家及地区 900 余家出版社的期刊 75000 余种；万方数据中国学术期刊数据库收录始于 1998 年的 8000 余种期刊；Scopus 数据库收录 7000 多家国际出版商的 27000 种期刊，含 25000 多种同行评议期刊。学术期刊示例见图 1-8。

图 1-8　学术期刊示例

挑战来啦： 如何下载学术期刊原版封面和目录页？

国际标准连续出版物号（ISSN）是为各种内容类型和载体类型的连续出版物（报纸、期刊、年鉴等）所分配的具有唯一识别性的代码。

例： *Nature* 的 ISSN 为 0028-0836；《中国电机工程学报》的 ISSN 为 0258-8013。

1.3.3　会议和会议文献

会议文献分为会前、会中和会后三种。会前文献包括征文启事、会议通知书、会议日程表、预印本和会前论文摘要等，一些大型国际性学术会议可能提前一年以上征文。会议期间的会议文献有开幕词、讲话或报告、讨论记录、会议决议和闭幕词等。会后文献有会议录、汇编、论文集、报告、学术讨论会报告、会议专刊等。会议录是会后将论文、报告及讨论记录整理汇编而公开出版或发表的文献。

网络环境之下，全国性会议、国际性会议通常会有网（站）址，是获取相关会议信息的重要途径。网络（视频）会议成为召开学术会议的一个常见选项。

延伸阅读：

警惕山寨会议

2020 年网络上曾出现号称机器人领域顶会 ICRA 的征文通知，其 ICRA 的全名是"international conference on robotics and applications"，与真正的 ICRA 会议"international conference on robotics and automation"仅有一词之差,缩写则完全相同。山寨会议特征:会议内容非常广泛,综合多个研究领域;征文和注册信息通过邮件单独发送,而且是反复发送,不用机构邮箱,而是诸如 gmail.com 之类的免费邮箱;组委会成员大多查不到真实信息;关于会议环境、举办地的描述照片只有人物特写,没有会场细节;投稿即中,承诺论文在纸质期刊上发表,承诺若干奖项、机会、好处,但都要额外收费。即所谓的投稿有风险,参会需谨慎。

会议论文集示例见图 1-9。

图 1-9 会议论文集示例

挑战来了: conference、seminar、symposium、workshop 有何区别?

1.3.4 科技报告

科学技术报告是进行科研活动的组织或个人描述其从事的研究、设计、工程、试验和鉴定等活动的进展或结果,或描述一个科学或技术问题的现状和发展的文献。

科技报告中包含丰富的信息,可以包括正反两方面的结果和经验,用于解释、应用或重复科研活动的结果或方法。科技报告的主要目的在于积累、交流、传播科学技术研究与实践的结果,并提出有关的行动建议。

科技报告的特点:在形式上,科技报告的出版形式比较特殊,每份报告自成一册,篇幅长短不等,有连续编号,装订简单,出版发行不规则;在内容上,科技报告的内容比较新颖、详尽、专深。其中可以包括各种研究方案的选择与比较,成功与失败两方面的体会,还常常附有大量的数据、图表、原始实验记录等资料；在时间上，科技报告发表比较及时，报道新成果的速度一般快于期刊及其他文献；在流通范围上，大部分科技报告都有一定的控制，即属于保密的或控制发行的，仅有一小部分可以公开或半公开发表。因此人们又称之为"难得文献""灰色文献"。

延伸阅读：

为什么是这 14 大类技术?

关键词：卡脖子技术　光刻机　产业升级　工业 4.0　涉密

自 2018 年 3 月 22 日至 2021 年 12 月 22 日，美国政府共把 611 家中国公司、机构及个人纳入到所谓"实体清单"中。被列入实体清单主要涉及 14 大类新兴技术：

◇生物技术（纳米生物学、合成生物学、基因组和基因工程、神经技术）；

◇人工智能和机器学习技术（神经网络和深度学习、进化和遗传计算、强化学习、计算机视觉、专家系统、语音和音频处理、自然语言处理、人工智能云技术、人工智能芯片组）；

◇定位、导航和定时（PNT）技术；

◇微处理器技术（片上系统、片上堆叠存储器）；

◇高级计算技术（以记忆为中心的逻辑）；

◇数据分析技术（可视化、自动分析算法、上下文感知计算）；

◇量子信息和传感技术（量子计算、量子加密、量子传感）；

◇物流技术（流动电力、建模与仿真、全资产可见性、基于分销的物流系统）；

◇增材制造（3D 打印）；

◇机器人技术（微型无人机和微型机器人系统、集群技术、自组装机器人、分子机器人、机器人助手、智能微尘）；

◇脑机接口（神经控制接口、意识－机器交互、直接神经接口、人脑交互）；

◇高超声速（飞行控制算法、推进技术、热保护系统、专用材料）；

◇高级材料（自适应伪装、功能性纺织品、生物材料）；

◇先进的监控技术（面部识别和声纹技术）。

如何突破卡脖子技术？你的创新创业项目有选题了吗？你的研究方向确定了吗？为中华之崛起而开展科研工作！吾辈当自强不息，中华民族伟大复兴一定能够实现。

国内、国外科技报告示例见图 1-10 和图 1-11。

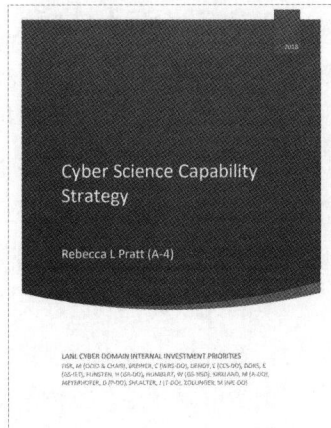

冷轧机乳液分区自动吹扫装置的研发和应用
leng zha ji ru ye fen qu zi dong chui sao zhuang zhi de yan fa he ying yong

[在线阅读]　[66 引用]　[☆ 收藏]　[❝❞ 分享]

摘要：冷轧薄板生产过程中，带钢乳制速度会达到1250米/分钟的高速，同时，为满足轧制工艺要求，机架内会向轧辊和带钢表面喷射乳液，以起到润滑、冷却、改善板型等作用，乳液喷射量达到3000升/分钟，轧机出口的成品要求带钢表面不能有乳液残留在上面，否则就会影响带钢成品的质量。这就要求有一套装置对瞬间经过的带钢表面乳液彻底清理。本装置是为实现将带钢表面乳液清除干净至无…

查看全部 >>

关键词：	乳液分区自动吹扫、收集导引、自动切换、乳液吸附
Keyword：	Emulsion partition automatic purging, collection guide, automatic switch, emulsion adsorption
作者：	李超
作者单位：	鞍钢集团鞍山钢铁集团公司
报告类型：	奖励报告
公开范围：	公开
全文页数：	7
计划名称：	国家科学技术奖励项目

图 1-10　国内科技报告示例

图 1-11　国外科技报告示例

延伸阅读：

无名英雄

中国两弹一星元勋邓稼先的一段往事：1958 年的某一天，邓稼先对夫人许鹿希说："我的工作要有调动。"许鹿希问："调到哪去？"邓稼先回答："这不能说。"许鹿希又问："那做什么工作？"邓稼先回答："这也不能说。"许鹿希说："那你给我一个信箱号码，我和你通信。"邓稼先回答："这也不行。"邓稼先的新职务是新筹建的中国核武器研究所理论部主任。

在一没经验，二没图纸的情况下，邓稼先和他的同事们依靠当时的电动手摇计算器和一台苏制计算机，再辅以计算尺、算盘以及纸和笔，夜以继日地进行一轮又一轮的演算：算累了，他们倒地就睡；睡醒了，吃点干粮喝口水再继续干。当时草稿纸和计算机打孔纸填满了好几个仓库。

1964 年 10 月 16 日收到了回报。这一天的下午 3 点，戈壁滩上升起了一朵蘑菇云——中国成功试爆了自己第一颗原子弹。

1967 年 6 月 17 日，中国第一颗氢弹试爆成功。

从原子弹到氢弹，美国用了七年零四个月，苏联用了四年，英国用了四年零七个月，法国用了八年零六个月，中国仅仅用了两年零八个月，实现了从无到有。

正是许多个默默无名的科研工作者的共同努力，才有了新中国的两弹一星，落后就要挨打成为历史。他们的研究成果涉及国家高级机密，不能轻易公开，甚至他们的名字也不为世人所知，可谓无名英雄。

1.3.5 专利文献

专利文献是记载专利申请、审查、批准过程中所产生的各种有关文件的文件资料。狭义的专利文献指包括专利请求书、说明书、权利要求书、摘要在内的专利申请说明书和已经批准的专利说明书的文件资料。广义的专利文献还包括专利公报、专利文摘，以及各种索引与供检索用的工具书等。专利文献是一种集技术、经济、法律三种信息为一体的文件资料。

专利文献具有数量巨大，覆盖面广；格式统一，措辞严谨；描述对象具体、单一；技术内容新颖可靠，实用性强；文件类型多，重复量大；技术上保守等特点。

国家电网（国家电网有限公司，简称国家电网）、南方电网（中国南方电网有限责任公司，简称南方电网）、苹果公司专利示例见图 1-12。

CN113219283A[中文] **CN113219283A[英文]**

发明名称 --- Micro thermoelectric device power generation performance test system and test method

申请号	CN:202110491147:A
申请日	2021.05.06
公开（公告）号	CN113219283A
公开（公告）日	2021.08.06
IPC分类号	G01R31/00; G01D21/02
申请（专利权）人	国网上海市电力公司;中国电力科学研究院有限公司;国家电网有限公司;
发明人	彭鹏;李振明;郦永高;邵宇鹰;刘伟;尤汉;唐昊;
优先权号	CN202110491147
优先权日	2021.05.06
CPC分类号	G01D21/02;G01R31/00

发明名称 --- 电力负荷预测模型的构建方法与电力负荷预测方法

申请号	CN202210051273.3
申请日	2022.01.17
公开（公告）号	CN114065653A
公开（公告）日	2022.02.18
IPC分类号	G06F30/27; G06N3/04; G06N3/08; G06Q10/04; G06Q50/06; G06N7/00; H02J3/00
申请（专利权）人	南方电网数字电网研究院有限公司;
发明人	李鹏;黄文琦;戴珍;邱凯旋;侯佳萱;梁凌宇;梁寿愚;
优先权号	
优先权日	
申请人地址	广东省广州市黄埔区中新广州知识城亿创街1号406房之86;
申请人邮编	510700;
CPC分类号	G06F30/27;G06Q10/04;G06Q50/06;G06N3/0472;G06N3/0481;G06N3/08;G06N7/005;H02J3/003;H02J2203/20

发明名称 --- 笔记本电脑

申请号	CN202130726060.2
申请日	2021.11.05
公开（公告）号	CN307135556S
公开（公告）日	2022.03.01
外观设计洛迦诺分类号	14-02(13)
申请（专利权）人	苹果公司
设计人	J-柯卡纳;M-安德森;B-K-安德列;青柳辉太;A-M-阿舍克罗夫特;M-C-巴提伊;J-巴蒂杰;A-R-乔杜里;C-G-M-库尔璩尼;M-迪见尔;J-戈梅斯加西亚;M-E-汉温;R-P-豪尔斯;J-P-艾末J-郎德;D-R-克尔;P-拉墨尔亮拉克;B-A-谢弗;狳松知C-蒂曼迪思;E-A-黄
优先权号	
优先权日	
申请人地址	美国加利福尼亚
申请人邮编	0
CPC分类号	

图 1-12 国家电网、南方电网、苹果公司专利示例

1.3.6 学位论文

学位论文是指高等学校、科研院所的毕业生为申请相应学位而撰写的具有一定学术水平并通过公开答辩的毕业论文。

博士论文表明作者在本门学科上掌握了坚实宽广的基础理论和系统深入的专门知识，在

科学和专门技术上做出了创造性的成果，并具有独立从事创新研究工作或独立承担专门技术开发工作的能力。

硕士论文表明作者在本门学科上掌握了坚实的基础理论和系统的专业知识，对所研究课题有新的见解，并具有从事科学研究工作或独立承担专门技术工作的能力。

学士论文表明作者较好地掌握了本门学科的基础理论、专门知识和基础技能，并具有从事科学研究工作或承担专门技术工作的初步能力。国外学位论文示例见图 1-13。

Biochemical and structural dissection of the regulation of the apoptotic pathways in Drosophila and Caenorhabditis elegans

Yan, Nieng
Dissertations & Theses

摘要/索引　全文PDF　预览PDF

摘要

Apoptosis, or programmed cell death (PCD), is a fundamental process in all metazoans. Two decades of studies have revealed a conserved apoptotic pathway across species, from nematode worms to mammals. Compared to the well characterized molecular mechanisms in mammalian apoptosis, little mechanistic information is available on the cell death pathways in C. elegans and Drosophila, due to a lack of relevant biochemical and structural studies. In this thesis, biochemical, structural and genetic approaches were combined to address the molecular mechanisms for the activation as well as inhibition of apoptosis in Drosophila and C. elegans. I have three major findings. (1) Dronc, an initiator caspase in Drosophila, is activated by auto-cleavage-induced dimerization, which is facilitated by Dark in a cytochrome c independent manner. In contrast to its mammalian homolog caspase-9, active Dronc functions as a free enzyme, without the requirement for apoptosome. I determined the crystal structure of a prodomain deleted Dronc zymogen at 2.5 Å, the first crystal structure of an initiator caspase in its zymogen form and the first structure of a caspase in Drosophila. (2) DIAP-1, the inhibitor of apoptosis in Drosophila, inhibited Dronc, the initiator caspase, and DrICE, the effector caspase, in two different ways. The BIR-2 and Ring domain of DIAP-1 negatively regulated Dronc by ubiquitinating it, thus resulting in its degradation, whereas the BIR-1 domain directly inhibited the enzymatic activity of DrICE. Three crystal structures and associated biochemical studies revealed that pro-apoptotic proteins Reaper, Hid and Grim effectively relieved DIAP-1 mediated inhibition to Dronc or DACE by disrupting the interaction between BIR-2 and Dronc, or BIR-1 and DrICE, respectively. (3) In C. elegans, the proapoptotic protein EGL-1, a BH3-only family protein, disrupted the interaction between CED-9 and CED-4 by inducing dramatic conformational changes of CED-9. This conclusion is based on the crystal structure of an EGL-I-CED-9 complex and associated biochemical studies. These studies show that, despite a general conservation of the apoptotic pathways across species, distinct molecular mechanisms are employed to control the initiation and execution of apoptosis. My research findings deepen our understanding of apoptotic regulation.

索引

学科:	Molecular biology;
标题:	Biochemical and structural dissection of the regulation of the apoptotic pathways in Drosophila and Caenorhabditis elegans
作者:	Yan, Nieng　颜宁
页数:	143
出版日期:	2005
学校代码:	0181
大学/机构:	Princeton University
来源:	Dissertations & Theses
出版地:	
出版国家/地区:	
ISBN:	978-0-496-95450-6
导师:	Shi, Yigong　施一公
委员会成员:	
学位:	Ph.D.
语言:	English
ProQuest文档 ID:	3161908
文档URL:	https://www.pqdtcn.com/thesisDetails/3A141140158F7D8E5D96BD3BEB7D4FD9

图 1-13　国外学位论文示例

延伸阅读：

2021 年国际大电网委员会最佳博士论文

清华大学电机系 2022 届毕业生施博辰获 2021 年国际大电网委员会（CIGRE）最佳博士论文奖。该奖项每年在全球评选不超过一名获奖者。施博辰因其博士研究工作“电力电子混杂系统的离散状态事件驱动建模仿真方法"成为首位获得该奖项的中国高校博士研究生。

清华大学优秀博士论文获奖见图 1-14。

图 1-14　清华大学优秀博士论文获奖

1.3.7　标准文献

通过标准化活动，按照规定的程序经协商一致制定，为各种活动或其结果提供规则、指南或特性，供共同使用和重复使用的文件。

标准文献的特点：制定、审批有一定的程序；适用范围非常明确专一；编排格式、叙述方法严谨划一，措辞准确；技术上具有较充分的可靠性和现实性；对有关各方有约束性，在一定条件下具有某种法律效力；时间性，有一定的有效时间，需要随着技术发展而不断修订、补充或废除；技术内容的陈旧性，技术标准只是以某阶段的技术发展水平为基础，以标准化对象当时的技术水平为上限。因此，标准文献甚至一出版，其技术内容就开始过时。以下是两份推荐性国家标准文献的局部示例。

"4.2.1 外观：形态完整，色泽正常，表面无皱缩、塌陷，无黄斑、灰斑、黑斑、白毛和粘斑等缺陷，无异物。4.2.2 内部：质构特征均一，有弹性，呈海绵状，无粗糙大孔洞、局部硬块、干面粉痕迹及黄色碱斑等明显缺陷，无异物。4.2.3 口感：无生感，不粘牙，不牙碜。4.2.4 滋味和气味：具有小麦粉经发酵、蒸制后特有的滋味和气味，无异味。"

摘自《小麦粉馒头》（GB/T 21118—2007）

"4.1 柔性交流输电设备继电保护的配置及整定应与电网运行需求相协调。4.2 继电保护应满足可靠性、选择性、灵敏性和速动性的要求，符合 GB/T 14285、DL/T 478 规定。4.3 在一次系统规划建设中，宜充分考虑继电保护的适应性，避免出现特殊接线形式及运行方式造成继电保护配置及整定难度的增加。在确定柔性交流输电设备运行特性时宜统筹考虑继电保护，为继电保护安全可靠运行创造良好条件。"

摘自《柔性交流输电设备接入电网继电保护技术要求》（GB/T 40864—2021）

标准文献不是孤立地存在，一份标准文献会有相关的其他规范性引用文献。标准文献示例见图 1-15。

1.3.8　政府出版物

国家政府部门及所属专门机构发表或出版的文件。政府出版物示例见图 1-16。

1.3.9　科技档案

科技档案也称技术档案，是在自然科学研究和生产建设过程中形成的，由科研或生产建设部门归档保存的技术文件、图纸图表、数据记录、文字声像等科技文件材料。1933 年的长江三峡勘测报告见图 1-17。

图 1-15　标准文献示例　　　　图 1-16　政府出版物示例　　　图 1-17　1933 年的长江三峡勘测报告

1.3.10　产品资料

产品资料是企业对其生产或销售产品的性能、构造、原理、用途、使用方法、操作规程、产品规格等所做的具体说明和详细介绍的文献资料。iPhone 使用手册（网络版）见图 1-18。

图 1-18　iPhone 使用手册（网络版）

中国国家版本馆

2022 年 7 月 30 日，中国国家版本馆开馆暨展览开幕式在中国国家版本馆中央总馆举行。总分馆分别选址北京燕山、西安秦岭圭峰山、杭州良渚、广州凤凰山。中国国家版本馆是国家版本资源总库和中华文化种子基因库，全面履行国家版本资源保藏传承职责。中华版本是指古今中外载有中华文明印记、具有重要历史文化传承价值的各类载体及其生产、制作、传播、应用的相关设施设备、技术工艺，涵盖古籍、善本、文献、出版物，以及各种图片、拓片、手稿、稿抄本、印版、模板、雕版、钱币、票证、技术标准、数字资源、缩微资料等多种形态，共包括十大类型。

1.4 搜索技巧

1.4.1 选择合适的关键词

关键词用于表述文献主题内容。从文献信息的标题（篇名、章节名）以及摘要、正文中选出的，对表征文献信息主题内容具有实质意义的语词，对揭示和描述文献信息主题内容是重要的、关键性的语词。

不要使用出现频率很高却无实际意义的语词，如"的""地""得""了""the""and""a/an"；不要使用容易产生歧义的多义词，如"笔记本""小米""南大""东大"就有截然不同的多重含义。如"Java"一词，可以指爪哇岛，或是一种著名的咖啡，还可以是一种计算机语言，正确的检索用词应该是"Java 印尼""Java 咖啡""Java 语言"。

如果想搜得全面，使用尽可能多的同义词、近义词。

例：新冠病毒、新型冠状病毒、新冠肺炎病毒、新冠肺炎、新型冠状病毒肺炎、Coronavirus Disease 2019、COVID-19、Severe Acute Respiratory Syndrome Coronavirus 2、SARS-CoV-2。

例：自行车、脚踏车、单车。

例：网络、网路；软件、软体；摩托车、机车。

想检索概念 A，不一定只用概念 A，可以用相关的概念 B、C、D、E，比如：检索"禽流感"方面的文献，"H5N1""H5N2""H7N7""H9N2"也是可以的。有时还需用到反义词剔除不相关的概念。中文文献关键词示例见图 1-19。英文文献关键词示例见图 1-20。

基于自适应均衡技术的分布式储能聚合模型及评估方法

叶麟[1]　刘思奇[1]　关多娇[2]✉　姜竹楠[1]　孙峰[3]　顾海飞[4]

1. 沈阳工程学院电力学院　2. 沈阳工程学院能源与动力学院　3. 国网辽宁省电力有限公司电力科学研究院　4. 中建安装集团有限公司工程研究院

摘要：　针对分布式储能广域分布、资源分散、无法高效聚合等问题,提出一种基于自适应均衡技术的分布式储能聚合模型及评估方法。首先,建立基于储能容量、功率、荷电状态等动态特性参数的自适应均衡函数模型。然后,在自适应均衡函数模型基础上,建立以储能功率调节度、自适应均衡度和容量贡献度3种聚合动态参数为决策的储能聚合模型。通过算例仿真,验证了该模型可实现各储能单体以更小的体内差异性、更高的体间聚合度完成储能单体到储能聚合体的聚合,可实际应用于大规模参与辅助服务的分布式储能的聚合,实现储能资源的高效利用.

关键词：　自适应均衡技术；分布式储能聚合模型；储能单体；聚合；储能聚合体

基金资助：　辽宁省创新能力提升联合基金（1600743366464）；

DOI：　10.16183/j.cnki.jsjtu.2021.322

专辑：　工程科技Ⅱ辑

专题：　动力工程

分类号：　TK02

图 1-19　中文文献关键词示例

Allosteric Activation of a Bacterial Stress Sensor

颜宁

作者：　N Yan , Y Shi

摘要：　In Gram-negative bacteria, envelope stress signals such as unfolded outer membrane proteins (OMP) activate the periplasmic protease DegS. This protease then triggers a cellular pathway to alleviate the stress. Now Sohn et al. (2007) show conclusively that inhibition of DegS is relieved allosterically by binding of the C-terminal sequences in unfolded OMPs to the PDZ domain of DegS.

关键词：　Escherichia coli　Peptides　Bacterial Outer Membrane Proteins　Escherichia coli Proteins　Membrane Proteins　Transcription Factors　Allosteric Regulation　Enzyme Activation　Protein Binding　Substrate Specificity

DOI：　10.1016/j.cell.2007.10.021

被引量：6

年份：　2007

图 1-20　英文文献关键词示例

1.4.2　正确运用布尔逻辑算符

布尔检索是广泛使用的检索方式，运用布尔逻辑运算符把检索词连接起来，以便更为精确地表达检索要求，正确运用布尔逻辑运算符可构造功能强大的检索表达式。

（1）逻辑"与"。常用"AND"表示，或"and""*"。逻辑"与"的含义是它所连接的两个检索词必须同时出现在结果中才能命中，即具有概念交叉关系和限定关系的一种组配。逻辑"与"可以缩小检索结果，保证较高的查准率。

例： 篇名＝锅炉燃烧　and　机构＝沈阳工程学院　education and technology

（2）逻辑"或"。常用"OR"表示，或"or""+"，逻辑"或"的含义是它所连接的两个检索词只要其中的任何一个出现在结果中即可，即具有概念并列关系的一种组配。逻辑"或"可以扩大检索范围，提高检索结果数量，保证较高的查全率。

例： 篇名＝WTO or 篇名＝World Trade Organization or 篇名＝世界贸易组织 or 篇名＝世贸组织 or 篇名＝世贸

education or technology   urban or city   electric apparatus + electric appliances

（3）逻辑"非"。常用"NOT"表示，或"not""ANDNOT""-""!"，逻辑"非"的含义是包含第一个检索词且不包含第二个检索词才符合检索要求，即具有概念包含关系的一种组配。逻辑"非"可以去除某些检索词，因而也起到缩小检索范围的作用。

例： 作者＝杨庆柏 not 篇名＝现场总线

education not technology   energy not nuclear

1.4.3　截词检索

截词检索是预防漏检，提高查全率的一种常用检索技术，大多数系统都提供截词检索的功能。截词是指在检索词的合适位置进行截断，然后使用截词符进行处理，这样既可节省输入的字符数目，又可达到较高的查全率。尤其在西文检索系统中，使用截词符处理自由词，对提高查全率的效果非常显著。

后截断：是将截词符放在一个字符串的后方，满足截词符左方所有字符的记录都为命中记录。从性质上讲，这是一种前方一致的检索，例如："market*"，系统可检出以下词汇："market""marketable""marketing"；"pedia*"可检出"pediatric""pediatrics""pediatrician"等；输入"红楼梦"，则"红楼梦补""红楼梦新补""红楼梦人物论""红楼梦的背景与人物"等均会检出。

前截断：与后截断相反，是一种后方一致的检索，对汉语中的复合词组检索非常方便，输入"神经网络"可以检出"模糊神经网络""人工神经网络"；输入"*magnetic"能够检出"magnetic""electromagnetic""paramagnetic"等词；输入"?-phenyl"可检索出"o-phenyl""p-phenyl"。

任意匹配：所谓的"包含"，输入"红楼梦"，则"红楼梦补""红楼梦新补""后红楼梦""续红楼梦"等均会检出。

截词检索实际上是一种隐含的"逻辑或"运算，能够提高查全率，扩大检索结果，是防止漏检的有效手段。

1.4.4　短语检索

短语检索是一种固定词组检索，常用双引号（半角）将短语包含起来，检索出与检索词完全相同的记录，以提高检索的精度和准确度，因而也称为"精确检索"。

例： 在百度上分别输入"国家电网"、国家电网、国家　电网，检索结果不同。

1.4.5　邻近检索

邻近检索也称位置检索，按照检索词之间邻近关系的不同，可以有多种不同类型的位置检索，如同句检索、同段检索、同字段检索等，从而使检索出的文献更确切地满足用户要求，提高查准率。

邻近检索较短语检索更为灵活并富于变化，常用的位置算符有 W、nW、N、nN、F、S、C、L 等。

（1）W 算符（with）：表示两个检索词相邻，词序不能颠倒，中间不得插入其他词、字母或代码，但允许有空格或标点符号，也可用（ ）表示。如，"information w retrieval"可检索出"information retrieval""information-retrieval"。

（2）nW 算符（nWords）：表示两个检索词中间可插入 n 个词，但它们之间的顺序不能颠倒。如，"law 2w legislative"表示"law"与"legislative"两词之间最多有 2 个词，前后顺序不能颠倒，可检索出"law and the legislative""law on state legislative""law on legislative""law：legislative"等。

（3）N 算符（near）：表示两个检索词必须相邻，中间不得插入其他词，词序可以颠倒。如，"law n legislative"表示"law"与"legislative"两词之间最多有 1 个词，前后顺序可以颠倒，可检索出"law legislative""legislative law""law：legislative"等。

（4）nN 算符（nNear）：表示两个检索词中间可以插入 n 个词，词序也可以颠倒。如，"law n2 legislative"，表示"law"与"legislative"两词之间最多有 2 个词，前后顺序可以颠倒，可检索出"laws on state legislative""laws：determinants of legislative""law under legislative"等。

（5）F 算符（field）：表示两个检索词必须同时出现在同一个字段内，但两词的词序和中间插入的词数不限。

（6）S 算符（subfield）：表示两个检索词必须出现在同一个子字段中，子字段是指字段中的一部分，如一个句子或一个词组、短语。

（7）C 算符（citation）：表示两个检索词必须出现在同一记录中，但两词的词序和所在的字段不限。

（8）L 算符（link）：表示两个检索词之间存在从属关系或限制关系，前者为主，后者为辅，如果其中一个为一级主题词，另一个就为二级主题词，如"education（L）distant"。

1.4.6　字段限制检索

字段限制检索是对检索词在数据库记录中出现的位置进行限定。数据库记录通常包含多个字段，通过将这些不同的字段组合起来可以更加精确地表达检索需求。以中文期刊全文数据库为例，通常提供篇名、关键词、分类、摘要、刊名、ISSN、参考文献、基金、机构等多个检索字段。在构造检索表达式时，不同字段均有相应的字段代码，如摘要字段代码为ab，作者字段代码为au，题名字段代码为ti。不同数据库字段代码可能有所区别，一般在数据库使用指南中都有详细说明。

利用字段限制检索可构造各种检索表达式。

例： 篇名＝模糊神经网络　and　刊名＝中国电力

作者＝吴敬琏　not　篇名＝经济增长

title="semantic web"　and　author="Berners Lee"

title=WTO　or　keyword=WTO

学以致用： 书名、刊名、篇名、题名、标题、title 有何区别与联系？

1.4.7　全文检索

全文检索是以文本数据为主要处理对象，实现内容信息存储与检索的技术。全文检索根据数据资料的内容而不是外在特征来实现信息检索，以字符代码或页面扫描图像形式存储文本信息，基于全文标引并使用自然语言进行检索。在全文检索系统中，计算机程序通过扫描文章中的每一个词，对每一个词建立一个索引，指明该词在文章中出现的次数和位置。当用户查询时，检索程序就根据事先建立的索引进行查找，并将查找的结果反馈给用户。以全文检索为核心技术的搜索引擎已成为网络时代的主流技术之一。

1959 年，美国匹兹堡大学卫生法律中心建成的法律情报检索系统是世界上第一个全文检索系统。1979 年，武汉大学计算机系和中文系联合研制的《骆驼祥子》检索系统开创了我国全文检索的先河。

延伸阅读：

是鲁迅说的吗？

北京鲁迅博物馆推出了鲁迅著作全编在线查询系统，网址为 http://www.luxunmuseum.com.cn/cx，到底是不是鲁迅作品，一查就知道。北京鲁迅博物馆资料查询在线检索系统见图 1-21。

1.4.8　分类检索语言与主题检索语言

1. 分类检索语言

每一事物都有多种属性，具有同一属性的若干事物的集合称为一类事物。用某一种属

图 1-21　北京鲁迅博物馆资料查询在线检索系统

性作为划分依据对事物进行区分的方法称为分类。分类方法在信息处理领域应用十分广泛，任何信息经过分类后，就可以显示出每一种信息的内容性质、学科属性和它们之间的联系。

分类检索语言是一种体系语言，它是按学科属性，运用逻辑分类的原理将知识概念从具体到一般、从简单到复杂、从低级到高级逐级多层次划分，从而形成一个能充分体现事物的隶属、平行、派生关系的严格有序的线性知识门类，并用代表各门类知识的有序化分类符号系统作为标识，来表达文献主题内容的检索语言标识系统。

分类检索语言是按分类法组织信息，从分类途径查找信息的基本工具和重要依据。当大量零散、无序的文献信息经过分类标引后，就可以纳入已确定的一个分类体系，揭示它们在整个知识系统中的位置，展示它们与其他知识的隶属关系、相关关系，因而分类检索语言建立的文献信息检索系统能够使检索者鸟瞰全貌、触类旁通。从分类法的编制方式看，主要分为等级体系分类法、分面组配分类法、混合分类法 3 种，其中，等级体系分类法应用最为广泛，其是以学科内容性质为对象，按知识门类的逻辑次序从一般到具体层层划分所形成的一种分类体系，如《中国图书馆分类法》。

2.《中国图书馆分类法》

《中国图书馆分类法》（第五版）是目前在中国广泛使用的一部分类法，见图 1-22。

《中国图书馆分类法》（第五版）有五大部类，22 个基本大类。《中国图书馆分类法》类目表见表 1-1。《中国图书馆分类法》T 工业技术二级类目见表 1-2。

图 1-22　《中国图书馆分类法》（第五版）

表 1-1   《中国图书馆分类法》类目表

五大部类		22 个基本大类
马克思主义、列宁主义、毛泽东思想	A	马克思主义、列宁主义、毛泽东思想、邓小平理论
哲学	B	哲学、宗教
社会科学	C	社会科学总论
	D	政治、法律
	E	军事
	F	经济
	G	文化、科学、教育、体育
	H	语言、文字
	I	文学
	J	艺术
	K	历史、地理
自然科学	N	自然科学总论
	O	数理科学和化学
	P	天文学、地球科学
	Q	生物科学
	R	医药、卫生
	S	农业科学
	T	工业技术
	U	交通运输
	V	航空、航天
	X	环境科学、安全科学
综合性图书	Z	综合性图书

表 1-2   《中国图书馆分类法》T 工业技术二级类目

T 工业技术	
TB	一般工业技术
TD	矿业工程
TE	石油、天然气工业
TF	冶金工业
TG	金属学与金属工艺
TH	机械、仪表工业
TJ	武器工业
TK	能源与动力工程
TL	原子能技术
TM	电工技术
TN	电子技术、通信技术
TP	自动化技术、计算机技术
TQ	化学工业
TS	轻工业、手工业、生活服务业
TU	建筑科学
TV	水利工程

例： TM 电工技术局部类目

T 工业技术

TM 电工技术

TM6 发电、发电厂

TM62 发电厂

TM621 火力发电厂、热电站

TM621.3 发电设备

学以致用： 2022 年第十七届文津奖获奖图书（见图 1-23），分别归属《中国图书馆分类法》哪个大类？

序号	书名	作者	出版社
1	许渊冲百岁自述	许渊冲 著	华文出版社
2	诗仙 酒神 孤独旅人，李白诗文中的生命意识	詹福瑞 著	生活书店出版有限公司
3	红船启航	丁晓平 著	浙江教育出版社
4	仅此一生，人生哲学八讲	何怀宏 著	广西师范大学出版社
5	武则天研究	孟宪实 著	四川人民出版社
6	价格革命：一部全新的世界史	（美）大卫·哈克特·费舍尔 著，X.Li 译	广西师范大学出版社
7	法治的细节	罗翔 著	云南人民出版社
8	一个人最后的旅程	（日）上野千鹤子 著，任佳韫、魏金美 译，陆薇薇 译校	浙江大学出版社
9	置身事内：中国政府与经济发展	兰小欢 著	上海人民出版社
10	月背征途：中国探月国家队记录人类首次登陆月球背面全过程	北京航天飞行控制中心 著	北京科学技术出版社
11	山川纪行·臧穆野外日记	臧穆 著	江苏凤凰科学技术出版社
12	动物去哪里	（英）詹姆斯·切希尔、（英）奥利弗·乌贝蒂 著，谭羚迪 译	湖南美术出版社
13	元素与人类文明	孙亚飞 著	商务印书馆
14	脚印	薛涛 著，（英）郁蓉 绘	安徽少年儿童出版社
15	风雷顶	刘海栖 著	四川少年儿童出版社
16	身体的秘密：从细胞到不可思议的你	（荷）扬·保罗·舒腾 著，（荷）弗洛尔·李德 绘，张佳琛 译	人民文学出版社
17	太阳和蜉蝣	汤汤 著，大面包 绘	浙江少年儿童出版社
18	我说话像河流	（加）乔丹·斯科特 文，（加）西德尼·史密斯 图，刘清彦 译	北京联合出版公司
19	树孩	赵丽宏 著	长江文艺出版社

"文津奖"获奖图书

图 1-23 第十七届文津奖获奖图书

3. 国际十进分类法

国际十进分类法（universal decimal classification，UDC）是在世界上 130 多个国家和地区广泛使用的知识分类体系（UDC 网址为 http://www.udcc.org）。

国际十进分类法结构，国际十进分类法 6 应用科学、医学、科技类目，国际十进分类法应用示例分别见图 1-24～图 1-26。

学以致用： 国际十进分类法应用实践，如何确定一篇学位论文的 UDC 分类号？

4. 分类思想其他应用实践

分类思想自古有之。类是具有共同特征的个体集合。性质上相同或相似的东西，就属于同类的东西。世界上的事物多种多样，但万物虽众，均有各自的性质和特征。所谓"物以

图 1-24　国际十进分类法结构

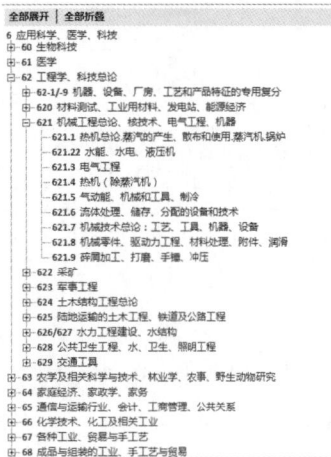

图 1-25　国际十进分类法 6 应用
科学、医学、科技类目

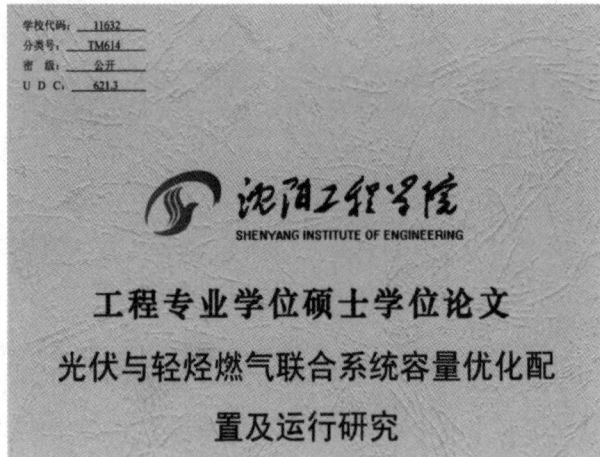

图 1-26　国际十进分类法应用示例

类聚"，就是指各种东西都按种类聚集在一起，同类事物具有共同的属性，即共同的性质和
特征。

分类也称"归类"。根据事物的同和异，按照一定的标准区分开来，分类是人们认识事

物和区别事物的基本方法，也是人类思维所固有的一种活动。在政治、经济、文化及日常生活的每一个领域中，都普遍应用着分类的方法。但一切分类都具有共同的目的，即认识事物、区别事物；一切分类又都有特殊的对象和特殊的目的。

　　科学分类是什么？恩格斯指出："每门科学都是分析某一个别的运动形式或一系列互相关联和互相转化的运动形式的，因此，科学分类就是这些运动形式本身依据其内部所固有的次序的分类和排列。"

　　众所周知，物质的统一性和多样性构成了客观世界。科学分类是认识客观世界的重要手段之一。它从物质世界的历史发展同物质在发展过程中所形成的质的差异去区别物质世界的多样性。也就是说，科学分类的任务是通过分类来揭示各门科学之间的固有联系与差别，并以此来划分各门科学活动的范围，反映科学发生发展的过程、运动的特征与进一步的发展方向。通过分类来促进科学研究工作，帮助科学工作者寻找自己的前进道路。

　　分类能体现学科的系统性，把相同的事物集中在一起，不同的事物区别开来。分类思想在日常工作中应用广泛，比如国际标准产业分类体系（international standard industrial classification of all economic activities，ISIC）。2008 年《国际标准产业分类》门类、亚马逊商品分类、搜狐栏目分类、电脑文档分类示例分别见图 1-27~ 图 1-30。

图 1-27　2008 年《国际标准产业分类》门类

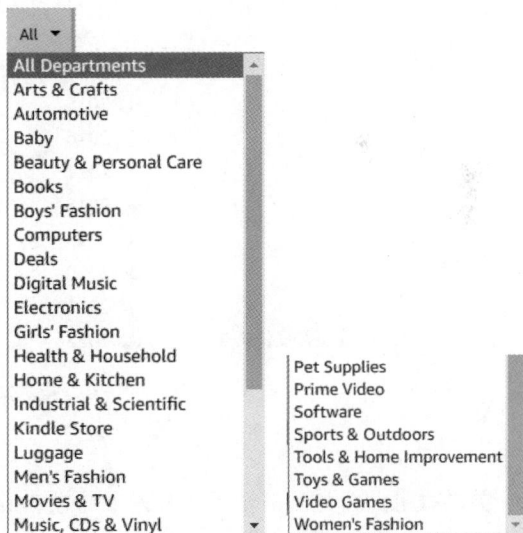

图 1-28　亚马逊商品分类

图 1-29　搜狐栏目分类

分类思想用于整理电脑上的各种文档，最常见的有系统、软件、文档、娱乐分类方式；也可分成工作、学习、生活，建立多级目录，先确定一级目录，逐级细分，同类/相近文档归到同一目录下，分类要科学，同级类目不应有重合；还须方便查找，高效利用。

图 1-30 电脑文档分类示例

5. 主题检索语言

所谓主题检索语言是以自然语言的语词为字符，以规范化或未经规范化的名词术语为基本词汇，以概念之间的形式逻辑作为语法和构词法，用语词字顺排列，用参照系统显示概念之间相互关系的一种检索语言。

杨绛的《我们仨》用"散文集""中国""当代"三个主题词描述和揭示文献内容特征；邱关源、罗先觉的《电路》用"电路""高等学校""教材"三个主题词语描述和揭示文献内容特征；杜慰纯等编著的《信息获取与利用》主题词为"情报检索–研究生教育–教材"；毛毛的《我的父亲邓小平》主题词为"中国–现代–政治家–邓小平–回忆录"；罗伯特·梅纳德·波西格的《禅与摩托车维修艺术》用的则是"长篇小说–美国–现代"。主题语言示例、主题词搜索示例分别见图 1-31、图 1-32。

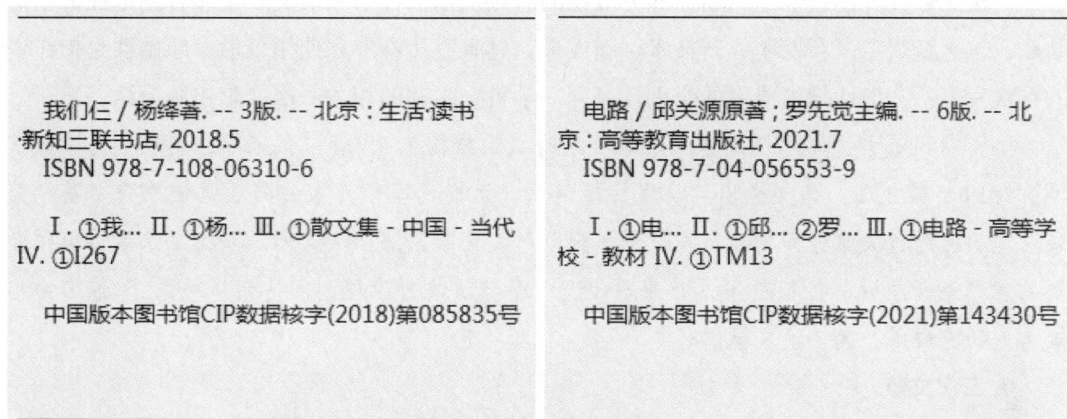

<table>
<tr><td>

我们仨 / 杨绛著. -- 3版. -- 北京：生活·读书·新知三联书店, 2018.5
　ISBN 978-7-108-06310-6

　Ⅰ. ①我... Ⅱ. ①杨... Ⅲ. ①散文集 - 中国 - 当代 Ⅳ. ①I267

中国版本图书馆CIP数据核字(2018)第085835号

</td><td>

电路 / 邱关源原著；罗先觉主编. -- 6版. -- 北京：高等教育出版社, 2021.7
　ISBN 978-7-04-056553-9

　Ⅰ. ①电... Ⅱ. ①邱... ②罗... Ⅲ. ①电路 - 高等学校 - 教材 Ⅳ. ①TM13

中国版本图书馆CIP数据核字(2021)第143430号

</td></tr>
</table>

图 1-31　主题语言示例

主题词 ▼	英语
AND　OR	题名 ▼　四级　　　　　　　　　　＋　－

检索　清除内容

图 1-32　主题词搜索示例

学以致用： 利用主题语言、分类语言搜索所在图书馆计算机二级或三级相关图书。

1.4.9　零次文献、一次文献、二次文献、三次文献

1. 零次文献

零次文献是指通过直接交流而获得的非正式记录，未公开出版、传播的文献。它包括口头交谈、参观展览、参加报告会、工程实验等的原始记录、草图、手稿等。

零次文献是最原始的信息源，往往能够反映从其他途径难以获得的最有价值的信息。由于零次文献往往未经过验证，甚至有可能是虚假信息，因此，对零次文献的获取既要具有敏锐的信息意识，还要具备广博、专深的相关专业知识，能够做到对零次文献的鉴别筛选、去伪存真。

2. 一次文献

一次文献又称原始文献，是指由作者本人来源于科研和生产实践而撰写或发表的学术论

文、科研报告、技术说明书等原始创新成果。它具有内容新颖、使用价值高等优点，是科研人员追踪的主要目标。

一次文献的判断不是依据其载体、存在形式及出版方式，而是根据它的内容性质，只要是作者根据自己的研究成果而发表的原始创作，都属于一次文献。

一次文献具有创造性、原始性和分散性的特点。创造性指一次文献是作者创造性劳动的结晶，包含新观点、新发明、新技术、新成果，具有直接参考和使用价值；原始性是指作者的首次发表；分散性是指成果的个别性，同一学科、主题的相关一次文献出版分散。

例： 期刊论文《论无权代理人赔偿责任的双层结构》，作者：张家勇，发表于《中国法学》2019 年第 3 期。该文提出"从现行规定看，无权代理行为人的赔偿责任系分别基于信赖原理和缔约过失原理而构建，在解释该规范时，需顾及法律文义所反映的立法者价值判断及法律体系所呈现的价值秩序，并兼顾代理制度与法律行为规则间的亲缘关系。"该文为作者本人研究成果，属一次文献。

3. 二次文献

二次文献是人们把大量的、分散的、无序的一次文献搜集起来，按照一定的方法进行加工、整理、提炼、浓缩，即著录其外部特征和内容特征，标引出文献的主题，编制成具有多种检索途径的检索工具，使之系统化和便于查找而形成的文献。二次文献是对一次文献的加工重组，并不是新的信息，类型主要有目录、题录、文摘、索引等。

二次文献具有汇集性、检索性、系统性的特点。汇集性是指它是在大量的分散性文献的基础上加工整理而形成的，一般汇集某一单位或专业范围内的文献，能直接反映某一信息部门或专业学科的文献收藏出版状况；检索性是指它所汇集的不是文献本身，而是一定范围内的文献线索，其本身是检索工具，还需要通过文献线索来进一步获取原始文献；系统性是指二次文献实现了对不同专业学科文献的系统组织。

例： 图书馆目录、国内报刊检索工具《全国报刊索引》（https://www.cnbksy.com）、人大复印报刊资料《报刊摘要库》（http://ipub.exuezhe.com/wz.html）、爱思唯尔 Scopus（https://www.scopus.com）都属于二次文献。

4. 三次文献

三次文献是围绕某个主题，利用二次文献搜集大量相关的一次文献，经过研究、分析综合而编写出来的文献。如各种综述、述评、学科年度总结、年鉴、数据手册等。

三次文献具有综合性、价值性和针对性的特点。综合性是指需要对大量分散的有关课题的文献、数据、事实进行分析、综合、浓缩，其内容较为概括；价值性是指三次文献可以提供有价值的信息，供用户参考、利用，三次文献兼有一次文献的作用，有时可以替代原文；针对性是指三次文献大多数都是为特定目的而编写的，如信息部门受用户委托而从事的研究成果，研究人员通过综述性文章的撰写也可以全面了解当前某一领域的研究状况。

例： 期刊论文《风电机组轴承故障诊断与疲劳寿命研究综述》，作者是尹晓伟、江雪峰、王龙福，发表于《轴承》2022 年第 5 期，参考引用国内外相关文献 57 篇。文章以风电机组轴承为研究对象，从状态监测、故障诊断、疲劳寿命等方面对国内外研究方法的优点和局限性进行整理分析并提出相应的理解，对风电机组轴承的研究方向提出展望：结合不同部位轴承实际易发生的失效情况及不同机组的差异性，从现有的单一、多特征量的纵向数据融合分析方式向多方面结合及多角度分析方式转变，寻求各部位轴承的故障数据特征及其演化规律；基于数据智能化及物理模型并考虑多因素耦合特性对风电机组轴承进行寿命分析。此文为三次文献。

第 2 章　一切皆可搜索　|　🔍

2.1　搜索纸质图书

2.1.1　中国国家图书馆·中国国家数字图书馆

中国国家图书馆是国家总书库，是国家书目中心、国家古籍保护中心、国家典籍博物馆。国家图书馆馆藏宏富，品类齐全，古今中外，集精撷萃。馆藏总量超过 4000 万册并以每年百万册件的速度增长，位居世界国家图书馆第七位，中文文献收藏世界第一，外文文献收藏国内首位。

国家图书馆馆藏继承了南宋以来历代皇家藏书以及明清以来众多名家私藏，最早的馆藏可远溯到 3000 多年前的殷墟甲骨。珍品特藏包含敦煌遗书、西域文献、善本古籍、金石拓片、古代舆图、少数民族文字古籍、名家手稿等 280 余万册件。《敦煌遗书》《赵城金藏》《永乐大典》、文津阁《四库全书》被誉为国家图书馆"四大专藏"。

国家图书馆以"中文求全，外文求精"为采访方针，全面入藏国内正式出版物，同时重视国内非正式出版物的收藏。国家图书馆是国务院学位委员会指定的学位论文收藏中心和博士后研究报告收藏馆，也是图书馆学专业资料集中收藏地、全国年鉴资料收藏中心，并特辟香港、澳门、台湾地区出版物专室。

国家图书馆外文书刊购藏始于 20 世纪 20 年代，123 种文字的文献资料约占馆藏的近40%，大量入藏国际组织和政府出版物。

随着信息载体的发展变化，国家图书馆馆藏规模不断扩大，类型日益丰富。其不仅收藏了丰富的缩微制品、音像制品，还建成了中国最大的数字文献资源库和服务基地，数字资源总量超过 2000TB，并以每年 100TB 速度增长。

延伸阅读：

数字化环境下国家图书馆的收藏对象

2020 年启动国家图书馆互联网信息战略保存项目，在新浪建立首个试点基地，对其全平台内容进行系统保存，"2000 亿条微博被国家图书馆保存"成为新浪微博热议话题，5 天阅读总量达 3 亿次。依托"中国记忆"项目，采集国家功勋模范人物、东北抗联等口述史料、影像资料 804.5h，征集"我们都是追梦人——当代追梦故事征集计划"社会公众个体记忆文本 3000 余篇。

（1）文津搜索。2012 年，国家图书馆在为读者提供服务 100 周年之际推出了文津搜索系统，系统整合了国家图书馆自建数据和部分已购买了服务的各类数字资源，实现了资源的一站式发现与获取，使图书馆内的封闭资源能够对网络用户开放。文津搜索首页见图 2-1。

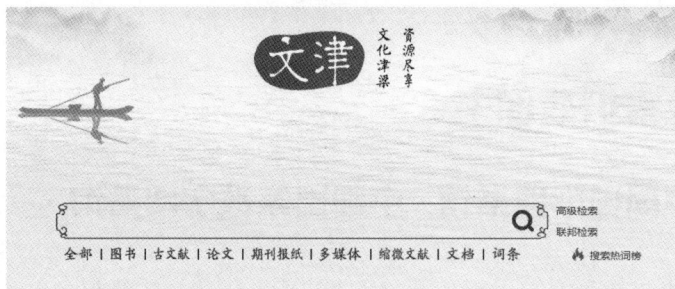

图 2-1　文津搜索首页

基于呈缴本制度，文津搜索可以用来搜索最新文献。文津搜索示例见图 2-2。

图 2-2　文津搜索示例

中国国家图书馆绝非遥不可及，反而触网可及，因为它同时也是中国国家数字图书馆。在中国国家图书馆读者云门户注册，登录之后可以作为中国国家图书馆的网络用户访问其对外开放的海量数字资源。东文研汉籍影像库、法藏敦煌遗书、哈佛大学善本特藏、天津图书馆古籍、云南图书馆古籍、上海图书馆家谱、数字古籍、赵城金藏、中华医药典籍、碑帖菁华、敦煌遗珍、甲骨世界、年画撷英、前尘旧影、数字方志、宋人文集、西夏论著、西夏文献、中华古籍善本联合书目、徽州家谱 20 个资源库的服务方式为免登录访问。中国国家图书馆读者门户登录注册界面见图 2-3。

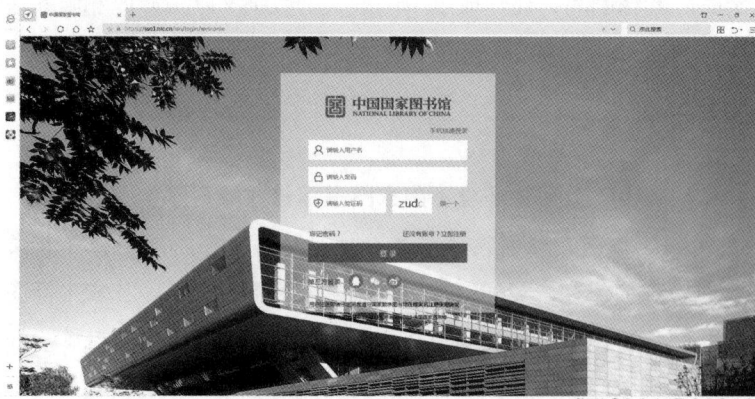

图 2-3　中国国家图书馆读者门户登录注册界面

（2）搜索古代文献。中国国家图书馆特色资源搜索示例见图 2-4。

图 2-4　中国国家图书馆特色资源搜索示例

（3）搜索民国时期文献。中国国家图书馆馆藏目录搜索示例见图 2-5。

图 2-5　中国国家图书馆馆藏目录搜索示例

2.1.2　汇文书目检索系统——沈阳工程学院图书馆书目检索系统

（1）馆藏检索、简单检索、多字段检索。馆藏检索近似于全文检索；简单检索提供了前方一致、完全匹配、任意匹配三种方式，推荐使用"任意匹配"；多字段检索只支持"前方一致"。

检索某种书刊图书馆是否收藏，没必要全部输入，通过"任意匹配"选择题名中最特别、最与众不同的一个汉字或相邻的两个汉字，一般不超过三个汉字，或是题名中最特别、最与众不同的且相邻的外文字符与数字，即可判断有无。

例： 检索《我们仨》，可输入"仨"；检索《谁动了我的奶酪》，可输入"奶酪"；检索《AutoCAD 机械制图习题集锦：2012 版》，可输入"题集锦"；检索《电脑爱好者》，可输入"脑爱"；检索《哈佛给青少年做的 268 个情商游戏：做完美性格的你》，可输入"268"；检索 ZigBee 方面的图书，可输入"zigb"。

一个汉字搜索示例、两个汉字搜索示例分别见图 2-6、图 2-7。

也可选择"馆藏检索"，输入题名中不相邻的只言片语，完成搜索。

例：《暖通空调工程设计：鸿业 ACS 8.2》不宜输入"暖通""空调""工程"，输入"鸿8.2""业 8.2""鸿业 ACS"都可检出。

索书号（call number）：也称索取号，是图书馆赋予每一种馆藏图书的号码。该号码具有一定结构并表示特定意义。通常情况下索书号由两部分组成：分类号和书次号。分类号是根据图书学科主题所取用的分类号码，比如从《中国图书馆分类法》中查询确定。书次号可按照图书入藏时间的先后给定顺序号码，也可按照图书作者姓名编排。一个索书号只能代表一种书。它表明藏书的排索位置，是图书馆排书、检书、借书、还书、登记、统计的编码，

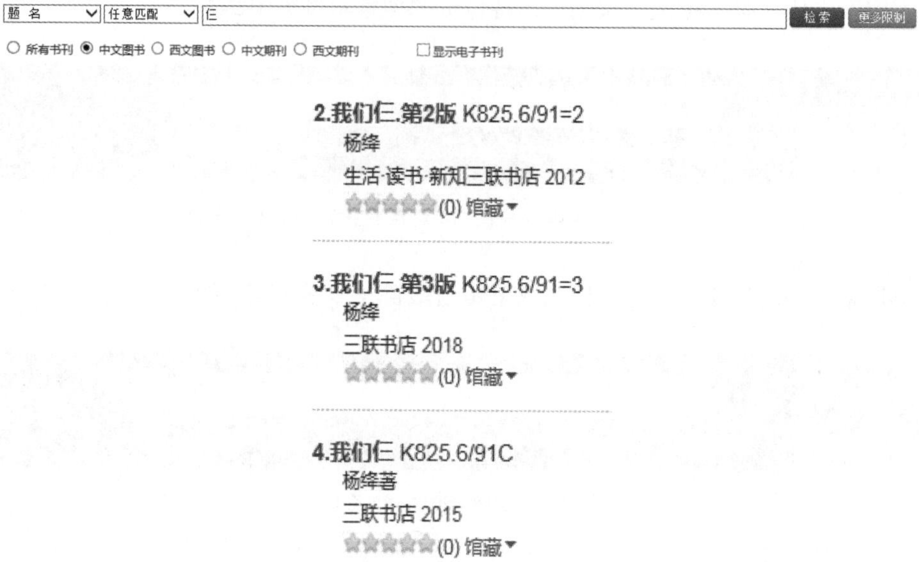

图 2-6　一个汉字搜索示例

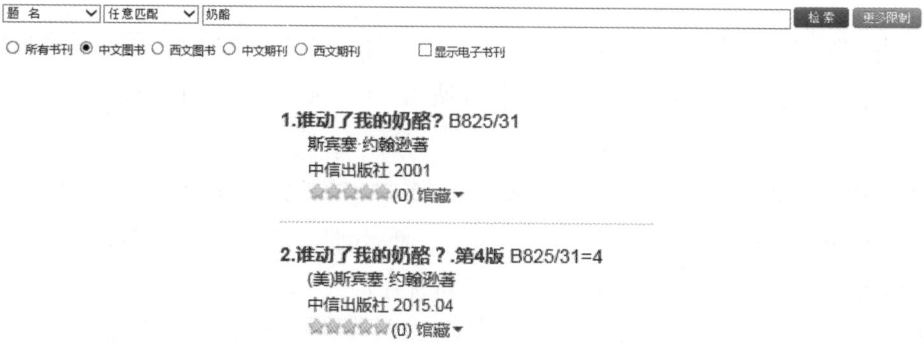

图 2-7　两个汉字搜索示例

是文献外借和馆藏清点的主要依据。索书号示例见图 2-8。

索书号通常出现在传统目录卡片的左上角、书脊下方的书标、图书书名页或封底等处。

图 2-8　索书号示例

学以致用：如果想来图书馆借书，总共分几步？正确的方式应该是拿出手机，搜索一下，判断有无；如果有，确定馆藏地，是否可借，记下索书号；到馆按索书号找书；借完之后，用手机自助操作续借。从第十七届文津奖推荐书目中挑选一本心仪的图书搜索，能否在本馆借到？

第十七届文津奖推荐书目见图 2-9。

序号	书名	作者	出版社
	"文津奖"推荐图书		
1	刘擎西方现代思想讲义：来一场观念的探险	刘擎 著	新星出版社
2	中美相遇：大国外交与晚清兴衰（1784-1911）	王元崇 著	文汇出版社
3	海洋变局5000年	张炜 著	北京大学出版社
4	我在考古现场——丝绸之路考古十讲	齐东方 著	中华书局
5	库页岛往事	卜键 著	生活·读书·新知三联书店
6	古画新品录：一部眼睛的历史	黄小峰 著	湖南美术出版社
7	中国村落史	胡彬彬 著	中信出版集团
8	了不起的游戏：京剧究竟好在哪儿	郭宝昌、陶庆梅 著	生活·读书·新知三联书店
9	贫困的终结	李小云 著	中信出版集团
10	愿为敦煌燃此生，常书鸿自传	常书鸿 著	天地出版社
11	中国人的生活美学	刘悦笛 著	广西师范大学出版社
12	公共卫生史	（美）乔治·罗森 著，黄沛一 译	译林出版社
13	技术与文明：我们的时代和未来	张笑宇 著	广西师范大学出版社
14	重走：在公路、河流和驿道上寻找西南联大	杨潇 著	上海文艺出版社
15	另起的新文化运动	袁一丹 著	生活·读书·新知三联书店
16	考古一百年：重现中国	杨泓 著	北京联合出版公司
17	革命的形成：清季十年的转折	罗志田 著	商务印书馆
18	法度与人心：帝制时期人与制度的互动	赵冬梅 著	中信出版集团
19	1937，延安对话	（美）托马斯·亚瑟·毕森 著，李彦 译	人民文学出版社
20	海贝与贝币：鲜为人知的全球史	杨斌 著译	社会科学文献出版社
21	欢乐数学：一本充满"烂插画"的快乐数学启蒙书	（美）本·奥尔林 著，唐燕池 译	天津科学技术出版社
22	解困之道：在复杂世界中解决复杂问题	（美）亚内尔·巴尔-扬 著，沈忱 译	上海科技教育出版社
23	病人家属，请来一下	王兴 著	上海译文出版社
24	植物的"智慧"	马炜梁、寿海洋 著	北京大学出版社
25	我们星球上的生命：我一生的目击证词与未来憧憬	（英）大卫·爱登堡 著，林华 译	中信出版集团
26	植物塑造的人类史	史军 著	现代出版社
27	我们为什么要睡觉？	（英）马修·沃克 著，田盈春 译	北京联合出版公司
28	巨浪来袭——海面上升与文明世界的重建	（美）杰夫·古德尔 著，高抒 译	上海科学技术出版社
29	计量单位进化史：从度量身体到度量宇宙	宋宁世 著	人民邮电出版社
30	太空居民，人类将如何在无垠宇宙中定居	（美）克里斯托弗·万杰克 著，李平 译，王加为、郑子轩 审校	社会科学文献出版社
31	数学艺术，真实·美丽·平衡	（美）斯蒂芬·奥内斯 著，杨大地 译	重庆大学出版社
32	不一样的1	吴亚男 文，柳垚沙 图	明天出版社
33	我那些成长的烦恼	梁晓声 著	山东教育出版社
34	大风	莫言 原著，笭箫 改编，朱成梁 绘画	二十一世纪出版社集团
35	一颗莲子的生命旅程	陈莹婷 著，花青 绘	北京联合出版公司
36	大象的旅程	格日勒其木格·黑鹤 著，九儿 绘	贵州人民出版社
37	写给未来的艺术家：23位大师与孩子谈天赋、梦想与成长	（美）艾瑞·卡尔 等 著，阿甲 译	新星出版社
38	外婆的蓝色铁皮柜轮椅	刘毛宁 著	北京联合出版公司
39	迷路的小孩	金波 文，（英）郁蓉 图	天天出版社
40	博物馆里的奇妙中国（陶器、瓷器、青铜器、漆器）	王可 著，娄烨、孙雨萌、戴鹤 绘	辽宁科学技术出版社
41	我爷爷我奶奶	郑春华 著，武芃 绘	天地出版社
42	假装没看见	（日）梅田俊作、（日）梅田佳子 著/绘，彭懿 译	晨光出版社
43	夏天的故事	魏捷 文，李小光 图	新世界出版社
44	战地厨子和半个小兵	（荷）本尼·林德劳夫 著，（荷）路德维希·沃尔比达 绘，张雨童 译	二十一世纪出版社集团
45	鲸歌岛的夏天	邓西 著	中国少年儿童出版社
46	石头一动也不动	（美）布兰登·文策尔 著，常立 译	南京大学出版社
47	一块巧克力	余丽琼 著，（日）石川惠理子 绘	江苏凤凰少年儿童出版社
48	被风吹落的报纸	（哥伦比亚）何塞·萨纳布里亚、（阿根廷）玛利亚·劳拉·迪亚兹·多明戈斯 著，（哥伦比亚）何塞·萨纳布里亚 绘，聂宗洋 译	海豚出版社
49	兄弟俩	肖复兴 著，王祖民 绘	长江文艺出版社
50	海洋塑料：一个入侵物种	（葡）安娜·佩戈、（葡）伊莎贝尔·米尼奥丝·马丁斯 著，（葡）贝尔纳多·P.卡瓦略 绘，金心艺 译	浙江教育出版社
51	这屁股我不要了！你不知道的动物科学	李剑龙 著，牛猫小分队 绘	河北科学技术出版社

图 2-9　第十七届文津奖推荐书目

（2）检索不到怎么办？在沈阳工程学院图书馆书目检索系统中检索不到书名为《大西洋上的航海者》的图书。访问当当、京东，搜索"大西洋　航海者"，浏览搜索结果发现书名应为《西太平洋上的航海者》。原来是记错书名，选择"任意匹配"，输入"西太"二字即可搜索到。当当搜索示例、沈阳工程学院"掌上图书馆"搜索示例分别见图 2-10 和图 2-11。

图 2-10　当当搜索示例　　　　图 2-11　沈阳工程学院"掌上图书馆"搜索示例

检索时正确运用截断，利用书名或刊名中的有限（效）线索实施检索。

（3）如何检索出沈阳工程学院图书馆"东野圭吾"的所有作品？方法不唯一，选中"责任者"，选择"前方一致"，输入"东野圭吾"或"东野圭"；选择"任意匹配"，输入"野圭""圭吾"。

2.1.3　辽宁省图书馆书目检索系统（http://index.lnlib.com:108/opac）

2020 年 5 月 15 日，百度董事长兼 CEO 李彦宏与樊登读书（樊登读书现已更名为帆书）创始人樊登展开了一场思想碰撞，两位大咖跨界访谈"家书"直播。李彦宏的书单见图 2-12。

在辽宁省图书馆书目检索系统中，选择"题名"，输入"创业维艰"，却搜索不到李彦宏的书单中霍洛维茨的《创业维艰》。扩大搜索范围，去掉一个字，输入"创业维"，即可搜到。原来是编目数据著录错误。导致搜索不到的原因比较复杂，尝试改变检索策略，多角度搜索确认，切勿轻易得出没有的结论。辽宁省图书馆书目检索示例见图 2-13。

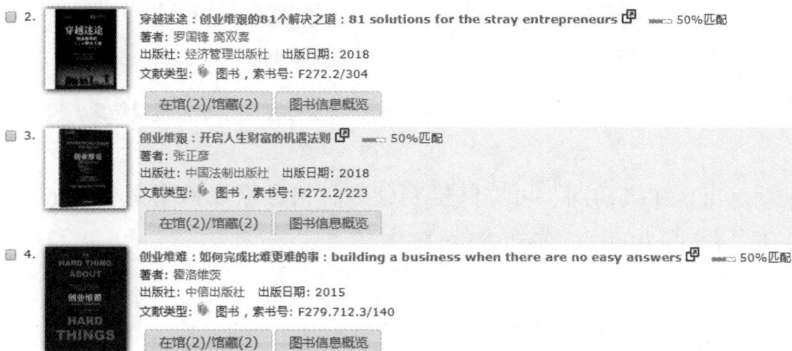

图 2-12　李彦宏的书单　　　　　　　　图 2-13　辽宁省图书馆书目检索示例

2.1.4　如何查询某种书的页码？有无电子版？

查询作者为 Gerd Baumann、书名为 *Mathematica for Theoretical Physics: Electrodynamics, Quantum Mechanics, General Relativity, and Fractals* 一书的页码。

检索策略：书名较长，容易输入错误；作者姓名较短，选择姓名"Gerd Baumann"作为检索词。清华大学图书馆水木搜索示例见图 2-14。

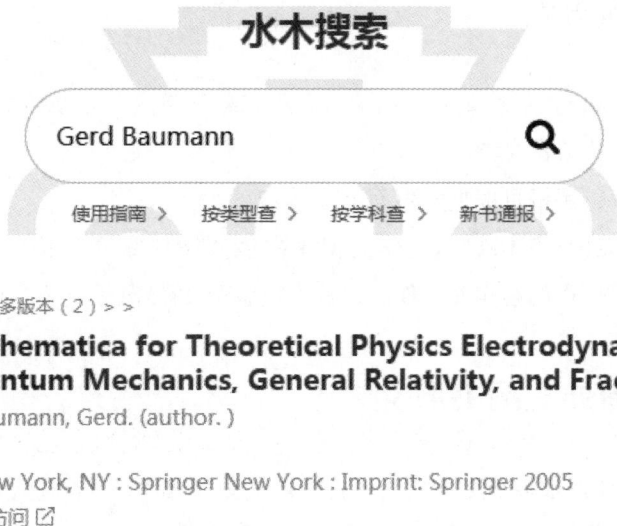

图 2-14　清华大学图书馆水木搜索示例

浏览检索结果，判断此书页数为 407 页。清华大学图书馆水木搜索结果见图 2-15。

出版社：	New York, NY : Springer New York : Imprint: Springer
出版日期：	2005
版本：	2nd ed. 2005..
语种：	英语
载体形态：	1 online resource (407 p.).
识别符：	国际标准书号 0-387-25113-8
来源：	清华大学馆藏西文书目

图 2-15　清华大学图书馆水木搜索结果

点击"在线访问"可以链接到施普林格数据库检索平台 Springer Link 在线阅读此书。Springer Link 电子书页面见图 2-16。

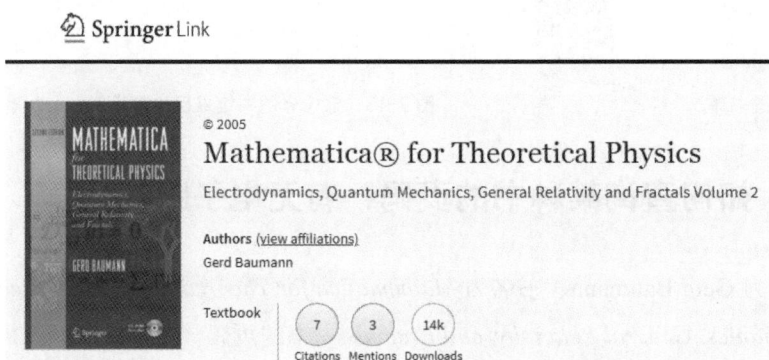

图 2-16　Springer Link 电子书页面

2.1.5　查询出处

"看看人家中国人，他们就是走自己的路，不依赖任何人，不模仿任何人。全世界今天都怕中国人……"这段话出自哪种图书？

用手机百度搜索，手机百度搜索页面见图 2-17。

《二手时间》是 2015 年诺贝尔文学奖得主白俄罗斯作家斯韦特兰娜·亚历山德罗夫娜·阿列克谢耶维奇创作的纪实文学作品，首次出版于 2013 年。

2.1.6　查询外文图书原文

"你可以用很多说法来称呼这个自我：转变，蜕变，虚伪，背叛。而我称之为：教育。"这段话出自哪本书？你能上网搜索到这段话的英文原文吗？

利用手机百度搜索，浏览检索结果，跳转到知乎。知乎相关结果页面见图 2-18。

图 2-17　手机百度搜索页面　　　　　图 2-18　知乎相关结果页面

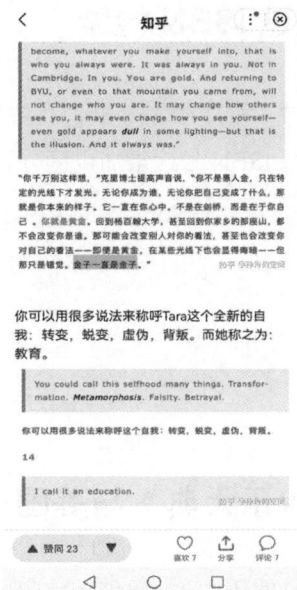

　　这段话出自塔拉·韦斯特弗创作的自传体小说《你当像鸟飞往你的山》（*Educated*），于 2018 年首次出版。讲述了美国女孩塔拉在一个摩门教的荒蛮家庭成长，后来出走接受教育，获得"救赎"的故事。

2.1.7　查询某种图书的老旧版本

　　"徐四金"的《香水》。所谓"徐四金"是中国台湾的译法，中国大陆译作"帕特里克·聚斯金德"。《香水》一书于 1985 年在德国首次出版。选择孔夫子旧书网（http://www.kongfz.com）进行检索。孔夫子旧书网检索界面见图 2-19。

图 2-19　孔夫子旧书网检索界面

2.1.8 通过 ISBN 检索

《四级词汇必背：乱序版》一书，有两个不同版本，书名、编者、出版社完全相同，但 ISBN 不同，可利用 ISBN 号检索加以区分。ISBN 检索示例见图 2-20。

图 2-20 ISBN 检索示例

2.1.9 《永乐大典》与美国国会图书馆

《永乐大典》是明永乐年间由明成祖朱棣先后命解缙、姚广孝等主持编纂的一部集中国古代典籍于大成的类书。初名《文献大成》，后明成祖亲自撰写序言并赐名《永乐大典》。《永乐大典》全书 22877 卷（目录 60 卷，共计 22937 卷），11095 册，约 3.7 亿字，汇集了古今图书七八千种。《不列颠百科全书》在"百科全书"条目中称中国明代类书《永乐大典》为"世界有史以来最大的百科全书"，《永乐大典》是中国文化的一个重要符号。

美国国会图书馆（https://www.loc.gov）作为世界上最大的图书馆，所藏中文古籍善本最为引人注目的就是《永乐大典》。其是世界上收藏《永乐大典》第三大馆，总共 41 册，较日本东洋文库 33 册、英国国家图书馆 23 册、英国牛津大学图书馆 19 册、日本静嘉堂文库 9 册、中国台北史语所傅斯年图书馆 5 册、日本天理大学图书馆 8 册、英国伦敦大学东方语言学校 5 册要多出许多。美国国会图书馆搜索页面见图 2-21。

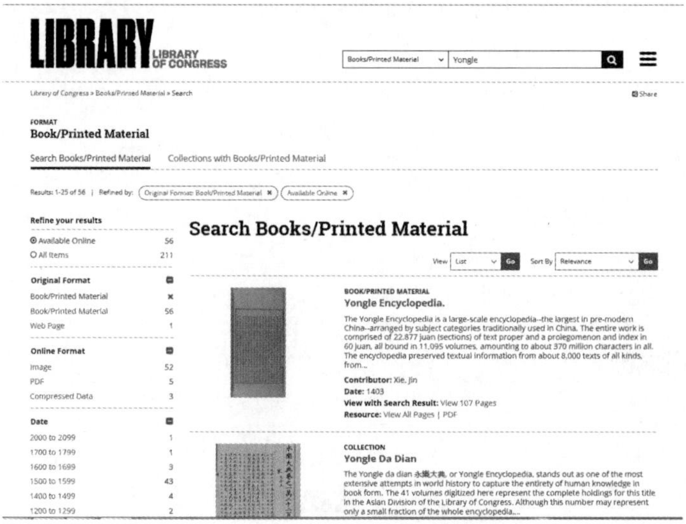

图 2-21 美国国会图书馆搜索页面

2.2 搜索中文电子图书

电子图书有 TXT、HTML/MHT/CHM、PDF、EPUB、MOBI/AZW3 等不同的格式。

搜索中文专业电子图书可以选择超星、书生之家、北大方正阿帕比、可知、畅想之星等平台，也可通过 CALIS、CASHL、CADAL 等系统获取。

超星旗下有超星读秀、超星汇雅数字图书馆、超星学习通、超星移动图书馆、歌德电子书借阅机等多个系统与产品，各具特色。

超星读秀以海量中文图书和全文资料为基础，提供深入内容的章节和全文检索。通过读秀学术搜索，能一站式搜索馆藏纸质图书（与 OPAC 系统对接）、电子图书、随书光盘等学术资源，高度涵盖本单位文献服务机构内的信息源；可直接在线阅读汇雅电子书；也可通过"图书馆文献传递"获取部分章节，填写想要获取的图书正文页码范围、邮箱地址、验证码，之后确认提交。超星读秀搜索结果界面、超星读秀图书馆文献传递界面分别见图 2-22 和图 2-23。

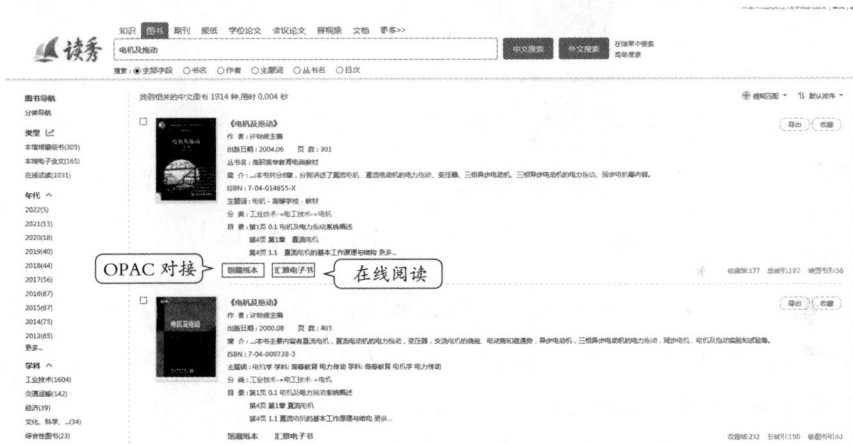

图 2-22 超星读秀搜索结果界面

图 2-23 超星读秀图书馆文献传递界面

超星电子书有超星阅读器格式、网页格式、EPUB 格式、PDF 格式等。超星汇雅数字图书馆的特点是能够查询某种教材、教科书比较久远的版本。超星汇雅数字图书馆检索结果界面见图 2-24。

图 2-24　超星汇雅数字图书馆检索结果界面

国家知识服务平台可知分平台（https://www.keledge.com）由中新金桥数字科技（北京）有限公司研发，汇聚了国内多家出版机构，实现纸电同步及各出版机构数字资源的统一发布。可知检索结果界面见图 2-25。

图 2-25　可知检索结果界面

可知支持个性化荐购、在线试读，还可通过可知移动端和微信端实现访问。可知微信端在线阅读界面见图 2-26。

畅想之星（https://www.cxstar.com）馆配电子书平台，是面向 B2B 馆配电子图书市场，与出版社合作建立的集版权管理、新书发布、电子书采购、销售、阅读与知识发现于一体的综合性服务平台。其提供中文、民国和古籍电子图书服务，主推学术类新书。畅想之星检索结果界面见图 2-27。

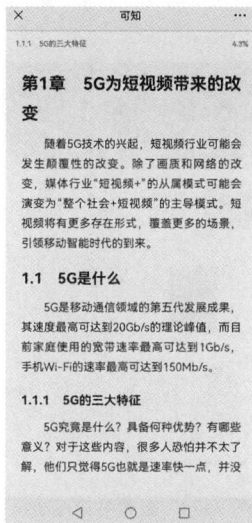

图 2-26　可知微信端在线
　　　　　阅读界面

图 2-27　畅想之星检索结果界面

2000 年 12 月，中美两国计算机科学家倡导建设百万册数字图书馆项目，进而发展成为全球数字图书馆项目，得到了中华人民共和国教育部、美国国家科学基金会和印度科学院的重视与支持。2002 年 9 月，项目中方被中华人民共和国教育部列为"十五"期间"211 工程"公共服务体系建设的组成部分，定名为"高等学校中英文图书数字化国际合作计划"，2009 年 8 月更名为"大学数字图书馆国际合作计划"（China academic digital associative library，CADAL，http://cadal.edu.cn），由浙江大学联合国内外高等院校、科研机构共同承担。CADAL 项目建设的总体目标是：构建拥有多学科、多类型、多语种海量数字资源的，由国内外图书馆、学术组织、学科专业人员广泛参与建设与服务，具有高技术水平的学术数字图书馆，成为国家创新体系信息基础设施之一。

CADAL 项目建设的数字图书馆提供一站式的个性化知识服务，将包含理、工、农、医、人文、社科等多种学科的科学技术与文化艺术，包括书画、建筑工程、篆刻、戏剧、工艺品等在内的多种类型媒体资源进行数字化整合，通过因特网向参与建设的高等院校、学术机构提供教学科研支撑。CADAL 首页见图 2-28。

近年来，出版社纷纷自建电子书出版平台，如科学出版社"科学文库"（https://book.sciencereading.cn）、高等教育出版社"高教书苑"（适用于移动端，https://ebook.hep.com.cn/ebooks/h5/index.html#/）、机械工业出版社"工程科技数字图书馆"（http://ebooks.cmanuf.com）、清华大学出版社有限公司"文泉学堂"（https://www.wqxuetang.com）等。用搜索引擎搜索"××××书 PDF 版"很可能非正版且耗时，尝试官方正版平台反而免费省时。高教书苑移动端见图 2-29。

图 2-28 CADAL 首页

图 2-29 高教书苑移动端

学以致用：某学期的一门选修课，教师没有指定教材，能否利用图书馆书目检索系统和电子书数据库/平台给自己挑选一本合适的纸质或电子版教材？请查找图 2-30 中《逍遥游》等四种图书的电子版（必须正版），并确认能否手机在线阅读？

图 2-30 逍遥游等四种图书

全新数字阅读时代，有数不胜数的读书网站、App、小程序，豆瓣读书、微信读书、百度阅读、网易云阅读、掌阅、咪咕阅读、京东读书等，这并不是一个人在读书，阅读有了社交属性、强势互动，开启了不一样的阅读旅程。

2.3 搜索会议和会议文献

会议和会议文献检索字段除常规的篇名、作者外，还可以通过会议名称、主办单位、论文集名称、小标题等进行检索。

2.3.1 中国知网和万方数据的会议数据库

中国知网会议检索示例、万方数据会议论文检索示例分别见图 2-31、图 2-32。

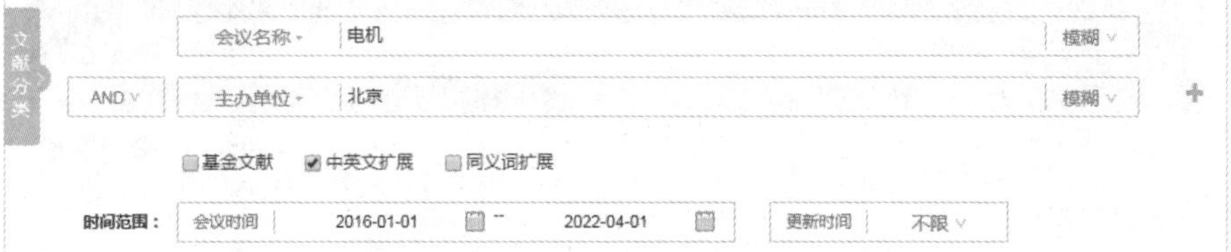

图 2-31 中国知网会议检索示例

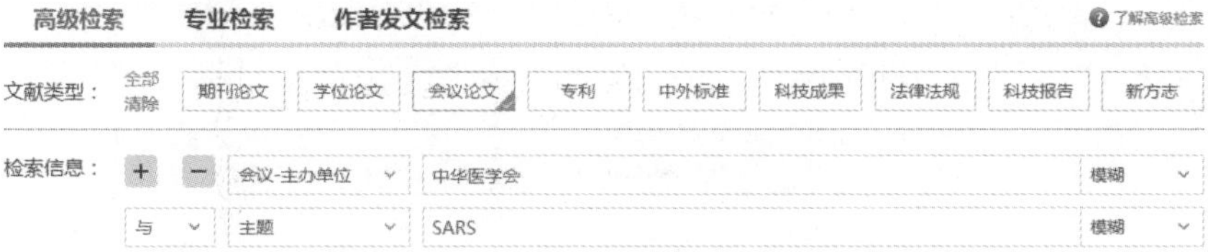

图 2-32 万方数据会议论文检索示例

2.3.2 中国学术会议在线

中国学术会议在线由中华人民共和国教育部主管，教育部科技发展中心主办，网址为 https://www.meeting.edu.cn，侧重国内学术会议。中国学术会议在线首页见图 2-33。

图 2-33 中国学术会议在线首页

2.4 搜索科技报告

2.4.1 万方数据"中外科技报告数据库""中国成果数据库"

万方数据中外科技报告数据库搜索界面、万方数据中国科技成果数据库搜索界面分别见图 2-34、图 2-35。

图 2-34 万方数据中外科技报告数据库搜索界面

图 2-35 万方数据中国科技成果数据库搜索界面

2.4.2 《中国科技项目创新成果鉴定意见数据库（知网版）》

《中国科技项目创新成果鉴定意见数据库（知网版）》检索界面见图 2-36。

图 2-36　《中国科技项目创新成果鉴定意见数据库（知网版）》检索界面

延伸阅读：

国家最高科学技术奖

2000 年中华人民共和国国务院设立国家最高科学技术奖。2000 年的获奖人是杂交水稻之父袁隆平和著名数学家吴文俊。每年不超过 2 名的国家最高科技奖，是中国科技界的最高荣誉。国家最高科学技术奖授予在当代科学技术前沿取得重大突破或者在科学技术发展中有卓越建树、在科学技术创新、科学技术成果转化和高技术产业化中创造巨大经济效益或者社会效益的科学技术工作者。

国家设立国家科学技术奖励委员会，聘请有关方面的专家、学者组成评审委员会，负责国家科学技术奖的评审工作。

国家最高科学技术奖报请国家主席签署并颁发证书和奖金，奖金数额由国务院规定，国家最高科技奖奖金为 500 万元。450 万元由获奖人自主选题，用作科研经费，50 万元属获奖个人所得。

2.4.3　美国政府四大科技报告（AD、DE、NASA、PB）

1945 年 6 月，美国在商务部下成立了专门收集、处理、通报、交流美国政府科技报告的专门机构——出版局（office of the publications board，PB），由此开始了政府有组织的科技报告工作。1946 年，美国根据原子能法成立了原子能委员会（atomic energy commission，AEC），即今天的能源部（department of energy，DOE）及其科技报告管理部门；1951 年成立了武装部队技术情报局（armed services technical information agency，ASTIA），即今天的国防技术信息中心（defense technical information center，DTIC），统一收集、管理国防科技报告工作；1958 年根据航天法改组 1915 年成立的原国家航空咨询委员会（national advisory committee for aeronautics，NACA），成立了国家航空航天管理局（national aeronautics and space administration，NASA）及其科技报告管理机构。1970 年，PB 更名为国家技术信息服务局（national technical information service，NTIS），继续负责国家技术报告的集中收集、整理、传播工作。NTIS 收集有来自 200 多个联邦机构及其他相关机构和国家的科技报告，馆藏数量超过 300 万份，每年增加约 5 万份。

（1）PB 报告。PB 报告是美国四大科技报告中发行最早的一种，产生于二战结束之后，当时美国政府就是为了整理和利用从战败国获得的数以千吨计的秘密科技资料而成立了 PB，负责收集、整理、报道和利用这些资料，并且每份资料都冠以“PB”作为标识，因此称为 PB 报告。这些资料编号到 10 万号为止，之后的 PB 报告，主要涉及美国国内政府科研机构、公司企业、高等院校、研究院所，以及部分国外科研机构的科技报告。1970 年 9 月，美国商务部国家技术信息服务局接手 PB 后，继续沿用“PB”作为报告标志。PB 报告示例见图 2-37。

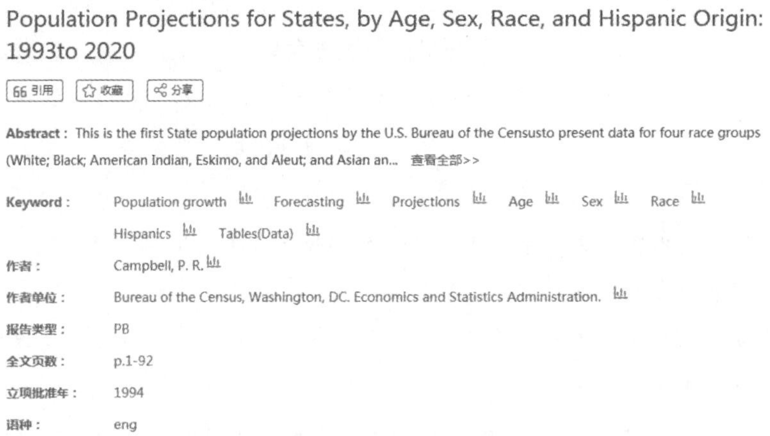
Population Projections for States, by Age, Sex, Race, and Hispanic Origin: 1993to 2020

引用 收藏 分享

Abstract： This is the first State population projections by the U.S. Bureau of the Censusto present data for four race groups (White; Black; American Indian, Eskimo, and Aleut; and Asian an... 查看全部>>

Keyword： Population growth　Forecasting　Projections　Age　Sex　Race　Hispanics　Tables(Data)

作者： Campbell, P. R.

作者单位： Bureau of the Census, Washington, DC. Economics and Statistics Administration.

报告类型： PB

全文页数： p.1-92

立项批准年： 1994

语种： eng

图 2–37　PB 报告示例

（2）AD 报告。国防技术信息中心是美国国防部内部负责获取、存储、检索和分发科技报告的中心机构，每年收藏 AD 报告约 3.3 万篇。AD 报告在使用中大致分为公开发行利用的公开科技报告、严格限制使用范围的非保密敏感科技报告和按有关保密规定发行利用的保密科技报告三大类。在实际使用中，AD 报告发行范围又细分为 7 类。AD 报告示例见图 2-38。

（3）NASA 报告。航天航空信息中心（center for aerospace information，CASI）负责美

国国家航天航空局科技报告的集中收藏、保存和传播，其数据库中科技报告记录已超过 360 万条。NASA 报告主要分为技术论文、技术备忘录、合同户报告、会议出版物、特殊出版物和技术译文 6 大系列。NASA 报告的使用对象划分为内部用户和外部用户两部分，其中内部用户包括国家航空航天局各部门及合同人员，外部用户主要包括其他政府机构、大学与其他教育机构、商业科技信息提供商等。NASA 报告示例见图 2-39。

（4）DE 报告。科学技术信息办公室（office of scientific and technical information，OSTI）是能源部科学办公室的直属机构，负责协调能源部的科学技术信息活动和 DE 报告的集中收藏和管理。DE 报告可以大致分为公开信息、公开发行的解密信息、非保密受控制信息、非保密受控制核信息和保密信息五种类型，并分别通过公开信息系统、有存取权限限制的信息系统及保密信息管理系统面向不同的用户提供服务。DE 报告示例见图 2-40。

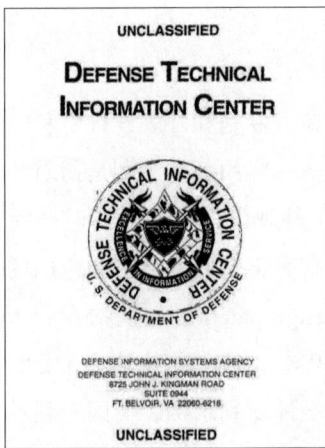

图 2-38　AD 报告示例　　　　图 2-39　NASA 报告示例　　　　图 2-40　DE 报告示例

中国知网科技报告检索界面见图 2-41。

图 2-41　中国知网科技报告检索界面

挑战来啦： 请搜索美国政府四大报告之一的报告一份，中国 "863" 计划报告一份。

2.5　搜索专利文献

2.5.1　专利权

国家根据发明人或设计人的申请，以向社会公开发明创造的内容，以及发明创造对社会具有符合法律规定的利益为前提，根据法定程序在一定期限内授予发明人或设计人的一种排他性权利。

2.5.2　专利的类型

不同国家专利类型不一。中国专利分为发明专利、实用新型专利和外观设计专利三种。发明专利是指对产品、方法或者其改进所提出的新的技术方案；实用新型专利是指对产品的形状、构造或者其结合所提出的适于实用的新的技术方案；外观设计专利是指对产品的形状、图案或者其结合以及色彩与形状、图案的结合所做出的富有美感并适于工业应用的新设计。美国专利分为发明专利（utility patent）、设计专利（design patent）与植物专利（plant patent），无实用新型专利。欧洲部分国家专利类型与中国相同，部分国家则只有发明专利和外观设计专利。发明专利示例、实用新型专利示例、外观设计专利示例、美国专利示例分别见图 2-42 ~ 图 2-45。

图 2-42　发明专利示例

CN200941563Y　注销
太阳能光伏控制器
下载　收藏　+分析库　审查

| | 著录项目 | 全文文本 | 全文图像 |

CN200941563Y[中文]CN200941563Y[英文]

发明名称 --- 太阳能光伏控制器

申请号	CN200620092757.9
申请日	2006.08.11
公开（公告）号	CN200941563Y
公开（公告）日	2007.08.29
IPC分类号	H02J7/35
申请（专利权）人	鞠振河;
发明人	张铁岩;鞠振河;
优先权号	
优先权日	
申请人地址	辽宁省沈阳市道义经济开发区正义3路18号;
申请人邮编	110136;
CPC分类号	

摘要

翻译

本实用新型公开一种太阳能光伏控制器，包括：太阳能电池、系统电源、中央集成处理器、光控电压取样电路、负载开关电路、直流负载；所述太阳能电池为系统电源提供能源兼作系统光控传感器；所述光控电压取样电路将太阳能电池采集信号送入中央集成处理器，对直流负载的光控；本实用新型还配有防反充保护电路、光控控制及灵敏度调整电路；防反充电路遇光照时向系统电源充电，同时经光控电压取样电路向光控控制及

摘要附图

法律状态　详细>>

20070829
授权
20090211
专利申请权、专利权的转移
20090211
专利申请权、专利权的转移
20160928
专利权的终止

引证(0)

无引证文献数据

同族(1)　详细>>

CN200941563Y

图 2-43　实用新型专利示例

CN307077121S　注销
带运动步数显示图形用户界面的显示屏幕面板
下载　收藏　+分析库　审查

| | 著录项目 | 全文文本 | 全文图像 |

CN307077121S[中文]

发明名称 --- 带运动步数显示图形用户界面的显示屏幕面板

申请号	CN202130326153.6
申请日	2021.05.29
公开（公告）号	CN307077121S
公开（公告）日	2022.01.21
外观设计洛迦诺分类号	14-04(13)
申请（专利权）人	华为技术有限公司
设计人	罗龙;韩一;吴宇
优先权号	
优先权日	
申请人地址	广东省深圳市龙岗区坂田华为总部办公楼
申请人邮编	518129
CPC分类号	

外观设计简要说明

翻译

1.本外观设计产品的名称：带运动步数显示图形用户界面的显示屏幕面板。2.本外观设计产品的用途：本外观设计产品的显示屏幕面板用于手机、笔记本电脑、平板电脑、台式机、车载电脑、电视机、游戏机或手表上显示图形用户界面。3.本外观设计产品的设计要点：在于显示屏幕面板中图形用户界面的界面内容。4.最能表明设计要点的图片或照片：设计1主视图。5.无设计要点，省略显示屏幕面板的后视图、左视图、右视图、俯视图、仰视图。6.指定设计1为基本设计。7.图形用户界面的用途：界面用于显示时间、日期、运动步数等信息。8.

外观设计图

法律状态　详细>>

20220121
外观设计专利权授予

引证(0)

无引证文献数据

同族(0)

无同族文献数据

图 2-44　外观设计专利示例

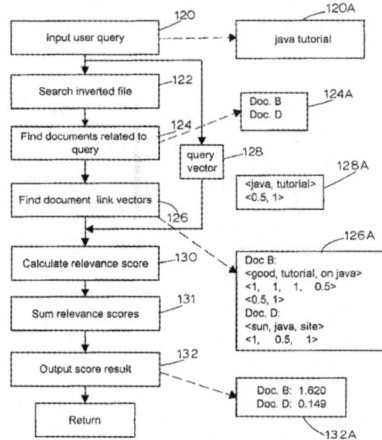

图 2-45　美国专利示例

　　美国专利中 [19] 为公告的国家或组织；[21] 为申请号；[22] 为专利申请日；[51] 为国际分类号；[52] 为美国分类号；[58] 为检索范围，包括审查官、助理审查官、专利代理律师。

学以致用： 图 2-45 是哪位互联网大咖的专利？你能搜索到这份专利文献吗？

　　防卫性公告是发明人出于某种原因不准备将其发明申请专利，但同时又想使其发明得到一定的保护。美国是采取防卫性公告制度的典型国家。它要求采取防卫性公告的发明人须向专利局提交有关文件。由于发明人实际上并不要求取得专利，因此专利局对文件内容一般不进行审查，只是将有关的文摘、附图、著录资料等加以公布，并把文件提交人看作此项发明的最先发明人。这就防止了别人就同样的发明申请专利，保护了原发明人的利益。

《中华人民共和国专利法》于 1985 年 4 月 1 日起施行，并在 1992 年、2000 年、2008 年、2020 年进行过四次修正，已日趋完善。1985 年 12 月，新中国"第一号专利"获得者胡国华拿到了国家专利局颁发的证书，专利号为"85100001.0"，发明名称为"可变光学滤波实时假彩色显示装置"。

在中国，发明专利权的期限为 20 年，实用新型专利权和外观设计专利权的期限为 10 年，均自申请日起计算。

延伸阅读：

最长的延期

A granted patent is the result of a bargain struck between an inventor and the state, by which the inventor gets a limited period of monopoly and publishes full details of his invention to the public after that period terminates.

Only in the most exceptional circumstances is the lifespan of a patent extended to alter this normal process of events.

The longest extension ever granted was to Georges Valensi; his 1939 patent for color TV receiver circuitry was extended until 1971 because for most of the patent's normal life there was no colour TV to receive and thus no hope of reward for the invention.

2.5.3 专利检索

常用专利检索字段见图 2-46。

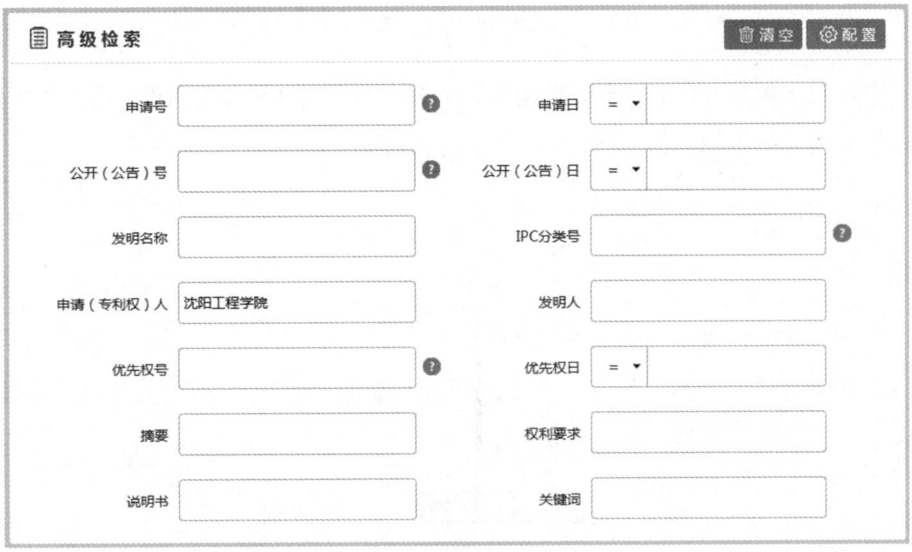

图 2-46 常用专利检索字段

（1）中国专利检索网站如下：

中华人民共和国国家知识产权局（https://www.cnipa.gov.cn）"国家知识产权公共服务网"（http://ggfw.cnipa.gov.cn:8010）；

中国专利信息网（https://www.patent.com.cn）；

中国专利信息中心（https://www.cnpat.com.cn）；

中国科学院知识产权网（http://www.casip.ac.cn）；

香港特别行政区政府知识产权署网站（http://www.ipd.gov.hk）；

澳门特别行政区经济及科技发展局（https://www.dsedt.gov.mo）；

台湾智慧财产局（https://www.tipo.gov.tw）。

国家知识产权公共服务网首页见图 2-47。

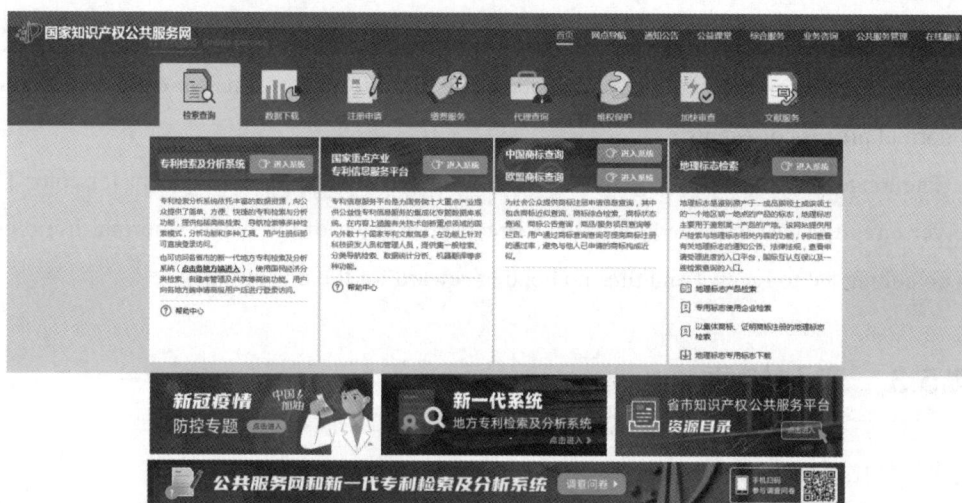

图 2-47　国家知识产权公共服务网首页

（2）中国知网和万方数据的专利数据库。中国知网专利高级检索示例、万方数据专利高级检索示例分别见图 2-48、图 2-49。

图 2-48　中国知网专利高级检索示例

图 2-49　万方数据专利高级检索示例

（3）国外专利检索网站如下：

世界知识产权组织（http://www.wipo.int）；

美国专利商标局（http://www.uspto.gov）；

加拿大知识产权局（http://www.opic.gc.ca）；

欧洲专利局（https://www.epo.org）；

日本专利局（http://www.jpo.go.jp）。

（4）德温特专利数据库：

科睿唯安"德温特专利数据库"（Derwent innovations index，DII）基于 Web of Science 平台，由德温特世界专利索引（Derwent world patents Index，DWPI）和专利引文索引（patents citation index，PCI）两部分组成，收录来自全球 47 个专利机构（涵盖 100 多个国家）的专利信息，数据回溯到 1963 年，每周更新。访问地址：http://www.webofknowledge.com。

德温特专利数据库提供了专利全文电子版链接，点击记录中专利号旁的"Original Document"按钮，即可获取绝大多数专利全文的 PDF 版，辅之以 DII 专利家族的标引，基本上能够解决专利全文的获取问题。德温特世界专利索引检索结果界面见图 2-50。

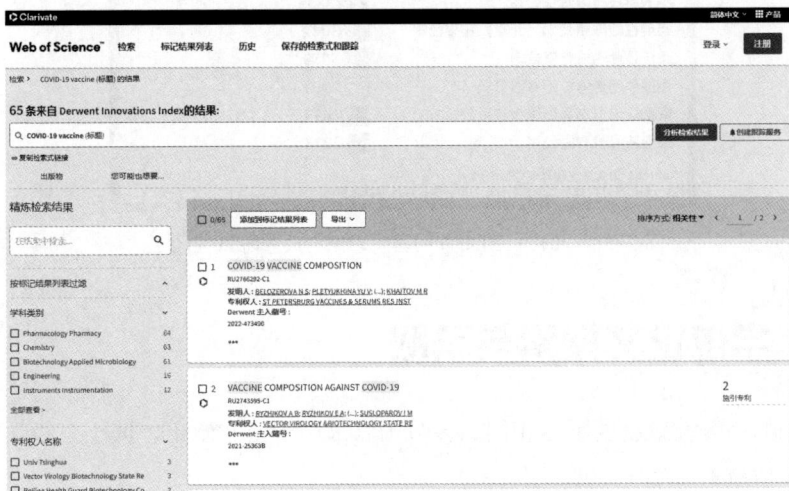

图 2-50　德温特世界专利索引检索结果界面

中国专利申请量连续四年位居世界第一

中国专利合作条约（patent cooperation treaty，PCT）国际专利申请连续 4 年（2019—2022 年）位居全球第一，创新活动正在历史性地从西方转向东方。

成立于 2002 年的国家电网，拥有多项专利，2015—2020 年，国家电网的发明专利和实用新型专利都远超国内其他企业。中国是世界上电网规模最大的国家，全国发电量从 2011 年起超越美国位居世界首位，中文是美国人踏进特高压输电领域的必修课。因为中国是这一领域的标准制定者。在 1100kV 特高压输电领域，中国拥有全球领先的技术，所有的机器设备都是中国生产的，其他任何一个国家都没有这项技术、这种设备及制造工厂。

2015—2020 年中国发明专利数量前 20 名企业见图 2-51。

图 2-51　2015—2020 年中国发明专利数量前 20 名企业

2.6　学位论文搜索与获取

世界各国的高等教育制度不尽相同，多数国家采用学士、硕士、博士三级学位制。而博士后既不是学位也不是学历。

2.6.1　高校图书馆

各高校毕业生的学位论文在学校图书馆一般都有存档，可以在图书馆进行查阅浏览。如清华大学图书馆有学位论文阅览室，北京大学图书馆有北京大学学位论文库。大连理工大学学位论文管理系统搜索示例见图 2-52。

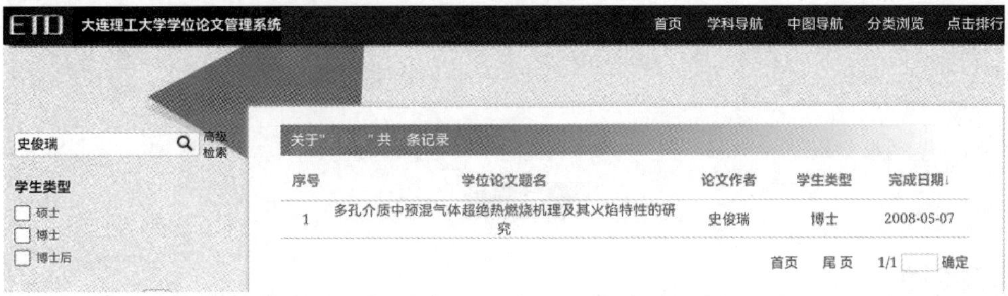

图 2-52　大连理工大学学位论文管理系统搜索示例

2.6.2　中国知网、万方数据学位论文数据库

中国知网的《中国博士学位论文全文数据库》和《中国优秀硕士学位论文全文数据库》，是连续动态更新的中国博硕士学位论文全文数据库。最早回溯至 1984 年，覆盖基础科学、工程技术、农业、医学、哲学、人文、社会科学等各个领域。万方的中国学位论文全文数据库的收录始于 1980 年，年增 35 余万篇，涵盖基础科学、理学、工业技术、人文科学、社会科学、医药卫生、农业科学、交通运输、航空航天和环境科学等各学科领域。中国知网博士论文搜索示例、万方数据博士论文搜索示例分别见图 2-53、图 2-54。

图 2-53　中国知网博士论文搜索示例

图 2-54 万方数据博士论文搜索示例

2.6.3 中国国家图书馆博士论文库

国家图书馆博士论文搜索示例见图 2-55。

图 2-55 国家图书馆博士论文搜索示例

2.6.4　CALIS 学位论文中心服务系统（http://etd.calis.edu.cn）

CALIS 学位论文中心服务系统搜索示例见图 2-56。

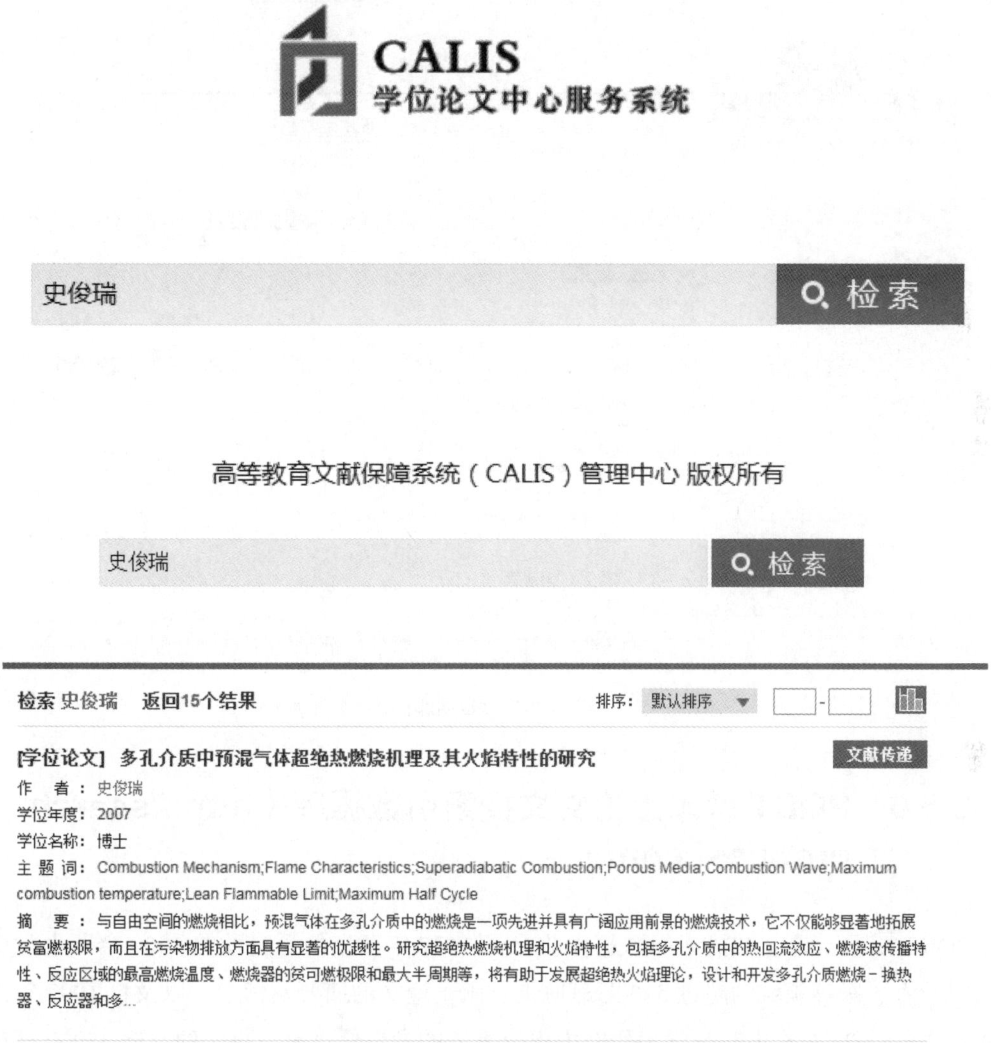

图 2-56　CALIS 学位论文中心服务系统搜索示例

2.6.5　华艺学术文献数据库（http://www.airitilibrary.cn）

查询中国台湾科学学位论文，可访问华艺学术文献数据库，其收录中国台湾 32 所重点大学硕、博士论文，学科领域涵盖机械、医学、信息、电机等。华艺学术文献数据库检索结果界面见图 2-57。

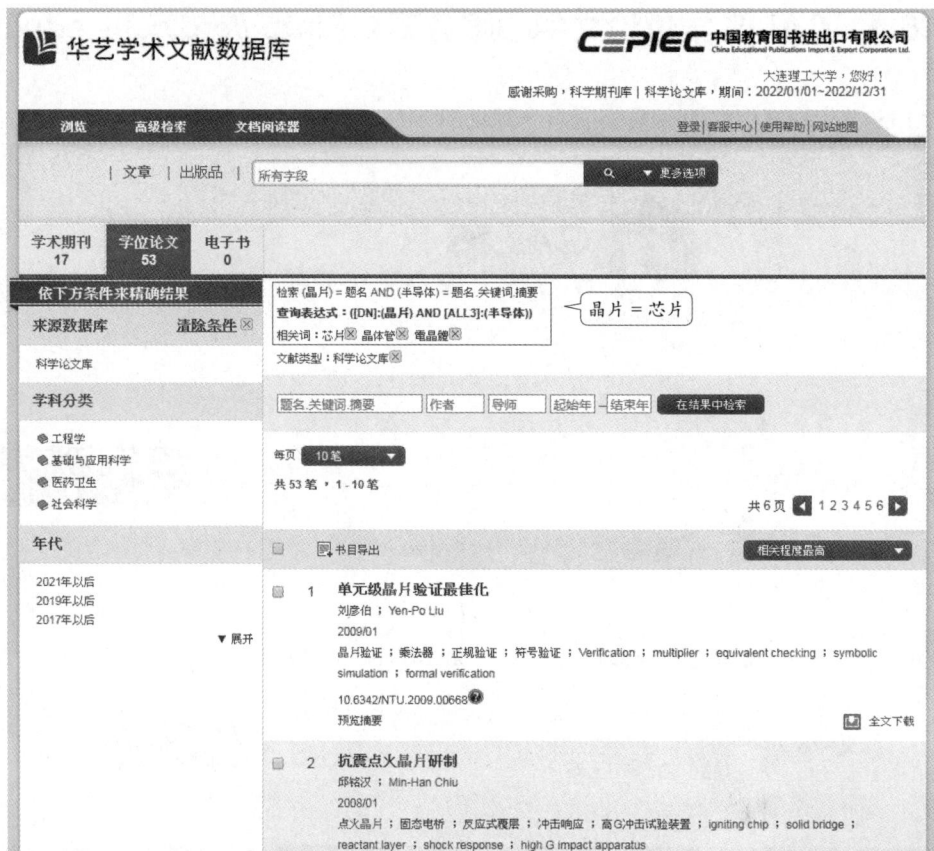

图 2-57　华艺学术文献数据库检索结果界面

2.6.6　PQDT 博硕士论文文摘索引数据库（http://search. proquest.com）

PQDT 博硕士论文文摘索引数据库收录了 1637 年至今的源自欧美 1000 余所大学文、理、工、农、医等领域的超过 510 万篇博士、硕士论文的摘要及索引，以及自 1997 年以来发表论文的前 24 页全文，是学术研究中十分重要的参考信息源，每年约新增 45000 篇论文摘要。PQDT 分为 A 辑（人文社科专辑）和 B 辑（理工农医专辑）。

2.6.7　PQDT 学位论文全文数据库（http://www.pqdtcn.com）

PQDT 数据库中部分硕、博士论文的全文，主要为该数据库自 1743 年至今收录的来自欧美、加拿大等 60 多个国家 4000 多所高校的优秀博士、硕士论文，每年新增近 20 万篇。PQDT 检索结果界面见图 2-58。

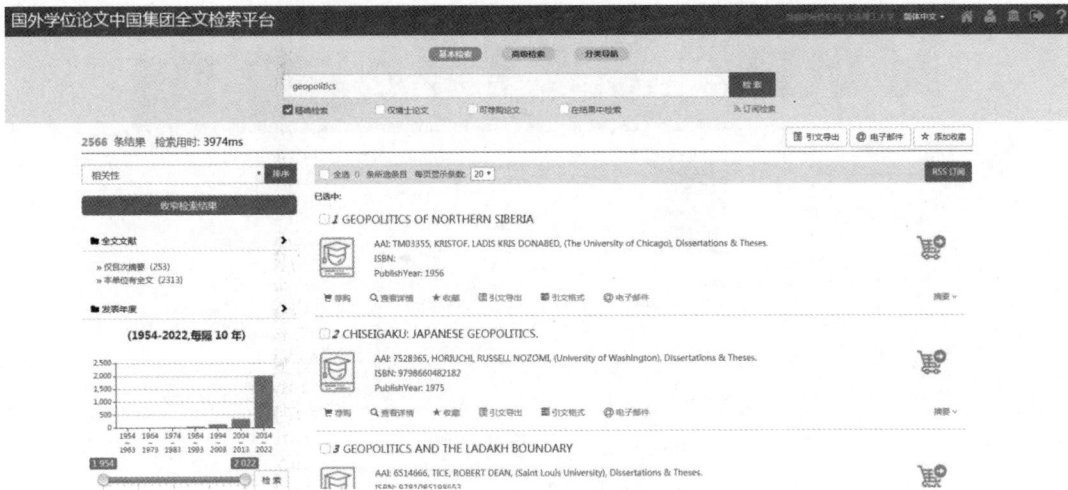

图 2-58　PQDT 检索结果界面

2.6.8　开放获取机构（也称开放获取仓储，参见 5.5.3）

开放获取能够为学术研究提供支持，通过消除人与知识间的屏障，在科学、医学和技术各领域能够实现新的突破。

延伸阅读：

开放获取与霍金博士论文

从 2017 年 10 月起，所有剑桥大学的博士毕业生都被要求提交电子版博士论文，以便保存。2017 年 10 月 23 日为庆祝"开放获取周"，剑桥大学首次在其知识库阿波罗上公开了著名物理学家斯蒂芬·威廉·霍金的博士论文《宇宙膨胀的性质》。这篇论文自从 23 日英国标准时间 0 时 01 分上线后，已被来自"地球每个角落"的大约 80 万个不同的浏览程序读取了约 200 万次。有超过 50 万人试图同时下载这篇论文，甚至导致剑桥大学相关服务器一度崩溃。而阅读量居第二位的博士论文，在 2017 年全年仅获得了 7960 次下载次数。

霍金博士论文下载网址：https://www.repository.cam.ac.uk/handle/1810/251038。

剑桥大学机构库中霍金的博士论文《宇宙膨胀的性质》示例见图 2-59。

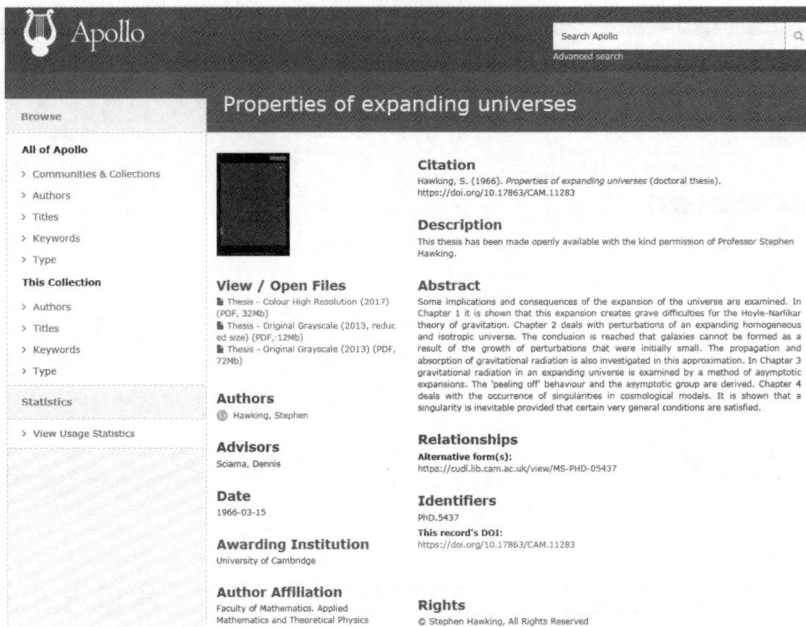

图 2-59　剑桥大学机构库中霍金的博士论文《宇宙膨胀的性质》示例

2.7　搜索标准文献

2.7.1　我国标准体系

2015 年国务院印发《深化标准化工作改革方案》，政府主导制定的标准由六类整合精简为四类，分别是强制性国家标准和推荐性国家标准、推荐性行业标准、推荐性地方标准；市场自主制定的标准分为团体标准和企业标准。

2017 年 11 月修订的《中华人民共和国标准化法》规定，标准包括国家标准、行业标准、地方标准和团体标准、企业标准。国家标准分为强制性标准、推荐性标准，行业标准、地方标准是推荐性标准。强制性标准必须执行。国家鼓励采用推荐性标准。

中国国家标准化管理委员会作为国家标准化主管机关，近年通过修订、整合、废止一大批国家标准，以进一步提高我国国家标准的统一协调性、科学合理性和先进适用性。截至 2023 年，我国已发布国家标准 4.3 万项、备案行业标准 7.8 万项、地方标准 5.3 万多项、团体标准 5 万余项，自我声明公开的企业标准超过 270 多万项。按约束力划分，国家标准、行业标准可分为强制性标准、推荐性标准和指导性技术文件三种，这是我国特殊的标准种类划分法。在实行市场经济体制的国家中，标准一般是自愿性的。

强制性标准是指根据普遍性法律规定或法规中的唯一性引用加以强制应用的标准。《中华人民共和国标准化法》第十条中规定，为保障人身健康和生命财产安全、国家安全、生态环境安全以及满足经济社会管理基本需要的技术要求，应当制定强制性国家标准。强制性标准文本应当免费向社会公开。

　　推荐性标准是在生产、交换、使用等方面，通过经济手段调节而自愿采用的一类标准，又称自愿性标准或非强制性标准。这类标准，任何单位有权决定是否采用，违反这类标准不构成经济或法律方面的责任。但是，一经接受并采用，或各方商定同意纳入商品、经济合同之中，就成为共同遵守的技术依据，具有法律上的约束性，各方必须严格遵照执行。国家推动免费向社会公开推荐性标准文本。

　　由于推荐性标准具有采用和执行的灵活性特性，因此它将随着市场经济的发展越来越受到重视。为了促进部分推荐性标准贯彻实施，国家通过经济、行政和法律手段，促使各有关单位执行。比如采取生产许可证制度、质量认证制度、产品质量等级评定、产品质量监督抽查等。

　　指导性技术文件是一种推荐性标准化文件。它是给仍处于技术发展过程中（如变化快的技术领域）的标准化工作提供指南或信息，供科研、设计、生产、使用和管理等有关人员参考使用而制定的标准文件。它与发布的标准有区别。通常，国家标准化指导性技术文件涵盖两种项目，一种是采用 ISO、IEC 发布的技术报告的项目；另一种是技术尚在发展中，需要相应的规范性文件引导其发展，或具有标准化价值尚不能制定为标准的项目。实践证明，我国标准化工作的发展需要这样一类标准文件。

2.7.2　我国标准编号

　　我国标准编号示例见表 2-1。

表 2-1　　　　　　　　　　　　　我国标准编号示例

标准类别	标准代码	示例
国家标准	GB（强制性）	GB 17400—2015
	GB/T（推荐性）	GB/T 28170.2—2021
	GB/Z（指导性）	GB/Z 40668—2021
行业标准	DL（电力行业标准）	DL/T 5592—2021
	FZ（纺织行业标准）	FZ/T 81008—2021
	JY（教育行业标准）	JY/T 0623—2020
地方标准	DB	DBS 22/025—2014
团体标准	T	T/CEPPEA 5008—2021
企业标准	Q	Q/GDW 12186—2021

　　（1）国家标准。国务院有关行政主管部门依据职责负责强制性国家标准的项目提出、组织起草、征求意见和技术审查，国务院标准化行政主管部门负责强制性国家标准的立项、编号和对外通报。对满足基础通用、与强制性国家标准配套、对各有关行业起引领作用等需要的技术要求，可以制定推荐性国家标准（推荐性国家标准由国务院标准化行政主管部门

制定）。

强制性国家标准的编号方式为"GB 顺序号—批准年代"。推荐性国家标准的编号方式为"GB/T 顺序号—批准年代"。

（2）行业标准。对没有推荐性国家标准、需要在全国某个行业范围内统一的技术要求，可以制定行业标准。行业标准由国务院有关行政主管部门制定，报国务院标准化行政主管部门备案。

行业标准的编号方式为"行业标准代号 顺序号—批准年代"或"行业标准代号／T 顺序号—批准年代"。中国部分行业标准代号及批准发布部门见表 2-2。

表 2-2　　　　　　　　中国部分行业标准代号及批准发布部门

行业标准代号	行业标准名称	批准发布部门	行业标准代号	行业标准名称	批准发布部门
CH	测绘	测绘局	LD	劳动和劳动安全	人力资源和社会保障部
DL	电力	发展改革委	QC	汽车	发展改革委
FZ	纺织	发展改革委	QX	气象	气象局
GA	公共安全	公安部	SB	国内贸易	商务部
GY	广播电影电视	广电总局	SJ	电子	工业和信息化部
MH	民航	中国民航局	SL	水利	水利部
HJ	环境保护	生态环境部	TB	铁路运输	国家铁路局
JB	机械	发展改革委	TY	体育	体育总局
JR	金融	人民银行	WB	物资管理	发展改革委
JT	交通	交通运输部	WH	文化	文化和旅游部
JY	教育	教育部	WM	外经贸	商务部
LB	旅游	文化和旅游部	YD	通信	工业和信息化部

（3）地方标准。为满足地方自然条件、风俗习惯等特殊技术要求，可以制定地方标准。地方标准由省、自治区、直辖市人民政府标准化行政主管部门制定；设区的市级人民政府标准化行政主管部门根据本行政区域的特殊需要，经所在地省、自治区、直辖市人民政府标准化行政主管部门批准，可以制定本行政区域的地方标准。地方标准由省、自治区、直辖市人民政府标准化行政主管部门报国务院标准化行政主管部门备案，由国务院标准化行政主管部门通报国务院有关行政主管部门。

地方标准的编号方式为"地方标准代号 顺序号—批准年代"或"地方标准代号／T 顺序号—批准年代"。地方标准代号由大写字母 DB 加地方行政区划代码组成。

（4）团体标准。团体（association）是指具有法人资格，且具备相应专业技术能力、标准化工作能力和组织管理能力的学会、协会、商会、联合会和产业技术联盟等社会团体。国家鼓励学会、协会、商会、联合会、产业技术联盟等社会团体协调相关市场主体共同制定满足市场和创新需要的团体标准，由本团体成员约定采用或者按照本团体的规定供社会自愿采用。制定团体标准，应当遵循开放、透明、公平的原则，保证各参与主体获取相关信息，反映各参与主体的共同需求，并应当组织对标准相关事项进行调查分析、实验、论证。国务院标准化行政主管部门会同国务院有关行政主管部门对团体标准的制定进行规范、引导和监督。

团体标准编号依次由团体标准代号（T）、社会团体代号、团体标准顺序号和年代号组成。团体标准编号中的社会团体代号应合法且唯一，不应与现有标准代号重复，且不应与全国团体标准信息平台上已有的社会团体代号相重复。团体标准示例见图 2-60。

（5）企业标准。企业可以根据需要自行制定企业标准，或者与其他企业联合制定企业标准，企业标准通常仅限企业内部使用。国家鼓励社会团体、企业制定高于推荐性标准相关技术要求的团体标准、企业标准。

企业标准编号方式为"企业标准代号顺序号 - 批准年代"，企业标准代号由"Q /"加企业代号组成。

随着技术的不断进步，标准的技术指标也需不断修改。对某一标准修改后产生了新标准，原标准同时废止。

纸质标准文献一般长什么样？大白本或小白本。

图 2-60　团体标准示例

延伸阅读：

不同标准中文献的相关阐述

根据推荐性国家标准《文献著录总则》（GB/T 3792.1—1983），文献是指记录有知识的一切载体；根据推荐性国家标准《科技查新技术规范》（GB/T 32003—2015），在查新中，文献是科技文献的简称，是指通过各种手段（文字、图形、公式，代码、声频、视频、电子等）记录下科学技术信息或知识的载体；根据国际标准 *Information and Documentation- Foundation and Vocabulary*（ISO 5127:2017），文献含义是"recorded information or material object which can be treated as a unit in a documentation process"。

2.7.3　我国标准分类

《中国标准分类法》（Chinese classification for standards，CCS）是我国标准的通用分类方法，于 1984 年试行。《中国标准分类法》的体系结构以专业划分为主，类目表按照人类基本生产活动规律排序，由一级类目和二级类目组成。一级类目 24 个，由 24 个大写英文字母表示，二级类目由双位数字表示。《中国标准分类法》一级类目表见表 2-3。

表 2-3 《中国标准分类法》一级类目表

A 综合	J 机械	S 铁路
B 农业、林业	K 电工	T 车辆
C 医药、卫生、劳动保护	L 电子元器件与信息技术	U 船舶
D 矿业	M 通信、广播	V 航空、航天
E 石油	N 仪器、仪表	W 纺织
F 能源、核技术	P 工程建设	X 食品
G 化工	Q 建材	Y 轻工、文化与生活用品
H 冶金	R 公路、水路运输	Z 环境保护

《中国标准分类法》在"A 综合"大类中设置了 9 个标准通用类目，分别为"00/09 标准化管理与一般规定""10/19 经济、文化""20/39 基础标准""40/49 基础学科""50/64 计量""65/74 标准物质""75/79 测绘""80/89 标志、包装、运输、储存""90/94 社会公共安全"。而其他各技术领域，均按专业领域内容设置类目和类号，如"J 机械"大类下的二级类目分别为"00/09 机械综合""10/29 通用零部件""30/39 加工工艺""40/49 工艺装备""50/59 金属切削机床""60/69 通用加工机械与设备""70/89 通用机械与设备""90/99 活塞式内燃机与其他动力设备"。

2.7.4 标准文献检索网站

（1）中国国家标准化管理委员会（http://www.sac.gov.cn）。中国国家标准化管理委员会下达国家标准计划，批准发布国家标准，审议并发布标准化政策、管理制度、规划、公告等重要文件；开展强制性国家标准对外通报；协调、指导和监督行业、地方、团体、企业标准工作；代表国家参加国际标准化组织、国际电工委员会和其他国际或区域性标准化组织；承担有关国际合作协议签署工作；承担国务院标准化协调机制日常工作。

"国家标准全文公开"（http://openstd.samr.gov.cn）、"全国标准信息公共服务平台"（http://std.samr.gov.cn）是查询标准文献的常用系统，"国家标准全文公开"系统能够查询强制性与推荐性国家标准全文。国家标准全文公开系统、全国标准信息公共服务平台分别见图 2-61、图 2-62。

（2）中国标准服务网（http://www.cssn.net.cn）。中国标准服务网创建于 1998 年，是中国标准化研究院主办的国家级标准信息服务网站，由中国标准化研究院标准信息研究所负责运营。中国标准服务网首页见图 2-63。

企业标准信息公共服务平台（https://www.qybz.org.cn）是全国组织机构统一社会信用代码数据服务中心应用平台。

目前世界上最具权威性的三大国际标准化组织是：国际标准化组织（https://www.iso.org）、国际电工委员会（https://www.iec.ch）、国际电信联盟（https://www.itu.int），每年要颁布大量的标准化文献，影响深远。2021 年 10 月 4 日，中国电科院主导编制的国际标准《特高压交流输电系统 调试》（IEC TS 63042-302:2021）正式发布，成为我国在特高压交流输变电工程调试方面发布的首个 IEC 标准。IEC 标准示例见图 2-64。

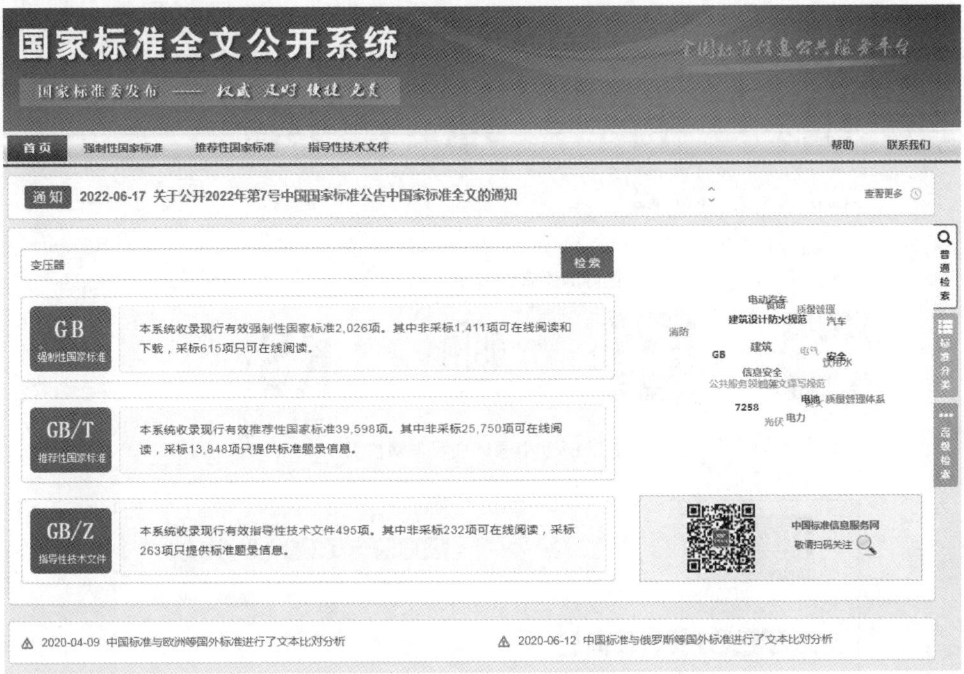

图 2-61 国家标准全文公开系统

图 2-62 全国标准信息公共服务平台

图 2-63　中国标准服务网首页

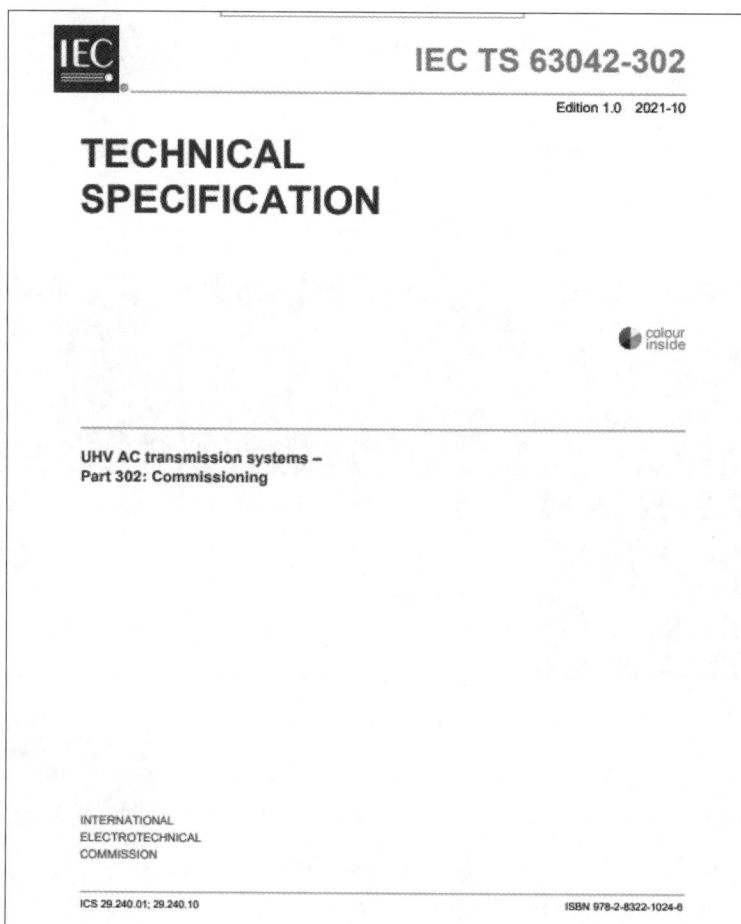

图 2-64　IEC 标准示例

2.7.5　标准搜索示例

搜索"变电站""现行"标准。搜索"方便面"标准。标准状态有"废止""被代替""现行"三种。标准搜索示例见图 2-65。

图 2-65　标准搜索示例

延伸阅读：

与口罩相关的标准

疫情期间口罩是标配，你知道哪些与口罩相关的标准？有强制性国家标准、推荐性国家标准、行业强制性标准、行业推荐性标准。《呼吸防护　自吸过滤式防颗粒物呼吸器》（GB 2626—2019）是 2019 年发布的强制性国家标准，它其实不是口罩，而是呼吸防护用品。大家耳熟能详的 N95 什么含义？N95 口罩是美国国家职业安全卫生研究所认证的 9 种颗粒物防护口罩中的一种，可以对空气动力学直径 $0.24\mu m \pm 0.6\mu m$（物理直径 $0.075\mu m \pm 0.020\mu m$）的颗粒的过滤效率达到 95% 以上。KN95 是中国标准［《呼吸防护　自吸过滤式防颗粒物呼吸器》（GB 2626—2019）］，KF94 则是对应的韩国标准，日本标准为 DS2 和 RS2。

口罩相关标准示例见图 2-66。

图 2-66　口罩相关标准示例

2.8　搜索政府出版物

（1）中华人民共和国中央人民政府（http://www.gov.cn）。中华人民共和国中央人民政府数据搜索见图 2-67。

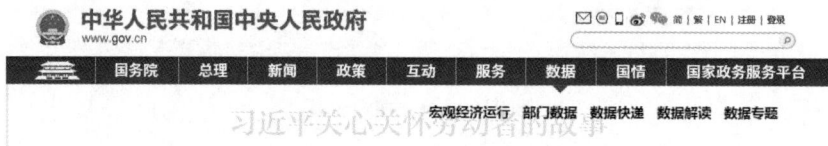

图 2-67　中华人民共和国中央人民政府数据搜索

（2）辽宁省人民政府（http://www.ln.gov.cn）。辽宁省人民政府网站政务公开见图 2-68。

图 2-68　辽宁省人民政府网站政务公开

（3）中华人民共和国国防部（http://www.mod.gov.cn）。中华人民共和国国防部网站白皮书搜索见图 2-69。

图 2-69　中华人民共和国国防部网站白皮书搜索

（4）美国疾病预防控制中心（https://www.cdc.gov）。美国疾病预防控制中心网站数据与统计见图 2-70。

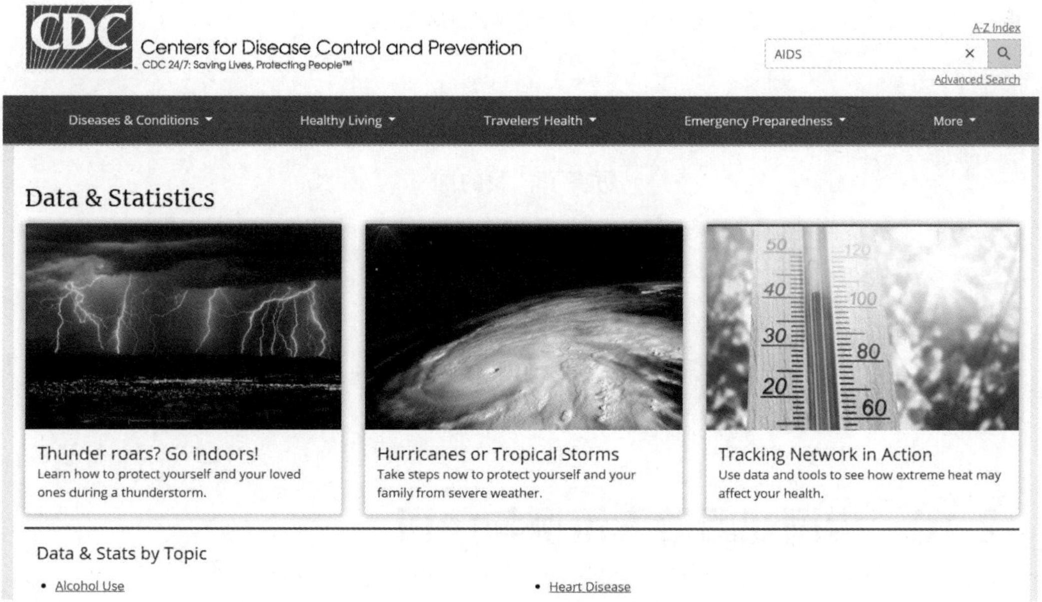

图 2-70　美国疾病预防控制中心网站数据与统计

2.9　搜索科技档案、搜索产品资料

《尚唯产品样本数据库》（http://gpd.sunwayinfo.com.cn）是将大型生产制造企业生产的工业产品相关信息收录整理的数据库，内容包括企业信息、产品资料、选型手册、职业课程、工程课件、机械图纸、三维模型、质量标准、产品专利、相关论文等资源。该库是目前国内唯一一个针对工业生产制造领域深度建设的事实型数据库，对教学科研、产品选型、设计创新、成果转化、原材料采购、竞争情报、技术资料参考等都具有重要的价值和作用。尚唯产品样本数据库搜索示例见图 2-71。

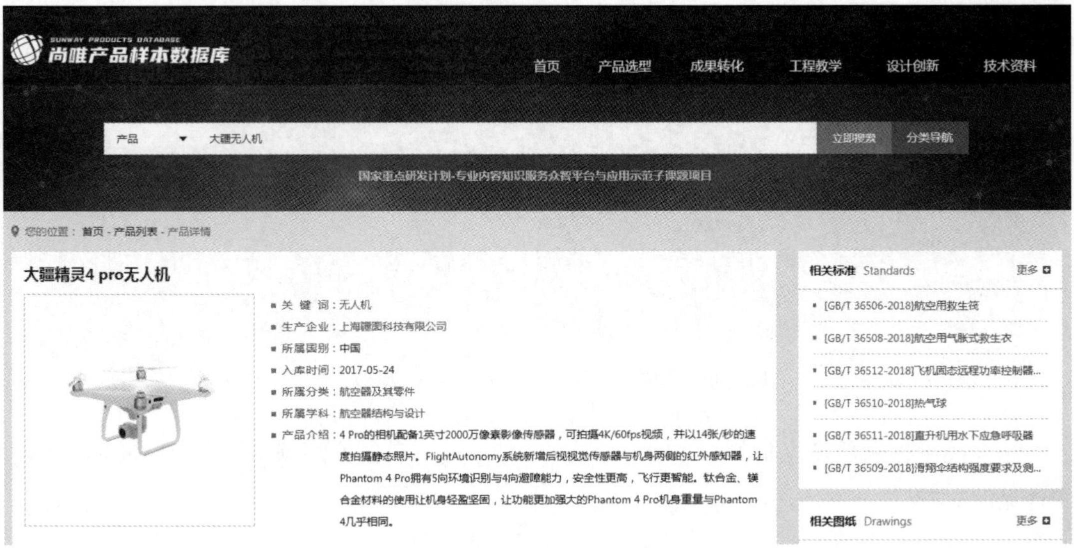

图 2-71　尚唯产品样本数据库搜索示例

延伸阅读：

厉害了，我的国

从中国制造到中国智造，2022 年华为 PCT 专利申请数达 7689 件，是第二名专利申请数量的 1.8 倍，从 2017—2022 年国际专利申请人排名连续六年蝉联第一。几乎垄断世界无人机市场的大疆创新，连续多年全球市场份额第一的中国安防巨头海康威视，全球 AI 第一独角兽的商汤科技，显而易见的共同特点——世界第一。

2.10　中国知网搜索示例与技巧

中国知网是《中国学术期刊（光盘版）》电子杂志社、同方知网（北京）技术有限公司共同创办的网络知识出版平台。其前身为 1995 年立项的《中国学术期刊（光盘版）》及 1996 年开通的中国期刊网。2004 年，中国期刊网更名为中国知网，确立了建设中国知识基础设施工程的目标。截至 2022 年，文献量逾 4 亿篇（条），时间跨度数百年；整合中文学术文献资源约 2.3 亿篇（条），最早回溯至 1915 年，基本把有文字记载的学术文献资源收集完备；整合外文文献数据库，涉及 7.5 万余种期刊，100 万种图书，2 亿余条外文文献，外文文献最早回溯至 1665 年，外文图书最早回溯至 1777 年；每日更新 1 万 ~ 3 万篇（条），覆盖多种资源类型，包括学术期刊、博硕士学位论文、工具书、会议论文、年鉴、专著、报纸、专利、标准、科技成果、知识元、引文数据库等。

2.10.1　搜索高质量期刊论文的方式

知网学术期刊搜索示例见图 2-72。

图 2-72　知网学术期刊搜索示例

SCI 和 EI 均是国际知名的检索刊物。

北大核心指北京大学图书馆《中文核心期刊要目总览》，是由北京大学图书馆及北京十几所高校图书馆众多期刊工作者及相关单位专家参加的研究项目（http://hxqk.lib.pku.edu.cn），项目研究成果以印刷型图书形式出版，已经出版发行至 2020 年版（第九版）。

挑战来啦：《变压器》杂志入选了哪几版的北大核心？

CSSCI 指《中文社会科学引文索引》，由南京大学中国社会科学研究评价中心开发研制的数据库，用来检索中文社会科学领域的论文收录和文献被引用情况，是我国人文社会科学评价领域的标志性工程。

CSCD 指《中国科学引文数据库》，是我国第一个引文数据库，创建于 1989 年，收录我国数学、物理、化学、天文学、地学、生物学、农林科学、医药卫生、工程技术、环境科学和管理科学等领域出版的中英文科技核心期刊和优秀期刊千余种。

挑战来啦： 检索你所在机构在北大核心期刊上发表论文最多的学者。

高级检索最多支持十个检索项的组合检索；检索最新发表的文献，可选择网络首发；检索更深更广的研究内容，可选择增强出版；默认中英文扩展。

2.10.2 将一位学者的文献搜全的方式

用逻辑或（OR）连接多个不同的作者单位，先逻辑或（OR）再逻辑与（AND）。中国知网逻辑与、或搜索示例见图 2-73。

图 2-73 中国知网逻辑与、或搜索示例

2.10.3 不相关的检索结果的剔除方式

检索目标是 A，B 总出现，可以利用逻辑非（NOT）去除，如 NOT 全文 =B，NOT 主题 =B，NOT 篇关摘 =B，NOT 篇名 =B。A not B 与 B not A 大不一样。

中国知网逻辑非搜索示例见图 2-74。

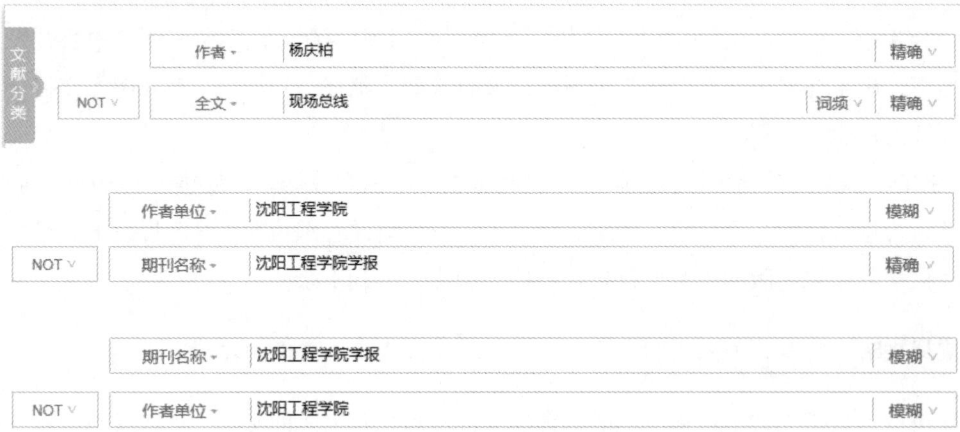

图 2-74 中国知网逻辑非搜索示例

2.10.4　利用有限线索搜索所需文献的方式

不能准确记忆文献信息，只记得只言片语，利用"全文检索"或"句子检索"，达成搜索目标。中国知网全文与句子检索示例见图 2-75。

图 2-75　中国知网全文与句子检索示例

2.10.5　专业检索

专业检索用于图书情报专业人员查新、信息分析等工作，使用逻辑运算符和关键词构造检索式进行检索。构造专业检索式步骤如下：

（1）选择检索项。跨库专业检索支持对以下检索项的检索：SU%= 主题，TKA= 篇关摘，KY= 关键词，TI= 篇名，FT= 全文，AU= 作者，FI= 第一作者，RP= 通讯作者，AF= 作者单位，FU= 基金，AB= 摘要，CO= 小标题，RF= 参考文献，CLC= 分类号，LY= 文献来源，DOI=DOI，CF= 被引频次。

（2）使用运算符构造表达式。中国知网跨库专业检索语法见表 2-4。

表 2-4　　　　　　　　　　　中国知网跨库专业检索语法

运算符	检索功能及含义	举例	适用检索项
= 'str1' * 'str2'	并且包含，包含 str1 和 str2	TI= '转基因' * '水稻'	所有检索项
= 'str1' + 'str2'	或者包含，包含 str1 或者 str2	TI= '转基因' + '水稻'	
= 'str1' – 'str2'	不包含，包含 str1 不包含 str2	TI= '转基因' – '水稻'	
= 'str'	精确，精确匹配词串 str	AU= '袁隆平'	作者、第一责任人、机构、中文刊名 & 英文刊名
= 'str/SUB N'	序位包含，第 N 位包含检索词 str	AU= '刘强/SUB 1'	

续表

运算符	检索功能及含义	举例	适用检索项
% 'str'	包含，包含词 str 或 str 切分的词	TI% '转基因水稻'	全文、主题、题名、关键词、摘要、中图分类号
= 'str'	包含，包含检索词 str	TI= '转基因水稻'	
= 'str1/SEN N str2'	同段，按次序出现，间隔小于 N 句	FT= '转基因/SEN 0水稻'	
= 'str1/NEAR N str2'	同句，间隔小于 N 个词	AB= '转基因/NEAR 5水稻'	主题、题名、关键词、摘要、中图分类号
= 'str1/PREV N str2'	同句，按词序出现，间隔小于 N 个词	AB= '转基因/PREV 5水稻'	
= 'str1/AFT N str2'	同句，按词序出现，间隔大于 N 个词	AB= '转基因/AFT 5水稻'	
= 'str1/PEG N str2'	全文，词间隔小于 N 段	AB= '转基因/PEG 5水稻'	
= 'str $ N'	检索词出现 N 次	TI= '转基因$2'	
BETWEEN	年度阶段查询	YE BETWEEN（'2000'，'2013'）	年、发表时间、学位年度、更新日期

（3）使用"AND""OR""NOT"等逻辑运算符，"（ ）"符号将表达式按照检索目标组合起来。

所有符号和英文字母，都必须使用英文半角字符；"AND""OR""NOT"三种逻辑运算符的优先级相同；如要改变组合的顺序，请使用英文半角圆括号"（ ）"将条件括起；逻辑关系符号与（AND）、或（OR）、非（NOT）前后要空一个字节；使用"同句""同段""词频"时，需用一组西文单引号将多个检索词及其运算符括起，如：' 流体 # 力学 '。

例： 检索钱伟长在清华大学或上海大学时发表的文章。检索式：AU ＝ 钱伟长 and（AF ＝ 清华大学 or AF ＝ 上海大学）

例： 检索钱伟长在清华大学期间发表的题名或摘要中都包含"物理"的文章。检索式：AU ＝ 钱伟长 and AF= 清华大学 and（TI ＝ 物理 or AB ＝ 物理）

例： 检索"厉以宁"为第一作者，署名单位不是"北京大学"，题名中包含"经济""改革"的期刊论文。检索表达式："FT= 厉以宁　AND TI= 经济　AND TI= 改革　NOT AF= 北京大学"

2.10.6　民国时期的期刊文献的查找方式

"世纪期刊"回溯收录我国正式出版发行的创刊至 1993 年的重要核心期刊，最早回溯至 1915 年，4000 种期刊回溯到创刊，与《中国学术期刊（网络版）》1994 年至今的数据形成年限上的无缝连接，极具馆藏价值和参考价值，是查询 1915—1993 年国内期刊的首选。

中国知网世纪期刊作者搜索示例见图 2-76。

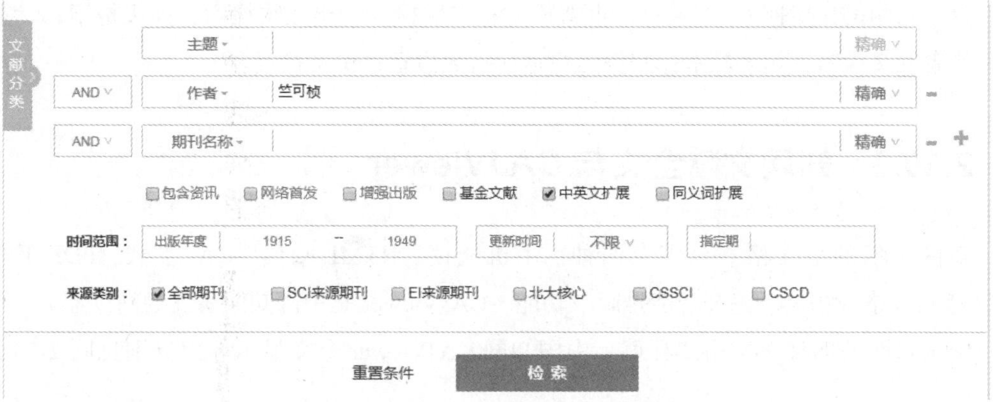

图 2-76　中国知网世纪期刊作者搜索示例

挑战来啦：请搜索知网收录的有关"南水北调"最早的一批文献。

2.10.7　中国知网中最早的中文期刊文献

1915 年第一期第二号《清华大学学报》是中国知网收录最早的中文期刊。百余年前的中国学者研究范围非常广泛，他们放眼世界，有前沿视野。知网世纪期刊的期刊名称搜索示例见图 2-77。

图 2-77　知网世纪期刊的期刊名称搜索示例

盘点知网的 10 种检索方式：一框式检索；二次检索；出版物检索；高级检索；专业检索；作者发文检索；句子检索；知识元检索；指数检索；引文检索。

2.10.8 知网文献全文与 CAJViewer

知网文献的全文格式至多有四种：手机阅读、HTML 阅读、CAJ 下载、PDF 下载，2023 年新增格式精灵"论文智能排版"功能。CAJViewer 是中国知网研发的阅读器。

中国知网的四种全文格式界面、中国知网 CAJViewer 全文显示界面分别见图 2-78、图 2-79。

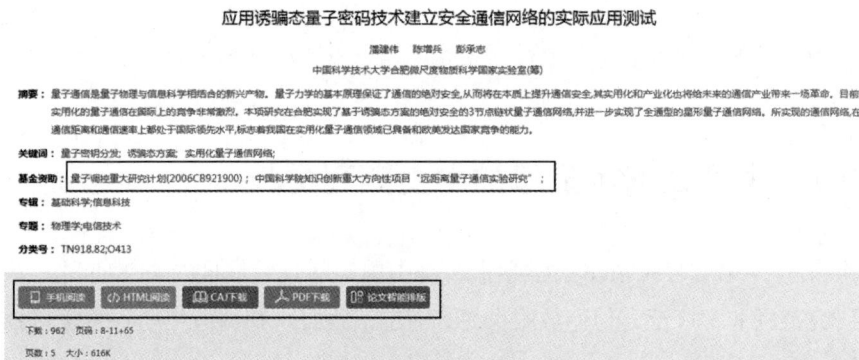

图 2-78 中国知网的四种全文格式界面

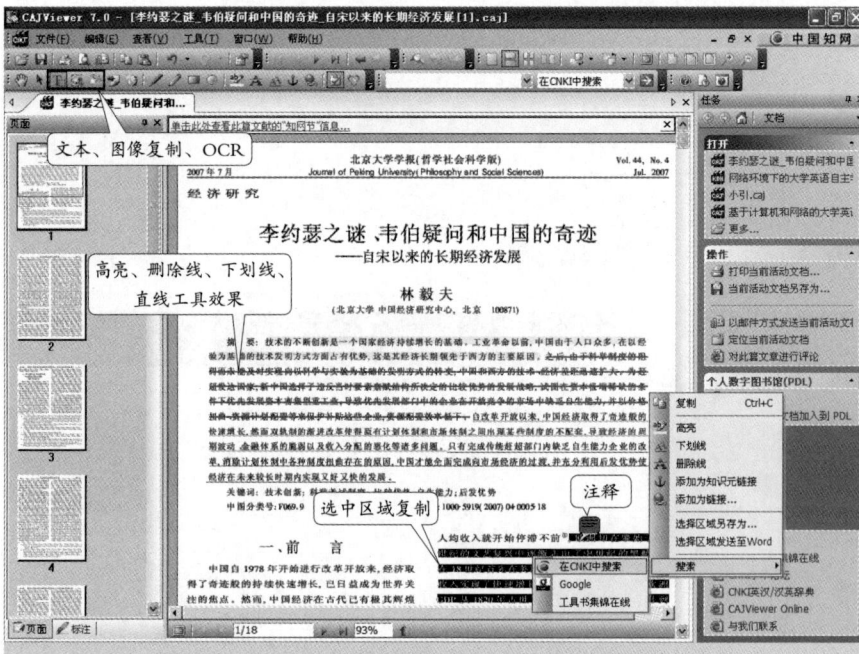

图 2-79 中国知网 CAJViewer 全文显示界面

2.10.9　知网移动端"全球学术快报"

"全球学术快报"是中国知网主推的移动端应用，集全球文献整合、学术热点速递交流、文献阅读、知识问答、设备同步、个性化定制、智能推送、即时通信等功能于一体。其不受 IP 范围限制，寒暑假期间或是其他不在机构 IP 内的情况下，实现漫游访问本馆订购的知网资源。中国知网"全球学术快报"首页、中国知网"全球学术快报"检索结果界面分别见图 2-80、图 2-81。

图 2-80　中国知网"全球学术快报"首页　　图 2-81　中国知网"全球学术快报"检索结果界面

2.10.10　中国知网"研学平台"

"研学平台"是集文献检索、阅读学习、摘录、笔记、笔记汇编、学习成果创作、个人知识管理等功能于一体，面向个人研究型学习，重点支撑知识体系与创新能力构建的多设备同步云服务平台。平台核心功能分"汇·读·写"三个部分。

访问方式有网页端（http://x.cnki.net）、客户端（原 E-study、https://elearning.cnki.net）、知网研学 App 三种。

2.10.11　中国知网旗下网站

中国医院数字图书馆：http://www.chkd.cnki.net；

中国城市规划知识仓库：http://www.ccpd.cnki.net；

中国法律数字图书馆：http://law.cnki.net；

CNKI 工具书库：http://gongjushu.cnki.net；

知网阅读：https://mall.cnki.net；

CNKI 学者库：http://papers.cnki.net；

互联网学术资源：http://webinfo.cnki.net；

CNKI 翻译助手：http://dict.cnki.net；

CNKI 学术搜索：http://scholar.cnki.net。

2.11 万方数据搜索示例与技巧

北京万方数据股份有限公司是国内较早以信息服务为核心的股份制高新技术企业，是互联网领域集信息资源产品、信息增值服务和信息处理方案为一体的综合信息服务商。

万方数据知识服务平台提供期刊论文、学位论文、会议、专利、科技报告、成果、标准、法规、地方志、视频等文献类型的 60 余个数据库检索服务，总站地址为 http://www.wan fangdata.com.cn 或 http://g.wanfangdata.com.cn。通过馆内镜像、网络包库等形式为用户提供检索服务。2017 年推出万方智搜——学术资源发现系统，整合数亿条全球资源，实现海量学术文献的统一发现，2018 年推出移动端应用"万方数据"。

万方数据知识服务平台首页可以选择单个数据库检索或多个数据库跨库检索，跨库检索常用字段有标题、作者、单位、中图分类号、关键词、摘要，支持"与""或""非"逻辑运算（点击⊞增加一组检索条件框，点击⊟删除一组检索条件框），时间范围为 1982 年至今，检索结果的排序方式有经典论文优先（默认选项）、最新论文优先、相关度优先等。

📝 **检索实例：**

查找"手足口病"方面的文献。选择"主题"检索字段，输入"手足口病"，时间限定为 2015 年至今，文献类型全部选中，并进行中英文扩展、主题词扩展。万方数据知识服务平台检索示例见图 2-82。

检索结果页面左侧是聚类导航区，按年份、学科分类、核心、语种、来源数据库、刊名、出版状态等条件筛选，可以按相关度、出版时间、被引频次、下载量对检索结果进行排序，可将检索结果导出为不同格式的文件（参考文献、XML、NoteExpress、RefWorks 等），点击📄查看全文，支持 OA 资源。万方数据知识服务平台检索结果页面见图 2-83。

📝 **检索实例：**

（1）检索"2015 年之后"由"中华医学会"主办的有关"肝炎"的会议论文。万方数据知识服务平台会议检索页面见图 2-84。

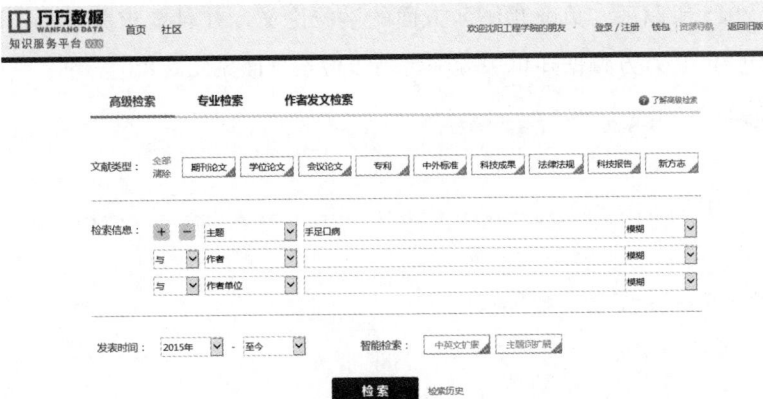

图 2-82　万方数据知识服务平台检索示例

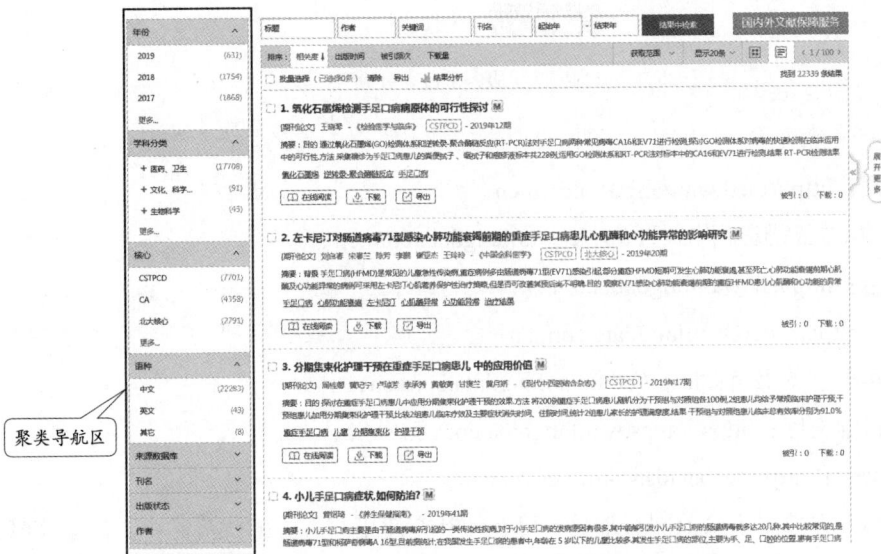

图 2-83　万方数据知识服务平台检索结果页面

图 2-84　万方数据知识服务平台会议检索页面

（2）检索 2015 年以后"负荷预测"方面的学位论文，并且要求关键词出现"模型"，摘要中出现"电力"。万方数据知识服务平台高级检索页面见图 2-85。

图 2-85　万方数据知识服务平台高级检索页面

万方数据相关网站：

万方医学网：http://med.wanfangdata.com.cn；

万方数据技术创新服务平台：http://et.wanfangdata.com.cn；

万方地方志：http://fz.wanfangdata.com.cn；

万方视频：http://video.wanfangdata.com.cn；

万方中小学数字图书馆：http://edu.wanfangdata.com.cn；

中国社会科学文库：https://apps.wanfangdata.com.cn/sklib；

万方创新助手：http://webstads.sciinfo.cn。

中国知网与万方数据收录范围有重叠，可互为补充使用。万方的优势是中文医学文献，万方目前独有中华医学会一百多种期刊。

2.12　维普网

重庆维普资讯有限公司的前身是中国科技情报所重庆分所数据库研究中心，是中国第一家进行中文期刊数据库研究的机构。1989 年，《中文科技期刊篇名数据库》研建成功，收录期刊 2000 余种，以软盘形式开始向全国用户发行，开创了中国信息产业数据库建设的先河；1992 年，研究开发出中国第一张中文数据库光盘；1998 年，《中文科技期刊数据库》收录期刊达 7000 余种，年数据加工量 60 万条，成为国内最具权威和最受欢迎的数据库之一，一度在国内独领风骚。"维普网"（http://www.cqvip.com）于 2000 年建成。维普中文期刊服务平台检索示例见图 2-86。

图 2-86　维普中文期刊服务平台检索示例

2.13　搜索外文文献

2.13.1　常用外文数据库

外文电子期刊、电子图书、会议全文数据库及外文文摘型数据库分别见表 2-5、表 2-6。

表 2-5　　外文电子期刊、电子图书、会议全文数据库

数据库 LOGO	数据库英文名称	数据库中文描述	网址
EBSCO HOST	Academic Search Ultimate-EBSCO	综合学科参考文献大全	http://search.ebscohost.com
	Business Source Ultimate-EBSCO	商管财经类参考文献大全	
ACS Publications	ACS Publications	美国化学学会出版物	https://pubs.acs.org
ARC	AIAA	美国航空航天学会会议录及期刊	http://arc.aiaa.org
AIP Publishing	AIP Publishing	美国物理联合会出版物	http://scitation.aip.org
AMexplorer	AMD	历史与文化珍稀史料数据库集成	https://www.amexplorer.amdigital.co.uk
APS physics	American Physical Society	美国物理学会出版物	https://journals.aps.org

续表

数据库 LOGO	数据库英文名称	数据库中文描述	网址
	American Society of Nutrition	美国营养学会出版物	https://nutrition.org
	Annual Reviews	年度评论系列期刊	https://www.annualreviews.org
	ASCE	美国土木工程协会数据库	https://ascelibrary.org
	ASM	美国微生物学会电子期刊	https://journals.asm.org
	ASME	美国机械工程师学会数据库	http://asmedigitalcollection.asme.org
	Association for Computing Machinery	美国计算机学会数据库	https://dl.acm.org
	ASTM	美国材料与测试协会数据库	https://compass.astm.org
	BMJ Journal Collection	英国医学会期刊	https://journals.bmj.com
	Cell Press	细胞出版社	https://www.sciencedirect.com
	Elsevier SDOS	爱思唯尔数据库	
	Emerald	爱墨瑞得回溯期刊全文数据库	http://www.emeraldinsight.com
		爱墨瑞得全文期刊库	https://www.emerald.com/insight
	HeinOnline	法学全文数据库	https://home.heinonline.org
	ICE	英国土木工程师协会虚拟图书馆	https://www.icevirtuallibrary.com
	IEEE Xplore Digital Library	美国电气与电子工程师学会数据库	https://ieeexplore.ieee.org

续表

数据库 LOGO	数据库英文名称	数据库中文描述	网址
	JAMA	美国医学会（JAMA）在线期刊	https://jamanetwork.com/journals/jama
	NATURE	自然周刊及其系列出版物	https://www.nature.com
	PLOS eprints_rclis	美国科学公共图书馆数据库	https://plos.org
	Project MUSE	MUSE 项目	https://www.muse.jhu.edu
	RSC - Royal Society of Chemistry	英国皇家化学学会期刊及数据库	https://pubs.rsc.org
	SAGE	易阅通平台	http://sage.cnpereading.com
	Springer	施普林格	https://link.springer.com
	UMI ProQuest	博硕士学位论文数据库	http://www.pqdtcn.com
	Wiley Online Library	威利数据库	https://onlinelibrary.wiley.com
	WorldSciNet	世界科技出版公司	https://www.worldscientific.com

表 2-6　　　　　　　　　　　　**外文文摘型数据库**

数据库 LOGO	数据库英文名称	数据库中文描述	网址
	SCI	科学引文索引	http://www.webofknowledge.com
	CPCI-S	科学会议引文索引	
	CPCI-SSH	艺术与人文科学会议引文索引	
	InCites	科学评价参考工具	https://incites.clarivate.com
	InCites- Journal Citation Reports	《期刊引证报告》查询期刊影响因子	https://jcr.clarivate.com
	InCites–Essential Science Indicators	基本科学指标	https://esi.clarivate.com
	Ei Village	工程索引	http://www.engineeringvillage.com http://www.engineeringvillage2.org
	Scopus	同行评议摘要引文数据库	http://www.scopus.com
	SciFinder	研发应用平台	https://scifinder.cas.org

科睿唯安始于汤森路透公司的知识产权与科技事业部,旗下有 Web of Science、Cortellis、Derwent、CompuMark、MarkMonitor、Techstreet 等专业品牌。

20 世纪 50 年代初,美国的尤金·加菲尔德开始编制引文索引的探索;20 世纪 60 年代初,尤金·加菲尔德正式挂出"科学情报社"(institute for scientific information,ISI)的社牌;1963 年,《科学引文索引》(science citation index,SCI)面世;1973 年,《社会科学引文索引》(social science citation index,SSCI)开始出版;1978 年,科学情报社又把引文索引法用于艺术和人文科学方面,出版了《艺术与人文科学引文索引》(arts & humanities citation index,A&HCI);1992 年,ISI 正式加入汤姆森集团,成为汤姆森科技与医疗事业部的一部分;1997 年,ISI 将 SCI、SSCI、A&HCI 整合,创建了网络版的多学科引文数据库——Web of Science;2000 年,ISI 推出了以 SCI、SSCI、A&HCI 为核心的新一代学术资源整合平台——ISI Web of Knowledge。2008 年 4 月,加拿大汤姆森集团正式完成了与英国路透集团的并购,成立汤森路透。原 ISI 所在的汤姆森科技与医疗事业部变更为汤森路透知识产权与科技事业部;2016 年 7 月 11 日,汤森路透宣布与 Onex 公司和霸菱亚洲投资基金达成协议,以 35.5 亿美金的价格出售汤森路透知识产权与科技业务,成立全球独立运营的新公司——科睿唯安公司。

影响因子(impact factor,IF)源于期刊引证报告(journal citation reports,JCR)中的一项数据。影响因子是一个相对统计量,某期刊前两年发表的论文在该报告年份中被引用总次数除以该期刊在这两年内发表的论文总数。影响因子已成为国际上通用的期刊评价指标,它不仅是一种测度期刊有用性和显示度的指标,而且也是测度期刊的学术水平,乃至论文质量的重要指标。

延伸阅读:

科睿唯安 2021 年期刊引证报告

2022 年 6 月 28 日,科睿唯安发布了 2021 年期刊引证报告,排名第一的仍然是 *CA-A Cancer Journal for Clinicians*,最新影响因子为 286.13。备受关注的三大刊 *Nature* 为 49.962,*Science* 为 47.728,*Cell* 为 41.582,中国期刊 *Cell Research* 影响因子达到 46.378,较 2020 年的 25.617 大幅上涨。

中国期刊 *Cell Research* JCR 查询界面见图 2-87。

基本科学指标数据库(essential science indicators,ESI)是 2001 年推出的衡量科学研究绩效、跟踪科学发展趋势的基本分析评价工具。ESI 已成为当今世界范围内普遍用以评价高校、学术机构、国家 / 地区国际学术水平及影响力的重要评价指标工具之一。

ESI 对全球高校及科研机构的 SCIE(科学引文索引扩展版)、SSCI 库中近 11 年的论文数据进行统计,按被引频次的高低确定出衡量研究绩效的阈值,分别排出居世界前 1% 的研究机构、科学家、研究论文,居世界前 50% 的国家 / 地区和居前 0.1% 的热点论文。ESI 针

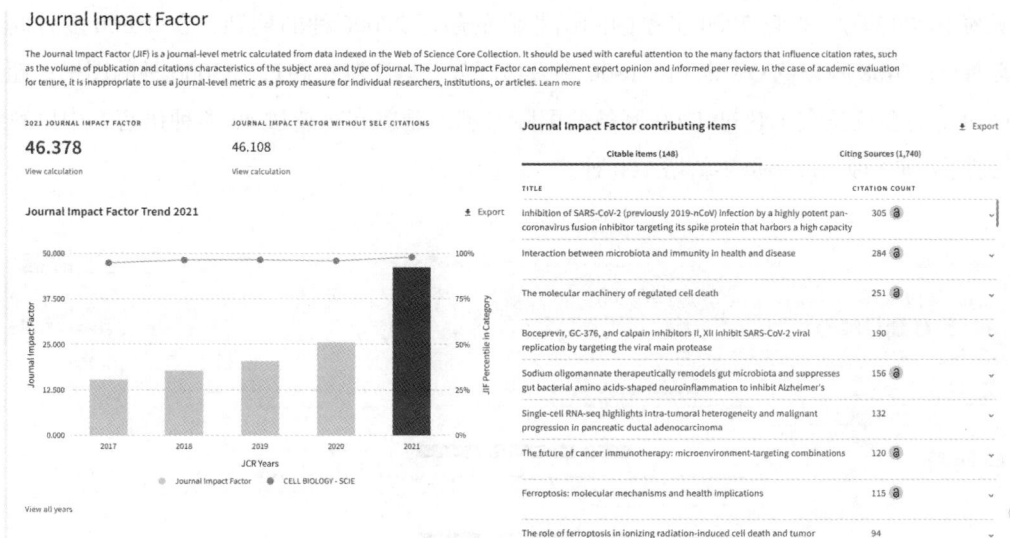

图 2-87　中国期刊 *Cell Research* JCR 查询界面

对 22 个专业领域，通过论文数、论文被引频次、论文篇均被引频次、高被引论文、热点论文和前沿论文等指标，从各个角度对国家 / 地区科研水平、机构学术声誉、科学家学术影响力以及期刊学术水平进行全面衡量。

ESI 给出的国家、机构和科学家引文排位中，由于采用了对每一位作者的贡献都给以统计的方法，即一篇 n 个作者 / 机构 / 国家合作的论文，将被统计 n 次，因此能很好地表现出每位学者对国家、机构的学术贡献程度，是体现国家 / 地区、机构国际学术声誉的重要标志。

美国《工程索引》（engineering index，EI）创刊于 1884 年。最初它只是以由美国工程师学会联合会刊中的一个文摘专栏的形式出现。1934 年正式成立工程索引公司，专门负责《工程索引》的编辑出版工作。工程索引公司早期出版印刷版、缩微版等信息产品，1969 年开始提供 Ei Compendex 数据库服务，1981 年起更名为"工程信息公司"，1992 年开始收录中国期刊。Engineering Village 为该公司 1995 年开发的基于因特网的信息查询服务项目，它将 16000 个对工程技术人员极有价值的网上地址和资源组织在一起，为用户提供服务。1998 年，公司被爱思唯尔收购，并启动了电子产品"工程信息村"（Engineering Village），推出 Ei Compendex Web。同年在清华大学图书馆建立了中国镜像站。2000 年 8 月，推出 Engineering Information Village-2 新版本，对文摘录入格式进行了改进。2009 年 1 月起，所收录的数据不再分核心数据和非核心数据，所有数据都以是 Ei Compendex 的形式存在。文献只分为两类：会议检索与期刊检索。Engineering Village 检索结果界面见图 2-88。

Scopus 是全球最大的出版社之一爱思唯尔推出的科研检索分析和学科规划管理数据库，涵盖了世界上最广泛的科技和医学文献的文摘、参考文献及索引，全球最大的同行评审期刊文摘和引文数据库，截至 2022 年 7 月，收录范围包括：近 8560 多万条记录（每日更新约 10000 篇）；来自 7000 多家国际出版商的超过 27000 种的期刊，含 25000 多种同行评议期刊；5408 种金色 OA 期刊，1800 多万篇开放获取文献；超过 253000 种的图书；超过 1100 万份的会议论文；超过 4700 万条的国际专利；覆盖刊物超过 40 多种语言；中国科技期刊超过 1000 种，近年每年新增 100 种。

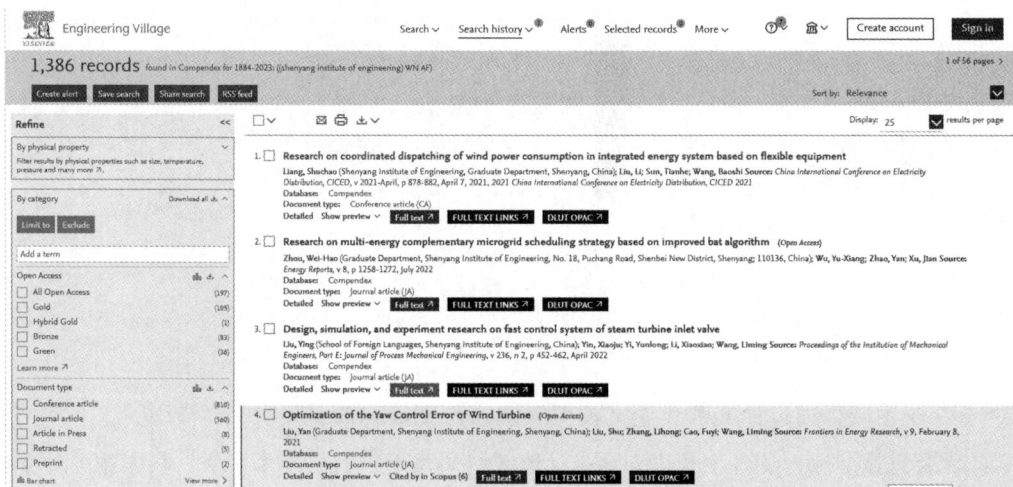

图 2-88　Engineering Village 检索结果界面

此外，Scopus 数据库包括 94000 多个机构和 1700 多万名学者的信息，为每位收录学者提供独立的 Scopus Author ID。Scopus 搜索示例见图 2-89。

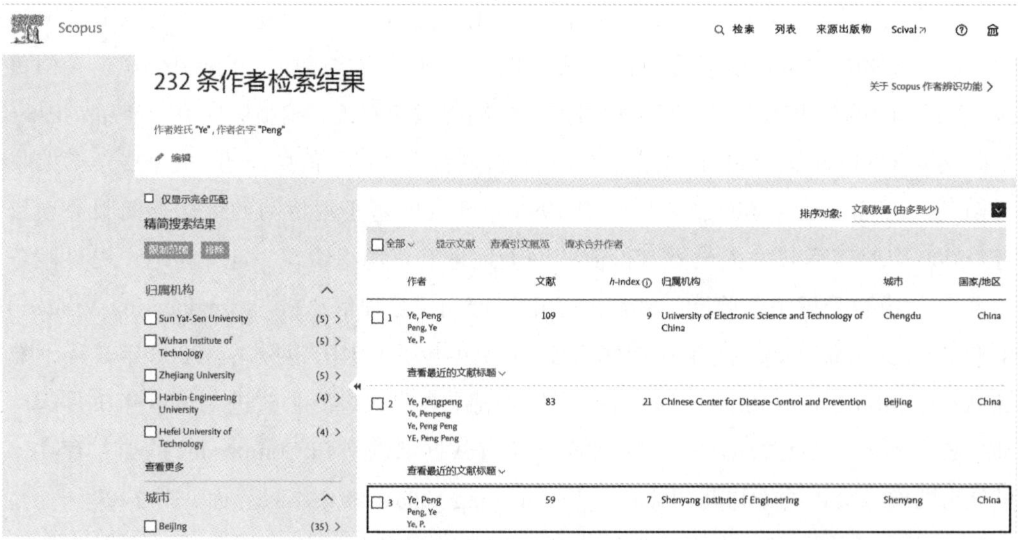

图 2-89　Scopus 搜索示例

SciFinder 由美国化学会（American chemical society，ACS）旗下的美国化学文摘社（chemical abstracts service，CAS）出品，CAS 的科学信息合集涵盖了 150 余年来化学和相关学科的进展。SciFinder 是一个研发应用平台，提供全球最大、最权威的化学及相关学科文献、物质和反应信息。所涵盖的学科包括应用化学、化学工程、普通化学、物理、生物学、生命科学、医学、高分子、材料学、地质学、食品科学和农学等诸多领域。内容来源包括学术期刊、全球专利机构的专利文献、学位论文、会议论文、印前期刊、图书、网络资源（如美国国立医学图书馆数据库）等。

2.13.2　IEEE Xplore Digital Library

（1）IEEE Xplore Digital Library 概况。美国"电气与电子工程师学会"（institute of electrical and electronics engineers，IEEE）成立于 1884 年，是全球最大的专业技术组织，也是在电气电子与信息技术领域最具影响力的跨国学术组织。英国"电气工程师学会"（institution of electrical engineers，IEE）成立于 1871 年，是欧洲规模最大、历史最悠久的专业工程师协会，2006 年 4 月 1 日起正式更名为"英国工程技术学会"（institution of engineering and technology，IET）。

IEEE 和 IET 是电气电子、计算机、信息技术等领域国际公认的两大学术机构，它们的出版物几乎都属有关领域的核心文献，是科技工作者的主要参考源。IEL（IEEE electronic Library）是其所有出版物的电子版全文数据库，内容涵盖前沿科技领域，几乎占到世界当代电气工程、通信与计算机科学文献的 1/3；提供 1872 年至今约 572 余万份文档的全文，包括 IEEE 期刊、杂志、汇刊，IET 期刊、杂志，1936 年至今的 IEEE 和 IET 年会会议录，逾 9000 种 IEEE 关键技术领域标准。数据每日更新，每月大约新增 20000 份新文献。

IEL 通过 IEEE Xplore Digital Library 提供服务，IEEE Xplore Digital Library 访问地址：http://www.ieee.org/ieeexplore。IEEE Xplore 平台根据出版物类型将其产品分为五大类：电子图书、会议、在线课程、期刊与杂志和 IEEE 标准。平台不定期更新内容推送，如封面作者、封面文章、新闻与平台更新信息以及即将召开的会议。

（2）IEEE Xplore Digital Library 使用方法。首页提供智能一框式检索，默认的检索范围是元数据，输入关键词检索时，具有 type-ahead 功能，会提示在题名、刊名、主题和检索词中有使用价值的关键词和词组。检索中可自动匹配同一词汇的英式拼写与美式拼写。同时具有词根自动关联功能，可自动匹配名词的单复数形式与动词的不同时态。IEEE Xplore Digital Library 首页见图 2-90。

1）检索与浏览。IEEE Xplore Digital Library 的检索分为全部、电子图书、会议、在线课程、期刊与杂志、标准、作者、引文。

也可通过浏览实现访问，以图书为例，70% 的电子书出版于 2000 年后，最早回溯至

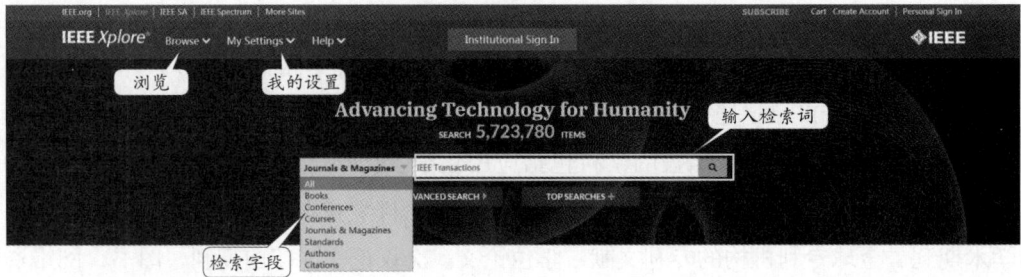

图 2-90　IEEE Xplore Digital Library 首页

1943 年，5000 多种图书可按书名、主题、出版者浏览。

可以根据出版物的首字母进行查找，或者点击 By Topic，根据学科进行二次筛选。如选择学科类型，还可根据出版物首字母再次筛选。也可使用页面左侧的聚类分析栏来优化检索结果。部分期刊开放整期下载功能。

2）检索字段与检索算符。IEEE Xplore Digital Library 常用检索字段见表 2-7。

表 2-7　　　　　　　　　　IEEE Xplore Digital Library 常用检索字段

名称	含义	名称	含义
Metadata	元数据	Document Title	文献题名
Authors	作者	Publication Title	出版物名
Abstract	文摘	Index Terms	索引词
Accession Number	入藏号	Article Number	文章号
Article Page Number	文章页码编号	Author Affiliation	作者机构
Author Keywords	作者关键词	Author ORCID	作者 ORCID
DOI	数字对象标识符	Funding Agency	资助机构
IEEE Terms	IEEE 术语	INSPEC Controlled Terms	INSPEC 控词
INSPEC Non-Controlled Terms	INSPEC 非控词	ISBN	国际标准书号
ISSN	国际标准连续出版物号	Issue	期
Mesh_Terms	Mesh 术语	Publication Number	出版物号
Parent Publication Number	母出版物编号	Standards Dictionary Terms	标准字典术语
Standards ICS Terms	标准 ICS 术语	Standard Number	标准编号

IEEE Xplore Digital Library 检索式支持"AND""OR""NOT"逻辑运算符，位置算符 NEAR、ONEAR。截词符有"*"和"?"，"*"表示任意多个字符，"?"表示一个字符。electro* 可以检出 electron、electrons、electronic、electronics、electromagnetic、electromechanical、electrostatic；*optic 可以检出 optic、fiber-optic、electrooptic、acoustooptic；me*n 可以检出

men、mean、median；wom?n 可以检出 woman 或 women。IEEE Xplore Digital Library 停用词如下：a(an)、about、above、and、any、are、as、at、can、do、find、for、from、have、how、I、in、is、me、not、of、on、or、over、show、the、under、what、when、where、why、with、you、your。

3）高级检索、命令检索、引文检索。检索时可仅指定元数据，也可在元数据和全文中同时检索。出版年代可以限定为过去一周、指定年限。

　　📝 检索实例：

检索发表在 *Power Delivery* 这种期刊以外的文章名或文摘中包含"relay protection"（继电保护）的文献，具体步骤如下：

选择"Document Title"检索字段，输入检索词"relay protection"；

选择逻辑运算符"OR"；

选择"Abstract"检索字段，输入检索词"replay protection"；

选择逻辑运算符"NOT"；

选择"Publication Title"检索字段，输入检索词"power delivery"；

出版日期限定为 2015 年至今；

按下"Search"按钮检索。

IEEE Xplore Digital Library 高级检索页面见图 2-91。

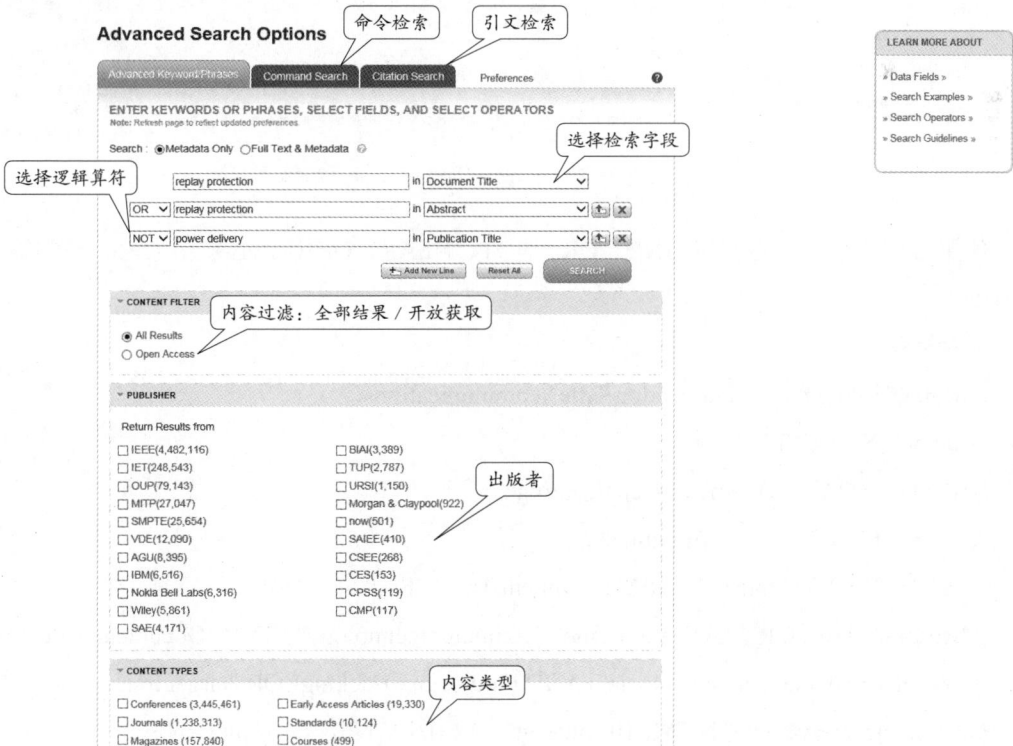

图 2-91　IEEE Xplore Digital Library 高级检索页面

全文有 PDF 格式与 HTML 格式两种。检索结果提供多种排序方式：相关度、最新优先、最旧优先、被引最高论文（按文章被引次数排序，次数最高放在首位）、被引次数最多专利（按专利被引次数排序，次数最多放在首位）、最受欢迎情况（根据浏览次数排序）、出版物名 A～Z 顺序，出版物名 Z～A 顺序。

IEEE Xplore Digital Library 检索结果界面见图 2-92。

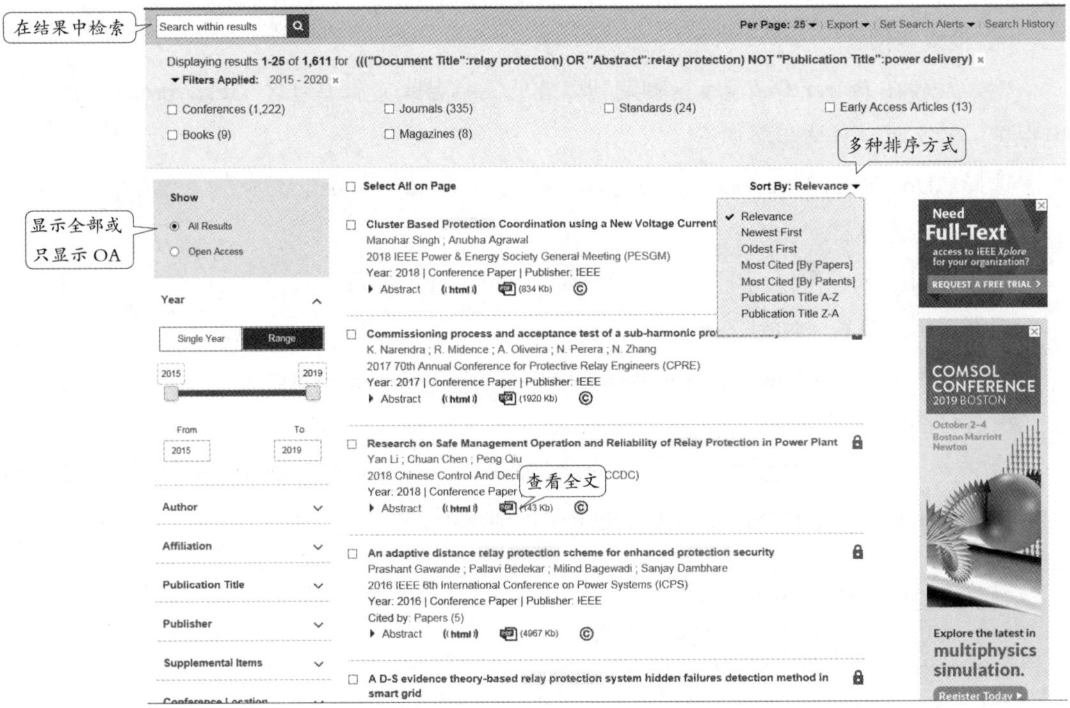

图 2-92　IEEE Xplore Digital Library 检索结果界面

使用命令检索时，运算符 AND、OR、NOT、NEAR、ONEAR 必须用大写，最多输入 40 个词。

命令检索示例：

"Abstract":ofdm AND "Publication Title":communications

"Author":"Suzuki, T"

(java OR XML) AND "software engineering"

security NEAR/5 "cloud computing"

"Fast" ONEAR/5 "Statistic" AND "Document Title":"Fast"

(("Abstract":java) OR "Publication Title":"computer technology") AND "Document Title":rfid

(UAV OR "unmanned aerial vehicle") AND ("trajectory tracking" OR "target tracking")

("hybrid electric vehicle" NEAR/10 "plug-in") OR (HEV NEAR/10 "plug-in")

("hybrid electric vehicle" ONEAR/10 "plug-in") OR (HEV ONEAR/10 "plug-in")

IEEE Xplore Digital Library 三种检索方式对比见图 2-93。

检索语法/规则	Global Search	Advanced/Keyword Search	Command Search
是否支持检索字段	支持所有检索字段 需手动输入	支持所有检索字段	支持所有检索字段
是否支持检索符	AND/OR/NOT/NEAR/ONEAR	AND/OR/NOT	AND/OR/NOT/NEAR/ONEAR
是否支持括号嵌套	支持( )限定优先顺序	不支持	支持( )限定优先顺序
精确检索（词组）	双引号""	双引号""	双引号""
模糊检索（截词符）	*（多个字母）或 ?（单个字母）	*（多个字母）或 ?（单个字母）	*（多个字母）或 ?（单个字母）
单个检索从式单词数量限制（以检索符为界）	20	20	20
整个检索式单词数量限制	40	40	40
单个检索式截词符数量限制	7	7	7

图 2-93　IEEE Xplore Digital Library 三种检索方式对比

4）作者检索。IEEE Xplore 平台检索所有项均不区分大小写。

通配符可以用在作者检索中，但名或姓各有至少 3 个字母是确定的。例如，M*ke Jone* 可以检索出 Mike Jones 和 Make Joney 等。但是 J*y 无法被检索。因为只有 2 个字母是确定的，所以不支持使用通配符。

名字缩写后面的点（"."，period）不需要输入，检索执行时点会被空格替换。

下载的引文信息中包含的是正规形式的作者名（姓，名的首字母）。

如果有多位作者同名，在聚类分析栏里这个作者名只会出现一次，在圆括号中给出的文献数量是所有此姓名作者文献的总数。

5）标准、会议、课程检索。IEEE Xplore Digital Library 涵盖 IEEE 和 SMPTE 两种标准体系，可以通过类、号码、主题、ICS 码（国际标准分类码）四种方式浏览。IEEE 标准状态分别为不活跃、活跃、替代及起草、批准，时间跨度为从 1890 年至今。

IEEE Xplore Digital Library 的会议文献时限为从 1936 年至今，可以按标题、主题两种方式浏览。

📝 **检索实例：**

检索机构为"华北电力大学"并且题名包含"高压直流输电"的会议文献。具体步骤如下：在高级检索页面中，选择"Document Title"检索字段，输入检索词"HVDC"；选择"Author Affiliation"检索字段，输入检索词"North China Electric Power"；两个字段间选择逻辑运算符"AND"；出版时间设定为"2018-2022"；按下"Search"按钮检索；然后点击检索结果的"Conference"筛选会议文献。IEEE Xplore Digital Library 标准检索页面和高级检索页面见图 2-94、图 2-95。

图 2-94　IEEE Xplore Digital Library 标准检索页面

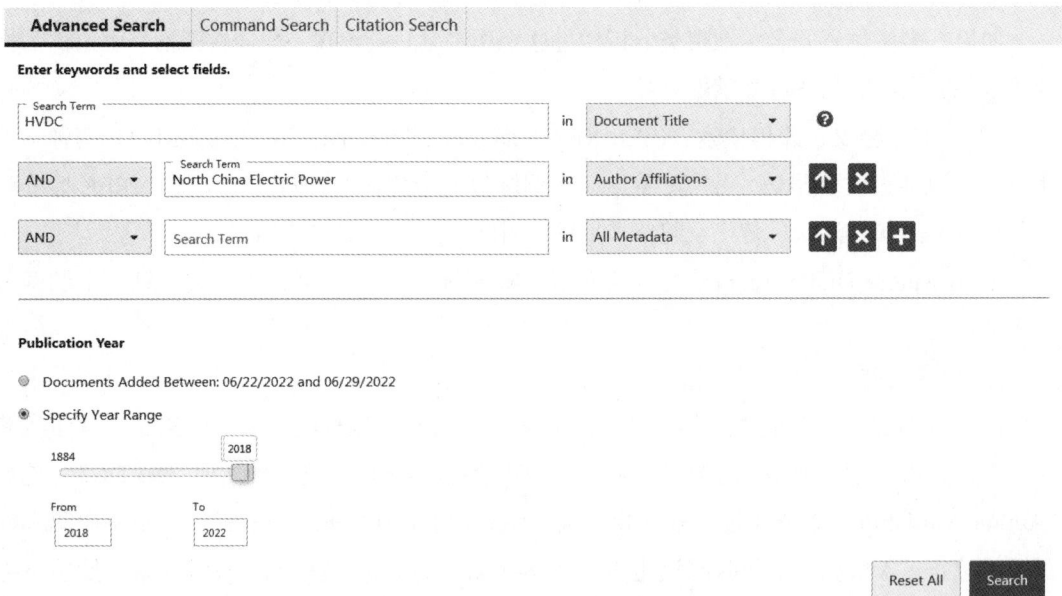

图 2-95　IEEE Xplore Digital Library 高级检索页面

（3）IEEE Xplore Digital Library 特色功能：

1）电子邮件提醒。电子邮件提醒可以帮助用户在第一时间看到其研究领域的最新研究成果，通过建立 IEEE Xplore 的 120 种学报、期刊或杂志的电子邮件提醒，当用户所关注领域有新的文献时，可以及时收到有关通知，其电子邮件中将包含一个连接到当期刊物目录的直接链接。

2）OPAC 链接。图书馆可以建立其在联机公共检索系统（OPAC）到 IEL 的任一出版物的稳定链接。IEEE Xplore 允许链接建立到学报、期刊、杂志、会议录和标准的出版物级别或是期刊、杂志的目录级别。

3）MyXplore 应用。IEEE Xplore 推出了手机应用 MyXplore，可分别到苹果应用商店与 Google Play 下载。

4）个性化服务——IEEE 个人账号。IEEE 会员可以直接使用会员账号登录，无须注册。注册个人账号后可以设置远程访问，已经开通远程访问功能的机构，终端用户可以使用笔记本电脑、平板电脑或手机，在机构 IP 范围内对设备激活远程访问功能。激活一次远程访问，该设备可在 90 天内凭借个人账号，在非授权 IP 范围访问机构订购相关 IEEE 资源。

利用"我的设置"来设置检索偏好，保存检索式，一次最多可以保存 15 个检索式，浏览已保存的检索式；用户可以根据自己的需求，设置接收期刊与杂志、会议录、标准及电子图书内容的更新提醒其对应的链接，及时追踪某个领域、研究者、机构的新动态；建立个人研究项目，最多创建 15 个文件夹，每个文件夹可保存 1000 份文献；收藏喜爱的期刊与杂志。

（4）相关网站：

IEEE 网站：https://www.ieee.org；

IEEE 中国网站：http://cn.ieee.org；

IEEE-SA：http://standards.ieee.org；

IEEE SPECTRUM：https://spectrum.ieee.org；

IEEE 相关网站大全：https://www.ieee.org/sitemap.html。

挑战来了：请搜索并下载官方 IEL 使用指南中文版。

2.13.3　爱思唯尔与 ScienceDirect Online

（1）关于爱思唯尔与 ScienceDirect Online。爱思唯尔是一家全球性信息分析公司，创办于 1880 年，它已经从荷兰一家致力于古典学术的小型出版社发展成为一家国际性的多媒体出版公司，向全球教育、科学技术与医学领域提供 20000 余种产品。产品包括 Scopus（迄今全球最大的二次文献数据库）、ScienceDirect Online（全学科全文数据库）、Mendeley（免费的参考文献管理器和学术社交网络）、Evolve（学习门户网站）、Knovel（工程信息与数据分析）、Reaxys（化学及生物活性综合数据库）及 ClinicalKey（临床知识解决方案）等。爱思唯尔网址为 http://www.elsevier.com，爱思唯尔中国区网址为 https://www.elsevier.com/zh-cn。

ScienceDirect Online（SDOL）是爱思唯尔的一个分支，是爱思唯尔全文数据库平台，是全球最大的科学、技术、医学信息提供与出版机构，每年出版 2000 多种期刊、图书、数据库出版物，提供 2500 余种学术期刊以及 40000 余种图书的全文内容。覆盖自然科学与工程、生命科学、健康科学、社会科学与人文科学 4 大领域 24 个学科的优质学术内容，在 SDOL 平台上可以浏览 100 余位诺尔奖获得者的学术研究成果。SDOL 的特色在于提供参考工具书、手册及系列丛书等高质量图书。数据库中最早的期刊 *LANCET* 回溯至 1823 年，大部分期刊回溯至 1994 年。SDOL 访问地址为 http://www.sciencedirect.com。

（2）SDOL 检索方法。

1）SDOL 检索语言。SDOL 常用运算符见表 2-8。除常用的布尔逻辑运算符、位置算符外，SDOL 的短语检索提供了精确短语检索、宽松短语检索两种方式。

表 2-8　　　　　　　　　　　　　　SDOL 常用运算符

名称	表达方式	举例	含义
布尔逻辑运算符	AND	lesion AND pancreatic	并且
	OR	kidney OR renal	或者
	NOT	tumor AND NOT malignant	不包含
短语检索	" "	"heart-attack"	宽松短语检索，标点符号、连字符、停用词会被自动忽略
	{ }	{information integration}	精确短语检索，所有符号都被作为检索词严格匹配
位置算符	W/n	pain W/15 morphine	两词相隔不超过 15 词，词序不定
	PRE/n	behavioural PRE/3 disturbances	两词相隔不超过 3 词，词序固定

2）SDOL 检索技巧：

尽可能多地选取与检索主题密切相关的近义词、同义词，如：kidney disease OR renal failure。

缩略语与全称的使用，如：mri OR magnetic resonance imaging；

避免使用过于宽泛的词汇，如：influence；

使用名词的单数形式，如输入 city 可以检索到 city、cities、city's、cities' 等词；

巧用位置运算符 W，如用 W/ 3、W/ 4 或 W/ 5 运算符来检索同一短语词组中的词，用 W/ 15 运算符来检索同一句话中的词，用 W/ 50 运算符来检索同一段落中的词。

代词、副词、连词等没有检索意义的词是 SDOL 的禁用词，但 and、or、not、in、a 等不是 SDOL 的禁用词。如 not 的使用方式为 {not}，当 not 用在短语中时，"not contested" 应采取 {not contested} 的形式；同样，当 a 出现在短语中时，如 "one in a million" 应变成 {one in a million}，如无法确定某词是否为禁用词最好不用，可以将该词从检索词中去除并使用 W/n 或 PRE/n 位置运算符避开，如 "profit pre/2 loss" 可检出 "profit and loss"。

此外，SDOL 能够处理英美不同的拼写形式，无论输入 "behavior" "behaviour"，或是

"psychoanalyze""psychoanalyse"，系统都会全部检出。

3）SDOL 浏览与检索。SDOL 设有一级学科主题 4 个，分别为物理科学与工程、生命科学、卫生科学、社会科学与人文科学，二级学科主题共 24 个，可逐一点击浏览，查看热门文章和最近出版物。点击处可按字顺浏览 4000 多种期刊和 3 万多种图书。SDOL 首页见图 2-96。

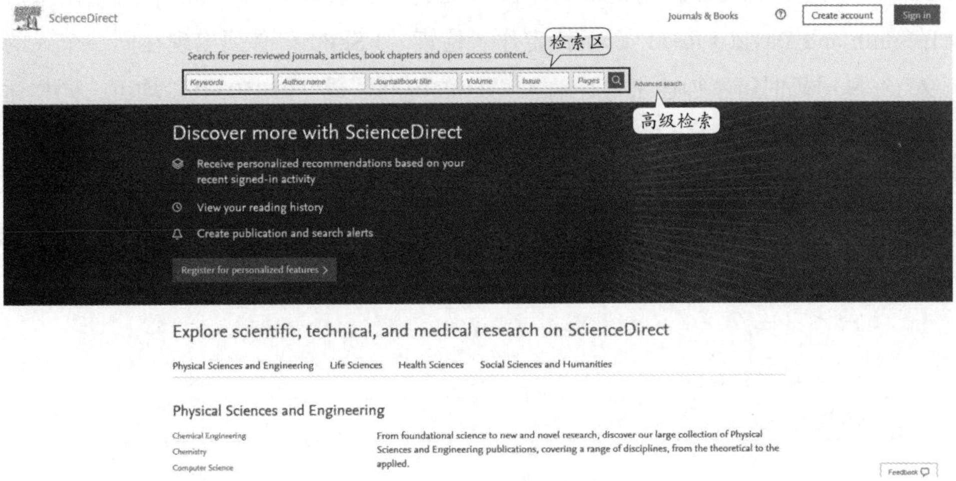

图 2-96　SDOL 首页

SDOL 首页提供关键词、作者姓名、刊名 / 书名、卷、期、页等检索字段。

📝 **检索实例：**

检索与"核电厂"相关的文献。在"Keywords"检索框中输入"nuclear power plant"，所有任意位置包含"nuclear power plant"的文献均命中。SDOL 检索结果页面见图 2-97。

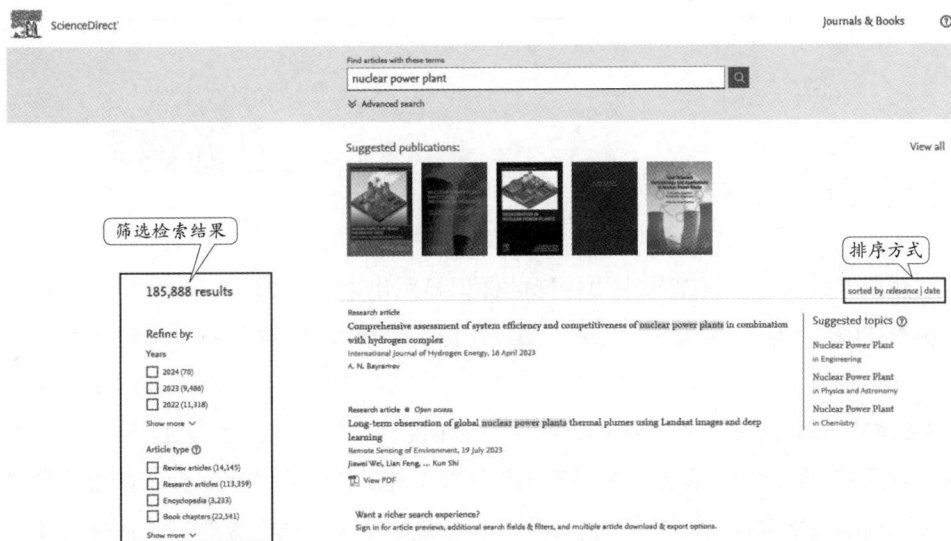

图 2-97　SDOL 检索结果页面

检索结果可按日期或相关度两种方式排序，包括题名，出处（刊名、卷、期、月、年、页码），作者等引文信息。SDOL 全文有 HTML 和 PDF 两种格式。

4）SDOL 高级检索。SDOL 的高级检索提供文摘／题名／关键词、作者、特定作者、来源名、题名、关键词、文摘、参考文献、ISSN、ISBN、机构等检索途径。时间跨度从 1823 年至今，默认时间为最近 10 年。作者与特定作者检索的区别在于：作者检索只要检索词出现在 Author 字段中即命中，但可能来自不同人的名字，如输入 "J Smith" 检索结果可能是 "Sally E Smith and David J Read"，而特定作者检索 "J Smith" 必须出现在同一个人的名字中。输入 ISSN 号码时可不加连字符，输入 "0305-0548" 或 "03050548" 均可，同样适用于 ISBN 号码，"978-0-444-52259-7" 与 "9780444522597" 等同。同时提供开放获取文献过滤。

📝 **检索实例：**

检索机构为 "Tsinghua University"（清华大学），题目包含 "solar energy"（太阳能），刊名或书名包含 "energy"（能源），"2017-2023" 年发表的文献。SDOL 高级检索界面见图 2-98。

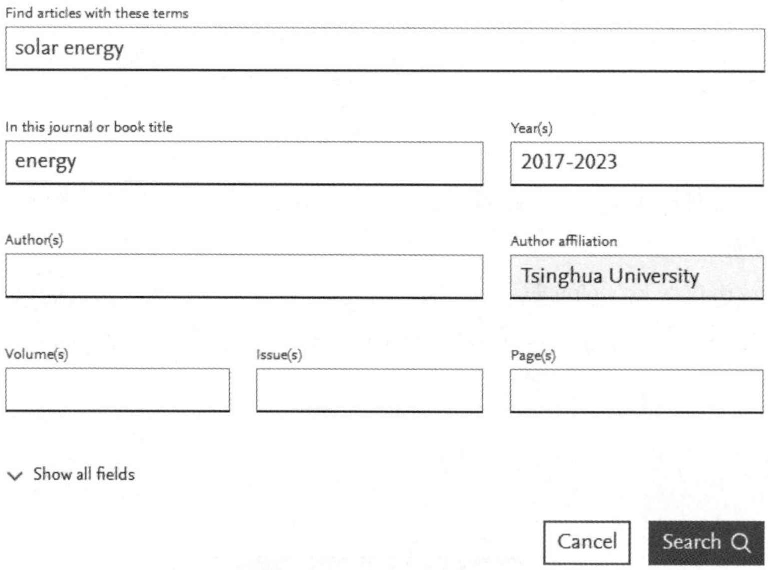

图 2-98　SDOL 高级检索界面

开放获取文献会在检索结果中用特殊的标识显示出来。在 SDOL 高级检索结果页面可通过左侧的 "Refine by" 筛选检索结果，通过年份、文章类型、出版物名称等条件缩小检索结果范围。

（3）SDOL 的个性化服务。SDOL 提供了多角度、多层次的个性化服务，用户可以注册、登录自己的个性化服务界面，查看近期操作及保存的检索式，定制自己喜爱的期刊、图书，还可以从期刊目次、主题检索、文献引文多角度定制文献通报服务。文献通报服务主要有检索通报、专题通报、引文通报、期刊目次通报等。

2.13.4　SpringerLink 数据库系统

（1）SpringerLink 概况。施普林格科学与商业媒体是世界上最大的科技出版社之一，成立于 1842 年，以出版学术性出版物闻名于世，也是最早将纸本期刊做成电子版发行的出版商。原施普林格与克吕韦尔学术出版集团于 2004—2005 年整合，采用 Springer 品牌。自然出版集团于 1999 年成立，是著名的科学出版公司——麦克米兰出版有限公司的成员。施普林格·自然集团于 2015 年由自然出版集团、帕尔格雷夫·麦克米伦、麦克米伦教育、施普林格科学与商业媒体合并而成。

施普林格·自然集团是自然科学、工程技术和医学（STM）领域全球最大的图书和学术期刊出版社之一，每年出版 12000 余种学术图书和 3000 余种科技期刊，出版的期刊涵盖自然科学、技术、工程、生物学和医学、法律、行为科学、经济学等 11 个学科，其中 60% 以上被 SCI 和 SSCI 收录。

SpringerLink 是施普林格的检索平台，提供科学技术和医学类全文数据库服务，每年新增几十万篇最新科技研究成果。

（2）SpringerLink 检索方法。SpringerLink 访问地址为 http://link.springer.com。SpringerLink 首页提供 "Browse by discipline"（按学科浏览）的浏览方式，总共划分为 24 个学科，每天都有新书与新刊上网，同时提供特色期刊与特色图书服务。

1）输入检索词检索。在 SpringerLink 首页的输入框可直接输入检索词进行检索，如输入 "cloning"（克隆），所有包含 "cloning" 的文献都会检出。SpringerLink 首页见图 2-99。

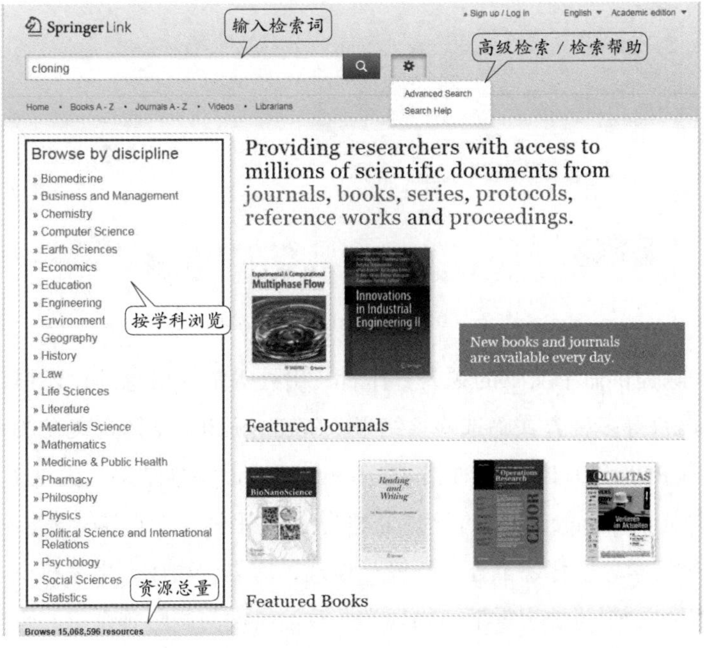

图 2-99　SpringerLink 首页

📝 **检索实例：**

点击"Advanced Search"，构造复杂的检索表达式，"with all the words"的含义是包含以下全部单词，"with the exact phrase"的含义是精确短语匹配，"with at least one of the words"的含义是至少包含以下一个单词，"without the words"的含义是不包含以下单词，还可通过标题与著者／编者检索，对文献出版年代做出限定。该检索含义为标题包含"big data"（大数据），同时包含"Internet"（因特网）、"cloud computing"（云计算），并且至少要出现"China Japan Korea"（中日韩）三词中的一个，且出版日期在"2021 年"至"2023 年"的文献。SpringerLink 高级检索示例见图 2-100。

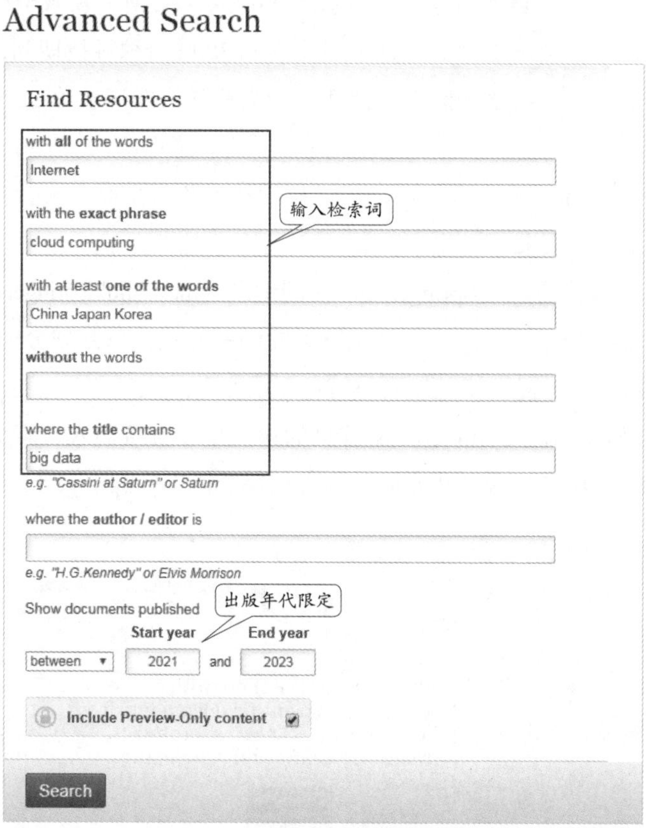

图 2-100　SpringerLink 高级检索示例

SpringerLink 除提供命中文献的题名、作者、出处等常规信息外，还提供内容类型、学科、分支学科、语言等多种方式筛选检索结果。SpringerLink 支持全文在线查看和下载阅读两种方式，全文有 PDF 和 HTML 两种格式。SpringerLink 检索结果页面见图 2-101。

2）按学科浏览。SpringerLink 的学科分类为生物医学、商业与管理、化学、计算机科学、地球科学、经济学、教育、工程、环境、地理、历史、法律、生命科学、文学、材料科学、数学、医药卫生、制药学、哲学、物理学、政治科学与国际关系、心理学、社会科学、统计学。

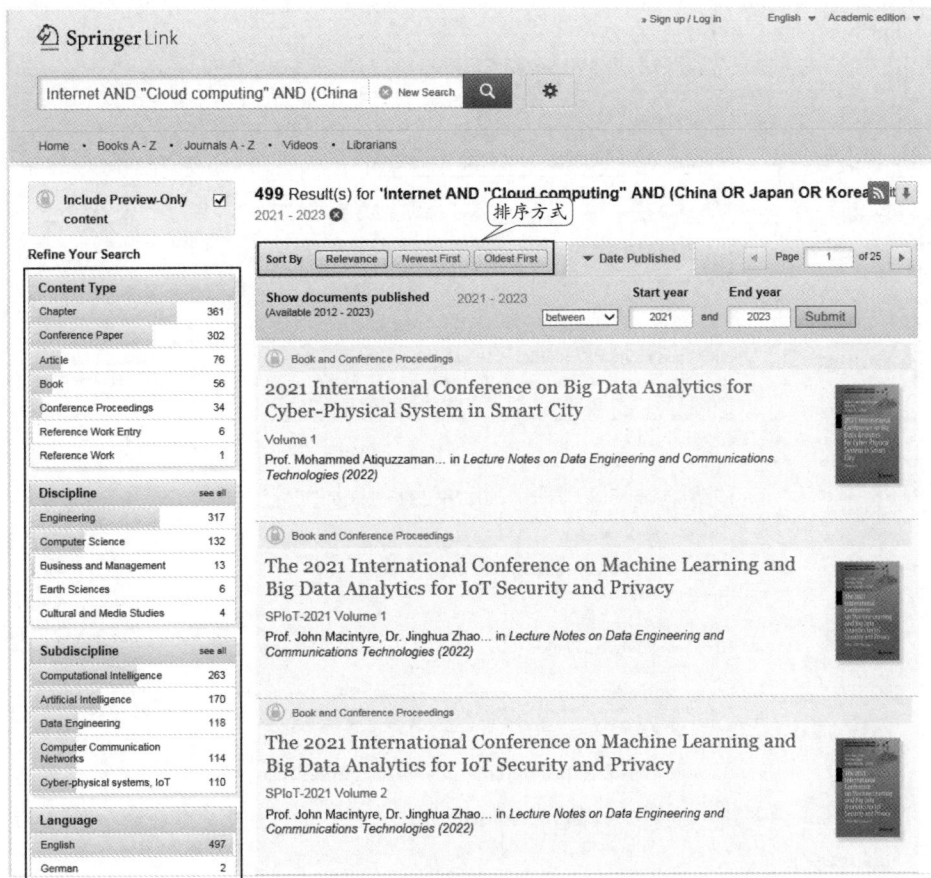

图 2-101　SpringerLink 检索结果页面

检索"生物材料"方面的文献，在首页的"Browse by discipline"（按学科浏览）下，依次选择"Engineering"→"Materials"→"Biomaterials"，SpringerLink 按学科浏览结果页面如图 2-102 所示。

3）特色期刊与特色图书。SpringerLink 两个特色栏目分别是特色期刊与特色图书，在网站上循环推介期刊与图书两类文献，SpringerLink 特色期刊页面如图 2-103 所示。

4）SpringerLink 个性化服务。个性化服务 My SpringerLink 需注册，注册成功登录后可使用的功能主要有回顾检索历史、在系统中保存检索结果、个人收藏夹（未注册用户也可以使用该功能）、电子通告服务等。

（3）SpringerLink 相关网站：

施普林格网站：http://www.springer.com；

施普林格中国微博：http://weibo.com/springerchina；

施普林格·自然实验：https://experiments.springernature.com；

施普林格物质：http://materials.springer.com；

施普林格药物研发数据库：https://adis.springer.com。

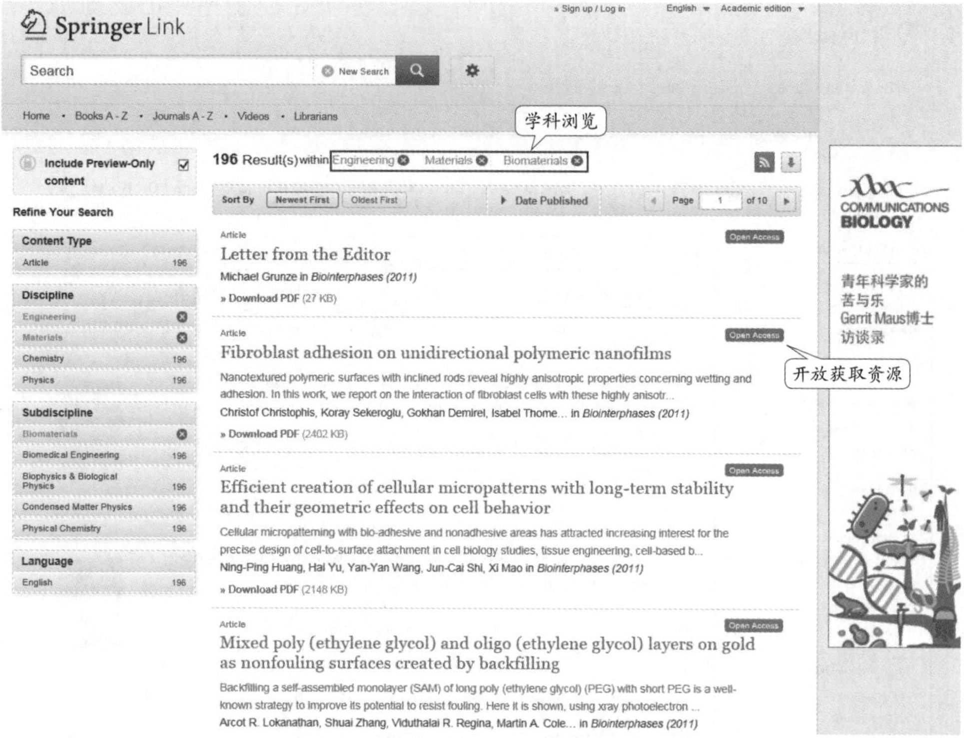

图 2-102　SpringerLink 按学科浏览结果页面

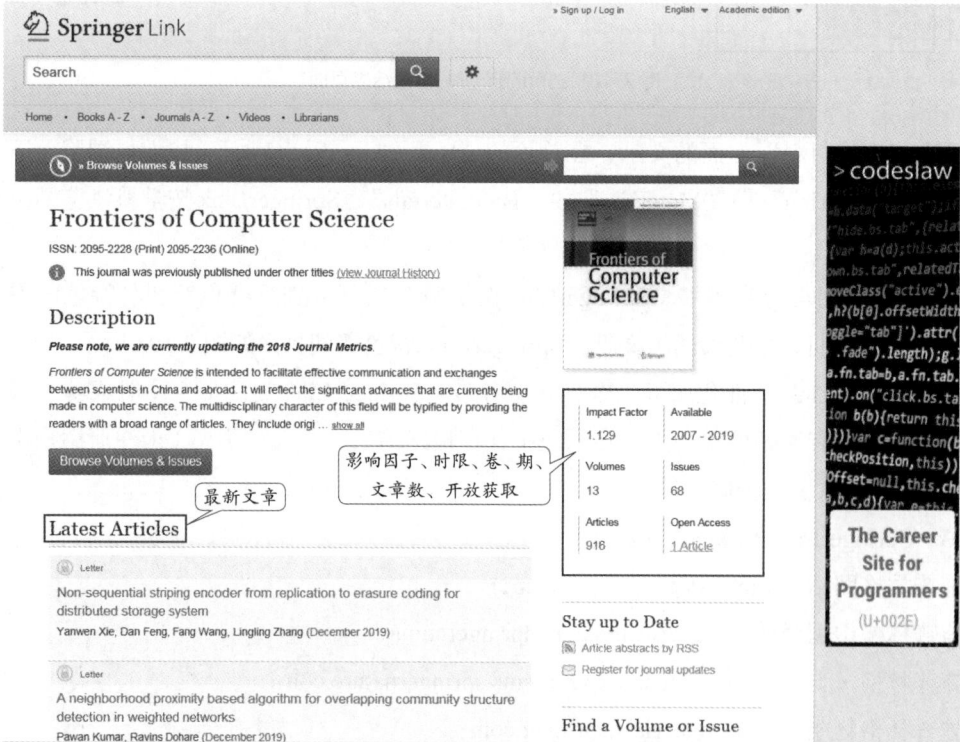

图 2-103　SpringerLink 特色期刊页面

2.13.5　EBSCO 数据库

（1）EBSCO 概况。EBSCO 公司成立于 1944 年，是全球性的集成数据库出版商和期刊代理商，覆盖自然科学、社会科学、人文和艺术、教育学、医学等多学科领域，文献来源具有较高权威性。文献类型丰富，包括文章、书目、传记、图书评论、个案研究、公司报告、工业综述、会议录、专利等，还包括采访、书信、讣告、报告、演讲、诗歌等，甚至还有食谱。最早的文献回溯至 19 世纪，数据每日更新，部分文献提供 HTML 或 PDF 格式全文。

ASP（academic source premier）是综合学科参考类全文数据库，涵盖多元化的学术研究领域，包括物理、化学、航空、天文、工程技术、教育、法律、医学、语言学、农学、人文、信息科技、通信传播、生物科学、公共管理、社会科学、历史学、计算机、军事、文化、健康卫生医疗、艺术、心理学、哲学、国际关系、各国文学等，以及种族和多元文化研究、女性研究。ASP 收录近 18000 种刊物的索引和摘要，4700 多种全文期刊（3900 种同行评审期刊）及 370 多种非期刊类全文出版物。ASP 有 1800 余种全文期刊收录在 Web of Science 中，2800 余种全文期刊同时收录在 Scopus 中，收录的全文期刊最早回溯到 1887 年。BSP（business source premier）涵盖商管财经相关领域，如金融、银行、国际贸易、商业管理、市场营销、投资、房地产、经济学、企业经营、财务、能源管理、信息管理、知识管理、工业工程管理、保险、法律、税收、电信通信等。资源品类丰富，有书籍、国家报告、行业概况、商业期刊、财经数据、SWOT 分析、公司档案、市场报告、哈佛商学院视频等。BSP 收录 6700 多种期刊的索引和摘要，2100 多种全文期刊（1070 种同行评审期刊）及 28000 多种非刊全文出版物，其中不乏《哈佛商业评论》《管理科学季刊》等知名刊物，同时收录 1400 多种知名出版社出版的国家 / 地区报告，全文可追溯至 1886 年。特色资源有伯恩斯坦金融数据，Economist Intelligence Unit、晨星基金股票分析、美国会计师协会出版品，Richard K. Miller & Associates 的市场研究报告，非英语国家的商学文献资源，以及 15000 多份案例分析，特别收录哈佛大学知名教授的 57 段研讨会视频。

EBSCO 另有 8 个附赠数据库，EBSCO 附赠数据库如表 2-9 所示。EBSCO 的检索平台为 EBSCOhost，访问地址为 http://search.ebscohost.com。

表 2-9　　　　　　　　　　　　　　　　EBSCO 附赠数据库

数据库名称	类型	简介
GreenFILE	全文	环境保护数据库
Library, Information Science and Technology Abstracts	文摘	图书馆、信息科学与技术数据库
Regional Business News	全文	美加地区 100 多种商业期刊、报纸和新闻专线
Teacher Reference Center	文摘	教师参考中心
European Views of the America 1493 to 1750	文摘	从欧洲看美洲，1493 年至 1750 年按年代编写的欧洲印制的有关美国的文献

续表

数据库名称	类型	简介
eBook Collection	全文	经典电子书
EBSCO eClassics Collection	全文	电子书
OpenDissertations	文摘	学位论文数据库

EBSCOhost 数据库登录页面见图 2-104。

图 2-104　EBSCOhost 数据库登录页面

（2）EBSCOhost 检索方法。EBSCOhost 可根据需要选取单个数据库检索或多个数据库跨库检索。单库检索时不同数据库检索字段有差异。EBSCOhost 提供了丰富的检索字段，常用的有：TX（所有文本）、AU（作者）、TI（标题）、SU（主题词）、SO（来源）、AB（摘要）、IS（国际标准连续出版物号）、IB（国际标准书号）等。EBSCOhost 还提供了一些特殊检索字段：IC 是美国工业分类系统代码，NAICS 是美国工业分类系统的缩写，EBSCO 出版的期刊与杂志按其内容有相应的 NAICS 代码；DN 是邓氏编码，是一个得到国际认可的、常用的公司识别符号，使用 DN 检索可以了解某一公司的基本情况，如公司名称、地址、所在省市、电话、业务范围、雇员人数、销售额等信息；TK 是股票代码；AN 是入藏编号。

EBSCOhost 提供搜索引擎风格的"基本检索"界面，如图 2-105 所示，只需输入外文关键词即可检索。也可进行各种检索选项的设置，提高检索的准确性。

1）EBSCOhost 的检索语言。

a. EBSCOhost 使用的语言。EBSCOhost 的默认语言是英语，使用的其他语言还有西班牙语、法语、德语、葡萄牙语、俄语、韩语、日语、简体（繁体）中文、土耳其语、希腊语等近 30 种语言。EBSCOhost 配有自动翻译软件，可进行多种语言互译，如将英文文献翻译成简体中文。HTML 格式文章朗读功能，提供英音、美音和澳大利亚三种口音，并可下载音频。

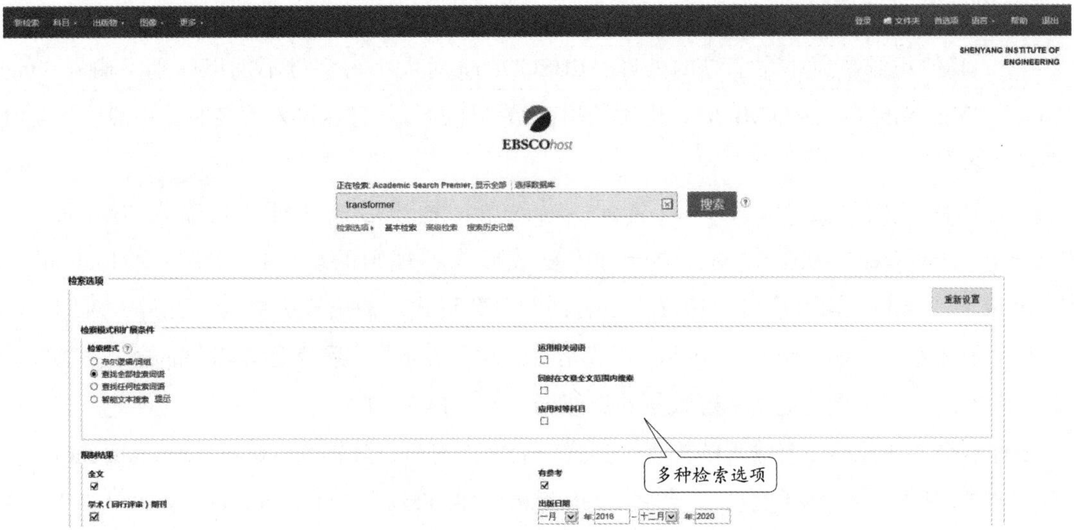

图 2-105　EBSCOhost "基本检索" 界面

b. 布尔逻辑运算符。EBSCOhost 支持 "AND" "OR" "NOT" 三种布尔逻辑运算符，若输入的检索词间有空格系统会自动进行 "AND" 运算，系统支持括号优先算符，如不加括号，会按照从左至右的顺序执行运算。

c. 通配符。可以使用 "?" "*" "#" 三种通配符，通配符可以用在检索词的尾部或中间，如输入 "organi?tion" 可以检出 "organization" 或 "organisation"；输入 "electric*" 则可以检出 "electric" "electricity" "electrical" "electrically" "electrified" 等词；输入 "behavio#r" 可以检出 "behavior" 或 "behavior"；但不允许在检索词前面使用通配符，如 "?one" "*magnetic" 会被视为错误的表达式。

d. 位置运算符。位置运算符 "n" 和 "w" 用于计算检索词之间能容纳的最大单词数。"n" 或 "w" 与阿拉伯数字组合，"n" 只限定检索词之间的单词数，而不限制检索词的顺序，"w" 既限定检索词之间的单词数，又要求命中记录用词顺序与输入检索词顺序完全一致，如：输入 "law n3 legislative"，则表示 "law" 与 "legislative" 两词之间最多有 3 个词，前后顺序不限；输入 "law w1 legislative"，表示 "law" 与 "legislative" 两词之间最多有 1 个词，前后顺序不能颠倒。

e. 双引号与精确匹配检索。查询词组时，可用双引号将词组括起来进行精确匹配查询，如输入 ""power plant""，选择 "TI Title"，只有文章题目中完全包含 "power plant" 的记录才会命中，并且词序、位置均不变。但不能使用停用词，若词组中包括停用词，检索结果只能是无。

f. EBSCOhost 停用词表。停用词表因数据库的不同而变化，在检索过程中应避免使用停用词，EBSCOhost 常用的停用词有 a、an、and、are、as、at、be、because、been、but、by、for、however、if、in、is、not、of、on、or、so、the、there、to、was、were、whatever、 whether、would 等。

g. 其他规则。大小写字母的处理：EBSCOhost 对大小写字母不加以区别，输入"yao ming""Yao Ming""YAO MING"检索结果都是一样的。并且在输入人名时，一般应该是姓在前，名在后。

名词单复数的处理：对多数名词，输入单、复数形式均可，如输入"woman"，"woman""women"都会命中，甚至对于复数形式不规则的名词，如输入"children"，"children""child"均可检出，建议输入名词的单数形式，检出概率更大。此外，对同一词拼写的地区差异，如"color""colour"或是"fiber""fibre"，系统会将其全部检出，对同义词、缩略语，系统也会返回一定数量的近似词，如"TV""T.V."。

标点符号的处理：若输入的检索表达式带有标点符号，如输入"television: talk show"，系统对标点符号将不予考虑，会将"television talk-show""television talk show""TV talk show"全部命中；输入"coca-cola"，则"coca-cola""Coca Cola""Coca-Cola"全部会被检出。

2）EBSCOhost 检索。

a. 高级检索。高级检索的检索选项有布尔逻辑 / 词组、查找全部检索词语、查找任何检索词语、智能文本检索及应用相关字词，也可以在文章的全文范围内搜索。智能文本检索是 EBSCOhost 2.0 推出的新功能，可以防止零检索结果的产生，如果输入的检索式返回零检索结果，智能文本检索将自动进行所输入关键词的相关搜索，避免检索结果为零。智能文本检索可以输入一个短语、一个句子、一段话，甚至整篇文章，故其另一个作用是可对抄袭剽窃等学术不端行为进行检测，这也是其非常值得称道的一个特色功能。

📝 检索实例：

检索标题包含"self driving"（自动驾驶）或者"driverless"（无人驾驶）的文献，具体检索步骤如下：

从右侧下拉式列表中选择检索字段：TI 标题；在左侧文本框输入检索词：self driving；从右侧下拉式列表中选择检索字段：TI 标题；在左侧文本框输入检索词：driverless；选择逻辑运算符 OR；在下方设定限制条件，选中"全文"前面的复选框。EBSCO 并非所有文献都有全文，同行评审是国际流行的期刊审查程序，即把一篇学术著作交由同一领域的其他专家学者加以评审，使之符合一般的科学与学科领域的标准。知名期刊多采用"同行评审"的方式来确保论文的质量，并作为决定稿件录取的重要参考。EBSCOhost 高级检索界面见图 2-106。

EBSCOhost 检索结果页面如图 2-107 所示，检索结果可按相关性、最近日期、最早日期三种方式排序。检索结果可以共享，创建"电子邮件快讯"和"RSS 源"，更可以复制检索永久链接，分享到 Twitter、Facebook、Gmail 等社交媒体或网站。EBSCOhost 的原文格式有两种，PDF 格式或 HTML 格式，点击检索结果最下方的"HTML 全文"或"PDF 全文"即可查看。另一特色功能是如果文中有图像，会预览显示。

图 2-106　EBSCOhost 高级检索界面

由于纸质文献出版社对 EBSCOhost 的限制，很多期刊的全文都有一定的滞后，即
"embargo"。点击任何一条检索结果的题名可以查看详细引文信息，并可将引文信息打印、
保存、导出或添加至指定文件夹。

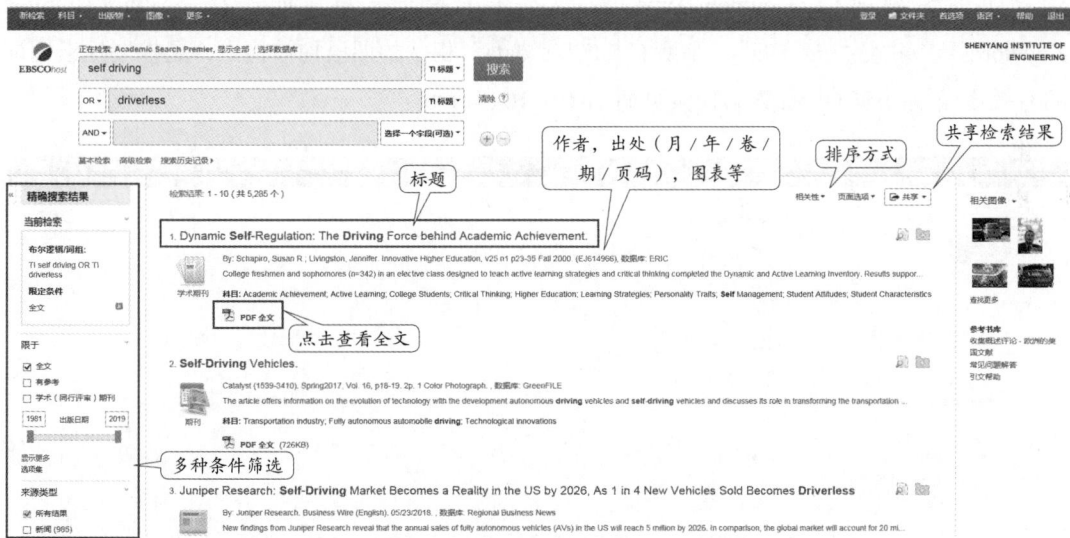

图 2-107　EBSCOhost 检索结果页面

b. 其他检索。除基本检索、高级检索外，EBSCOhost 还提供科目（针对 ASP 提供主
题词 Subject Terms 查询，针对 BSP 提供商业叙词 Business Thesaurus 查询）、出版物、图
像、公司概况、索引等功能。出版物检索可分别按字母顺序、按主题和说明、匹配任意关键
字三种方式浏览，在不确定出版物名称的情况时选择此种方式可以实现整刊浏览的功能，
如：选中 ASP 数据库，输入"IEEE"，选择"按字母顺序"，可检索出 ASP 中所有题名以

"IEEE"开头的出版物，点击命中记录的题名即可查看该出版物的详细信息。EBSCOhost 出版物检索页面如图 2-108 所示。

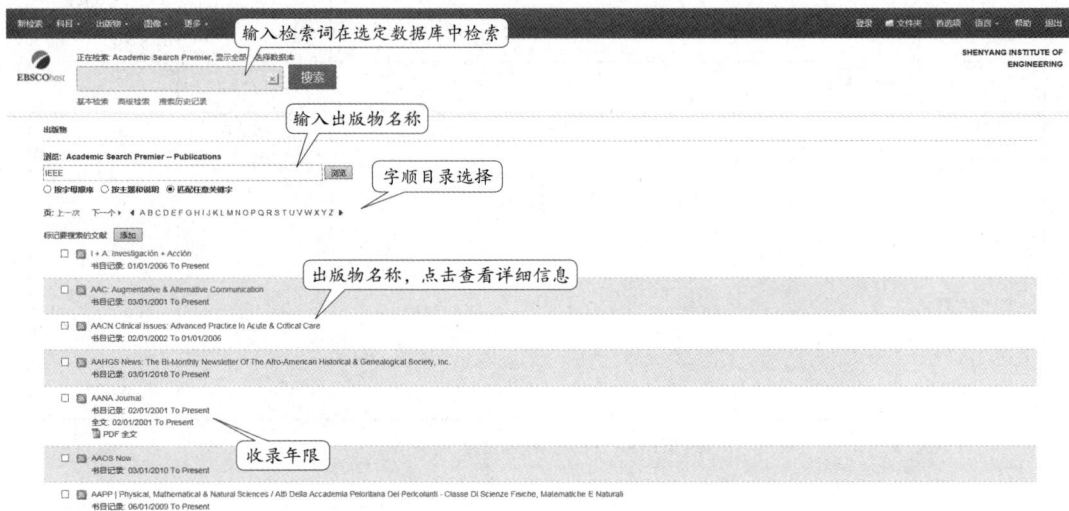

图 2-108　EBSCOhost 出版物检索页面

EBSCOhost 提供了完备的索引，包括 Author（作者）、Author-supplied Keywords（作者提供的关键词）、Document Type（文献类型）等十八种。如选择"Author-supplied Keywords"，输入"big data"，则所有与"big data"相关的词语均被检出，是扩展检索用词的有效途径。EBSCOhost 索引检索页面如图 2-109 所示。

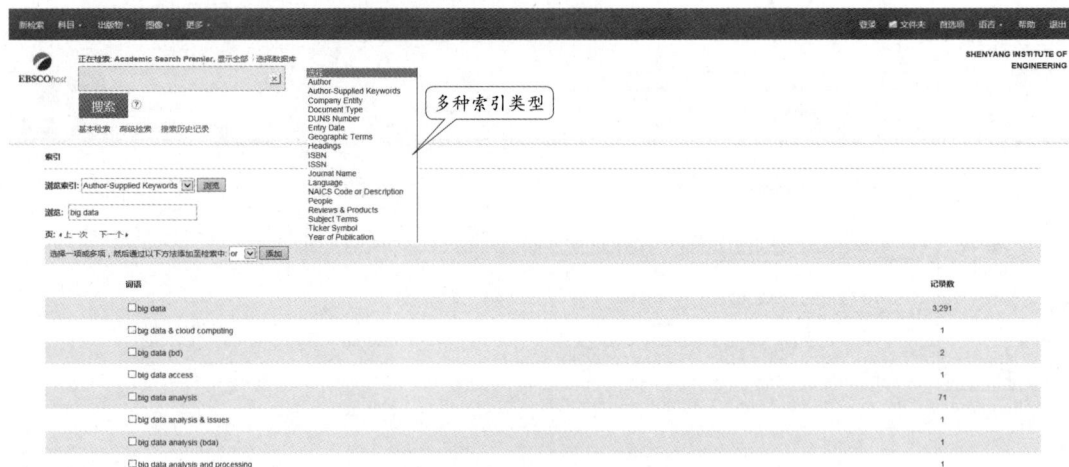

图 2-109　EBSCOhost 索引检索页面

3）EBSCOhost 的特色功能。EBSCOhost 提供移动端访问专用站点，并且有苹果与安卓两种移动端应用程序。EBSCOhost 手机 App 检索界面见图 2-110。

充分利用"检索模式和扩展条件"选项，扩大检索范围；或是利用"限制结果"选项缩小检索范围。可以灵活地对结果进行"全文""有参考""学术（同行评审）期刊""出版日期""出版物类型"等条件的限制。特别是出版日期，一些期刊允许在检索时将出版时间提前数月甚至半年。举例说明，现在是 2024 年 1 月，在检索时完全可以将"出版日期"上限设定为"2024 年 6 月"，提前了解一些期刊的出版动态，获得即将发表文章的二次文献。

使用"我的 EBSCOhost"：只要在 EBSCOhost 注册后，即可在任何有权限访问 EBSCOhost 数据库的地方享受个性化的 EBSCOhost 服务，可对图像、视频检索的永久链接、保存的检索、检索快讯、期刊快报分别管理，可将某次检索结果保存下来，只要登录"我的 EBSCOhost"即可调出。特别是检索快讯，只要预设好检索表达式，系统会自动将最新出版的符合检索表达式的文献以 E-mail 的形式发送，相当于 SDI 定题服务，并可随时取消该服务。

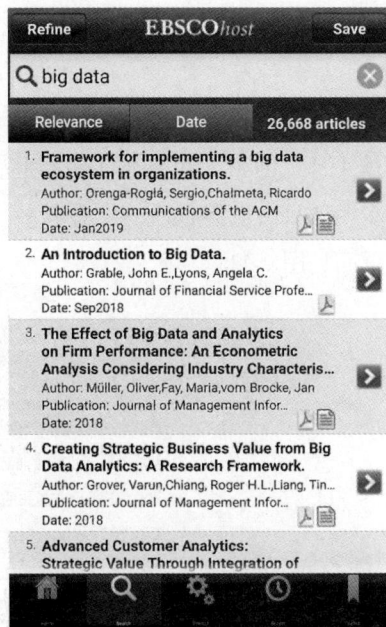

图 2-110　EBSCOhost 手机 App 检索界面

（3）EBSCOhost 相关网站：

EBSCO 公司网站：https://www.ebsco.com；

EBSCO 支持站点：https://connect.ebsco.com；

EBSCO 免费在线课程：https://ebsco-chinese.webex.com；

EBSCOhost 中文教程下载：https://connect.ebsco.com/s/article/EBSCO 平台中文使用指南；

EBSCO 工业：https://www.ebscoind.com。

虽然外文数据库价格不菲，但多数外文数据库的检索在互联网上是开放的，可以检索之后通过各种途径合法免费获取全文。

延伸阅读：

DRAA

高校图书馆数字资源采购联盟（digital resource acquisition alliance of Chinese academic libraries，DRAA）是由中国部分高等学校图书馆共同发起成立的，由成员馆、理事会、秘书处组成。联盟的宗旨为：团结合作开展引进数字资源的采购工作，规范引进资源集团采购行为，通过联盟的努力为成员馆引进数字学术资源，谋求最优价格和最佳服务。高校图书馆、其他图书情报机构自愿参加联盟，自主决定是否参加联盟组织的数字资源集团采购。联盟网站（http://www.libconsortia.edu.cn）是了解国内引进数字资源的权威平台。

2.13.6　谷腾堡项目（https://www.gutenberg.org）

谷腾堡项目（project gutenberg，PG）被普遍认定为最早出现的数字图书馆。1971 年 7 月 4 日，创始人迈克尔·哈特将美国《独立宣言》输入计算机，开启了谷腾堡项目的第一步。项目由世界各地的志愿者参与，致力于文本著作的电子化、归档以及发布。谷腾堡项目页面见图 2-111。

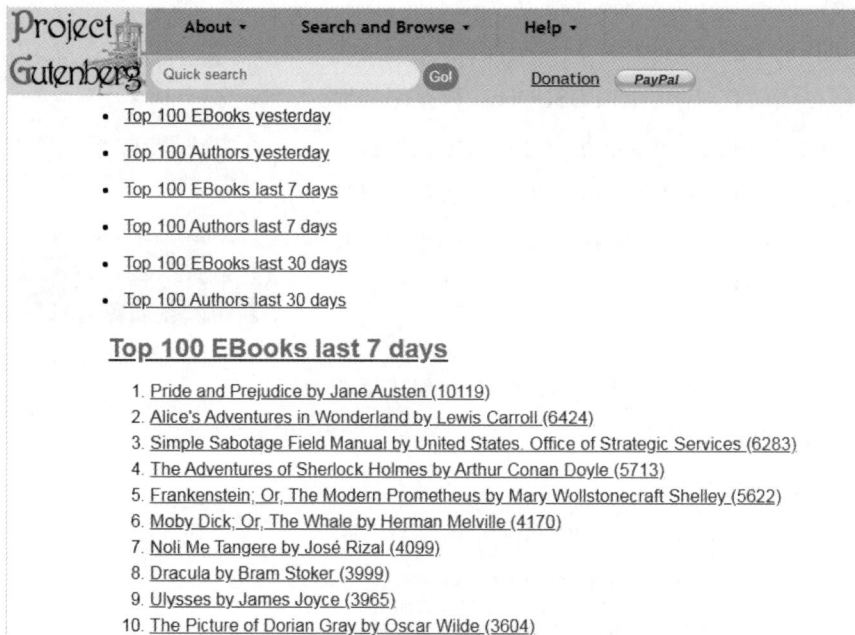

图 2-111　谷腾堡项目页面

2.14　动态搜索

（1）最基本的"技巧"：输入得准确无误，按下搜索按钮之前，仔细检查输入是否有错别字，是否选择了正确的字段与布尔算符，条件设置是否正确。

（2）时间设定：根据检索要求，确定时间是由远及近还是由近到远。计算机、互联网方面的文献，宜选择近几年的；想查来龙去脉的，可以由远及近；或者选择文献涌现的高峰期，设定一个时间段。

知网指数是以中国知网海量文献为基础的免费数据分析功能，形象地反映不同检索词在过去一段时间里的变化趋势以及发现和追踪的学术热点话题。借用知网的指数搜索，可以了解检索词的学术关注度、媒体关注度、学术传播度、用户关注度。知网指数搜索示例见图 2-112。

（3）边搜索边总结：充分利用系统提供的结果筛选与聚类功能，总结高频关键词、作者、机构；根据初步检索结果，调整检索策略，调整 / 改变检索用词，扩大或缩小搜索范围。

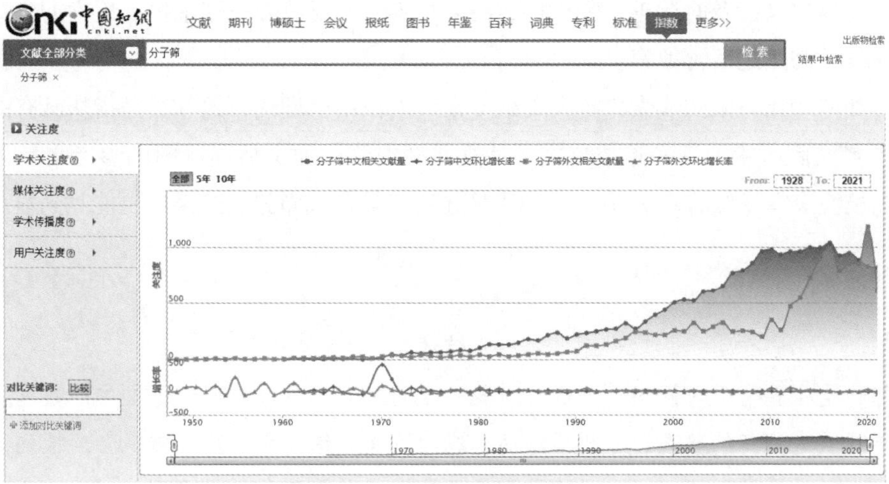

图 2-112　知网指数搜索示例

　　利用知网的可视化分析，多维度了解检索主题的研究热度、预测发展趋势，如指标分析、总体趋势分析、文献互引网络分析、检索词共现网络、作者合作网络等。知网可视化分析示例见图 2-113。

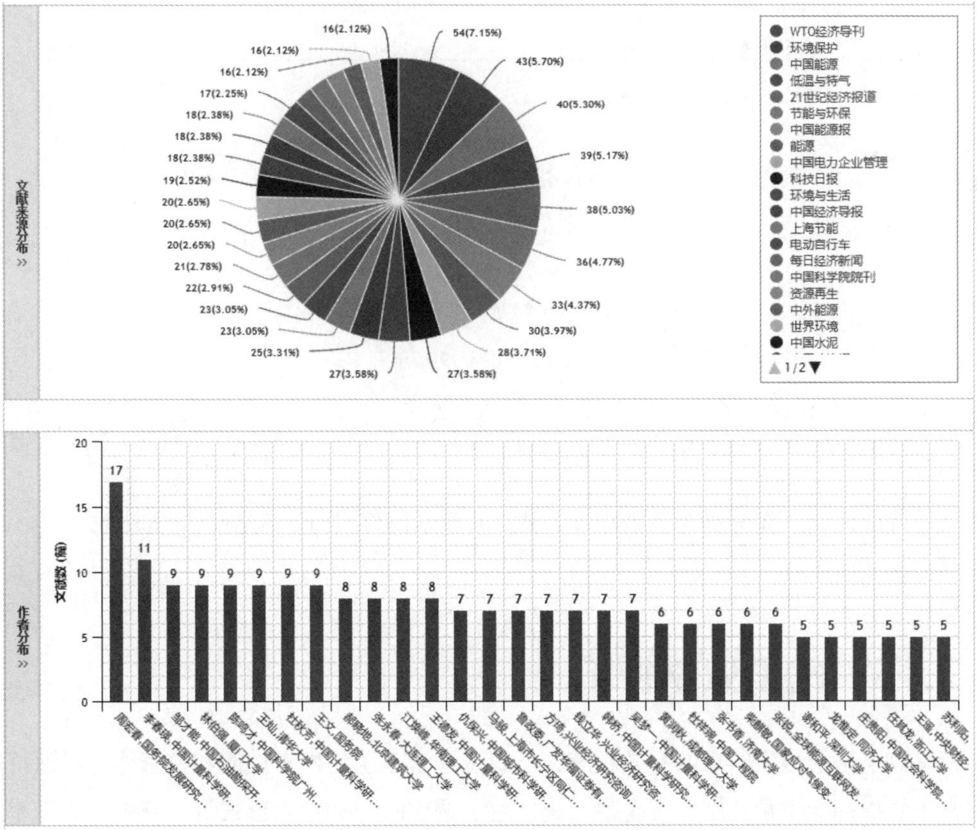

图 2-113　知网可视化分析示例

（4）发现错误，及时改正：如果检索结果是零，不要放弃，仔细检查检索词（式）是否有错误，尝试修正之后再搜索。

（5）如何利用有限的线索，扩大文献搜索范围？用追溯法，追溯法是指从已有的文献后所列的参考文献入手，逐一追查原文，从这些新查到的原文后面所附的参考文献再逐一追查、不断扩检滚雪球似的检索方法。利用"综述"性质的文章进行追溯，更能收到显著效果。

延伸阅读：

综述

综述是指就某一时间内，作者针对某一专题，对大量原始研究论文中的数据、资料和主要观点进行归纳整理、分析提炼而写成的论文。综述属三次文献，专题性强，涉及范围较小，具有一定的深度和时间性，能反映出这一专题的历史背景、研究现状和发展趋势，具有较高的情报学价值。阅读综述，可在较短时间内了解该专题的最新研究动态，可以了解若干篇有关该专题的原始研究论文。但如果其参考文献中80%以上不是最近3~5年的文章，该综述的参考价值大打折扣。

综述文章示例见图2-114。

DOI: 10. 16267/ j. cnki. 1005－3956. 2003. 02. 001

杂交水稻(*HYBRID RICE*) , 2003, 18(2) : 1－ 6　　　　　　　　· 1 ·

·专题与综述· *Special thesis & overview*

光温敏不育水稻不育性表达不稳定的遗传机制与原因综述

廖伏明, 袁隆平

(国家杂交水稻工程技术研究中心,湖南 长沙　410125)

图 2-114　综述文章示例

学以致用： 搜索与你的专业相关的综述文献。

（6）持续搜索：充分利用各数据库／平台的搜索偏好设置、定制、推送功能。

2.15　检索效果评价

检索效果是指检索结果的有效程度，反映了检索系统的检索性能和检索能力。评价检索效果常用的指标有收录范围、查全率、查准率、响应时间和输出形式等。其中，查全率和查准率是最重要的也是最常用的指标。

查全率（简称 R）是指检索出的相关文献与系统中的相关文献总量之比，也称"检全率""命中率"。可表示为

查全率 =（检索出相关文献量 / 系统中的相关文献总量）× 100%

查准率（简称 P）是指检索出的相关文献量与检索出的文献总量之比，又称"检准率""相关率"。可表示为

查准率 =（检索出相关文献量 / 检索出的文献总量）× 100%

例： 利用某检索系统检索某个课题，总计检出 80 篇文献，其中相关文献 60 篇，系统中相关文献总计 100 篇，由此可推：未检出的相关文献为 40 篇，误检中的非相关文献为 20 篇，查全率 =60/100 × 100%=60%，查准率 =60/80 × 100%=75%，漏检率 =40/100 × 100%=40%，误检率 =20/80 × 100%=25%。

查全率反映了系统在实施某一次检索作业时，检索相关文献的能力。在实际检索实践中，查全率是不能准确计算的。查准率则反映了系统在实施某一次检索作业时，拒绝不相关文献的能力。

影响查全率的因素从信息存储来看，主要有：信息收录不全；索引词汇缺乏控制和专指性；词表结构不完整；词间关系模糊或不正确；标引不详；标引前后不一致；标引不全，遗漏了原文的重要概念或标引用词不当等。从信息检索来看，主要有：检索策略过于简单；选词和进行逻辑组配不当；检索途径和方法少；检索系统不具备截词功能和反馈功能，检索时未能全面描述检索要求等。

影响查准率的因素主要有：索引词不能准确描述文献信息主题和检索要求；组配规则不严密；选词及词间关系不正确；标引过于详尽；组配错误；检索时所用检索词（或检索式）专指度不够，检索面宽于检索要求；检索式中允许容纳的词数量有限；截词部位不当，检索式中使用逻辑"或"不当等。

查全率与查准率关系密切：在同一个检索系统中当查全率与查准率达到一定阈值（即查全率为 60% ~ 70%，查准率为 40% ~ 50%）后，二者呈现出"鱼和熊掌不可得兼"的互逆相关关系，此时要想提高查全率，继续扩大检索范围、放宽检索条件，势必会把不相关文献检出，降低查准率。反之，采取措施提高查准率又会影响查全率。因此，检索的最佳状态是查全率为 60% ~ 70% 且查准率为 40% ~ 50%。同时保证查全率和查准率绝非易事，应视检索过程中的具体情况，根据检索要求随机应变，不断修正检索词（式）。

提高查全率可采取以下措施：降低检索词的专指度，改用上位词检索；调节检索式的网罗度，减少逻辑"与"的组配面；进行族性检索，如分类检索；检索式中用逻辑"或"连接尽可能多的同义词、近义词、相关词；采用截词技术，并与通配符结合使用；字段限制不宜过严。

例： 无线电台→无线通信→通信

例： 红薯　白薯　地瓜　红苕　番薯　甘薯　山芋

提高查准率可采取以下措施：提高检索词的专指度，换用下位词、专指度强的规范词或自由词；增加逻辑"与"运算，严格检索条件；用逻辑"非"剔除不需要出现的语词；限定检索词所在的可检字段，用位置算符控制检索词的位置与词序；利用文献的外表特征进行限制，如时间、语种、文献类型等；使用二次检索不断缩小检索范围。

例： 油→食用油→植物油→大豆油→非转基因大豆油→××牌非转基因大豆油

第 3 章　学术规范与学位论文写作　🔍

3.1　学术规范

学术规范是从事学术活动的行为规范，是学术共同体成员必须遵循的准则，是保证学术共同体科学、高效、公正运行的条件。学术规范在学术活动中约定俗成地产生，并成为相对独立的规范系统。就学术知识生产主体及其行为而言，规范源于学术的合作、竞争、组织和互动，它为这些相互关系提供框架，通过给每个人施加约束，来提高整个知识生产的效率和质量。学术规范化可保证知识生产活动的严肃性，提高学术共同体的社会公信力。

2004 年 6 月中华人民共和国教育部发布了《高等学校哲学社会科学研究学术规范（试行）》，分为总则、基本规范、学术引文规范、学术成果规范、学术评价规范五个部分共 25 条。

学术引文规范有以下 2 条：

引文应以原始文献和第一手资料为原则。凡引用他人观点、方案、资料、数据等，无论曾否发表，无论是纸质或电子版，均应详加注释。凡转引文献资料，应如实说明。

学术论著应合理使用引文。对已有学术成果的介绍、评论、引用和注释，应力求客观、公允、准确。

《高等学校哲学社会科学研究学术规范（试行）》中指出伪注，伪造、篡改文献和数据等，均属学术不端行为。

学术成果规范如下：

不得以任何方式抄袭、剽窃或侵吞他人学术成果。

应注重学术质量，反对粗制滥造和低水平重复，避免片面追求数量的倾向。

应充分尊重和借鉴已有的学术成果，注重调查研究，在全面掌握相关研究资料和学术信息的基础上，精心设计研究方案，讲究科学方法，力求论证缜密，表达准确。

学术成果文本应规范使用中国语言文字、标点符号、数字及外国语言文字。

学术成果不应重复发表。另有约定再次发表时，应注明出处。

学术成果的署名应实事求是。署名者应对该项成果承担相应的学术责任、道义责任和法律责任。

凡接受合法资助的研究项目，其最终成果应与资助申请和立项通知相一致；若需修改，应事先与资助方协商，并征得其同意。

研究成果发表时，应以适当方式向提供过指导、建议、帮助或资助的个人或机构致谢。

学术评价规范如下：

学术评价应坚持客观、公正、公开的原则。

学术评价应以学术价值或社会效益为基本标准。对基础研究成果的评价，应以学术积累和学术创新为主要尺度；对应用研究成果的评价，应注重其社会效益或经济效益。

学术评价机构应坚持程序公正、标准合理，采用同行专家评审制，实行回避制度、民主表决制度，建立结果公示和意见反馈机制。

评审意见应措辞严谨、准确，慎用"原创""首创""首次""国内领先""国际领先""世界水平""填补重大空白""重大突破"等词语。

评价机构和评审专家应对其评价意见负责，并对评议过程保密，对不当评价、虚假评价、泄密、披露不实信息或恶意中伤等造成的后果承担相应责任。

被评价者不得干扰评价过程。否则，应对其不正当行为引发的一切后果负责。

学术批评规范如下：

应大力倡导学术批评，积极推进不同学术观点之间的自由讨论、相互交流与学术争鸣。

学术批评应该以学术为中心，以文本为依据，以理服人。批评者应正当行使学术批评的权利，并承担相应的责任。被批评者有反批评的权利，但不得对批评者进行压制或报复。

2010 年 6 月教育部科学技术委员会编制的《高等学校科学技术学术规范指南》出版，2017 年 3 月推出第二版（见图 3-1）。

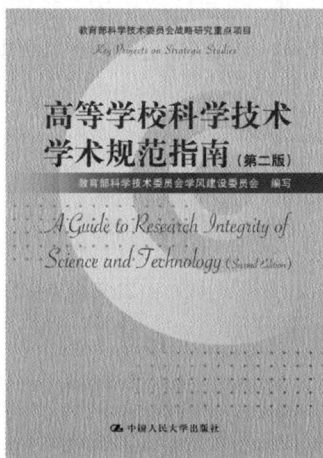

图 3-1 《高等学校科学技术学术规范指南》（第二版）

挑战来了： 请搜索《高等学校科学技术学术规范指南》（第二版）的电子版。

3.2 学术不端

学术不端的概念虽然包括广义和狭义两种界定，但是未能形成统一的定义。1992 年，由美国国家科学院、美国国家工程院和美国国家医学研究院组成的 22 位科学家小组给出的学术不端行为的定义为：在申请课题、实施研究和报告结果的过程中出现的伪造、篡改或抄袭行为。也就是说，不端行为主要被限定为"伪造、篡改、抄袭"（fabrication，falsification，plagiarism，FFP）。

中华人民共和国科学技术部 2006 年颁布的《国家科技计划实施中科研不端行为处理办法（试行）》（中华人民共和国科学技术部令第 11 号）对学术不端行为的定义：违反科学共

同体公认的科研行为准则的行为。2007 年 1 月 16 日中国科学技术协会七届三次委员会会议审议通过的《科技工作者科学道德规范（试行）》第三章对学术不端行为下了明确的定义：学术不端是指在科学研究和学术活动中的各种造假、抄袭、剽窃和其他违背科学共同体惯例的行为，并列出了七种表现形式。

2007 年 2 月 26 日，中国科学院发布《中国科学院关于加强科研行为规范建设的意见》，将科研不端行为概括为六个方面。

2016 年 6 月 16 日，中华人民共和国教育部发布《高等学校预防与处理学术不端行为办法》（教育部令第 40 号），被举报人在科学研究及相关活动中有下列七种行为之一的，经过调查和确认，就会被认定为构成学术不端行为。

（1）剽窃、抄袭、侵占他人学术成果；

（2）篡改他人研究成果；

（3）伪造科研数据、资料、文献、注释，或者捏造事实、编造虚假研究成果；

（4）未参加研究或创作而在研究成果、学术论文上署名，未经他人许可而不当使用他人署名，虚构合作者共同署名，或者多人共同完成研究而在成果中未注明他人工作、贡献；

（5）在申报课题、成果、奖励和职务评审评定、申请学位等过程中提供虚假学术信息；

（6）买卖论文、由他人代写或者为他人代写论文；

（7）其他根据高等学校或者有关学术组织、相关科研管理机构制定的规则，属于学术不端的行为。

2020 年 12 月 24 日，中华人民共和国教育部印发了《本科毕业论文（设计）抽检办法（试行）》（教督〔2020〕5 号），要求自 2021 年 1 月 1 日起，启动本科毕业论文（设计）抽检试点工作，要求抽检每年进行一次，抽检对象为上一学年度授予学士学位的论文，抽检比例原则上应不低于 2%。

延伸阅读：

《熟鸡蛋变成生鸡蛋（鸡蛋返生）——孵化雏鸡的实验报告》

2021 年 4 月，一篇公开发表的题为《熟鸡蛋变成生鸡蛋（鸡蛋返生）——孵化雏鸡的实验报告》的论文在知乎、微博等多个网络平台上引发热议。文章宣称："'鸡蛋返生'，顾名思义，由熟鸡蛋再变成生鸡蛋。这是一个难以想象的，甚至是不可能的，但是这样奇特的现象确实在 ×××× 培训学校发生了。一群特别培训的学生，在 ×× 老师指导下，正在进行一个奇特实验，即熟鸡蛋重新变成生鸡蛋，并将返生后的生鸡蛋进行孵化成雏鸡，并且已经成功返生了 40 多枚。"

读来是不是荒诞不经、哑然失笑？还有 ××× 明星的知网梗，"知网是什么东西"；韩国顶级学府首尔大学人工智能（AI）研究团队被发现抄袭，切实反映部分科研工作者科研能力不足，科研诚信意识淡薄，急功近利的价值观念，焦虑心理及侥幸心理。

3.3 查重

查重是指为了防止抄袭、剽窃和一稿多投等学术不端行为，通过国内外各种学术资源库查找是否有与所审查稿件的内容相同或相近的学术成果的过程。国内外常用查重系统如下。

（1）中国知网：学术不端文献检测系统，网址为 https://check.cnki.net。个人查重服务，网址为 http://cx.cnki.net。中国知网学术不端文献检测系统见图 3-2。

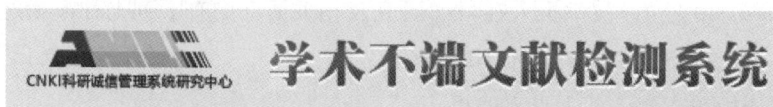

图 3-2　中国知网学术不端文献检测系统

（2）万方数据：文献相似性检测服务，网址为 https://check.wanfangdata.com.cn。万方检测见图 3-3。

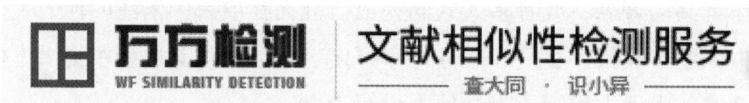

图 3-3　万方检测

（3）超星：大雅相似度分析，网址为 https://dsa.dayainfo.com。超星大雅相似度分析见图 3-4。

（4）笔杆网：网址为 https://www.bigan.net。笔杆网见图 3-5。

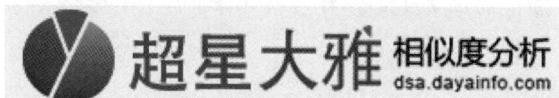

图 3-4　超星大雅相似度分析　　　　　　　　　图 3-5　笔杆网

（5）Turnitin：网址为 http://www.turnitin.com.cn。Turnitin 论文相似度检测见图 3-6。

图 3-6　Turnitin 论文相似度检测

（6）Dupli Checker：网址为 https://www.duplichecker.com。Dupli Checker 见图 3-7。

（7）Plagiarisma：网址为 http://plagiarisma.net。Plagiarisma 见图 3-8。

图 3-7　Dupli Checker　　　　　　　　　　图 3-8　Plagiarisma

（8）Plagspotter：网址为 https://plagspotter.com。Plagspotter 见图 3-9。

（9）Grammarly：网址为 https://www.grammarly.com。Grammarly 见图 3-10。

图 3-9　Plagspotter

图 3-10　Grammarly

此外，还有 PaperPass、PaperFree、PaperTime、PaperYY、维普论文检测系统、龙源期刊论文查重等查重系统。

不懂就问： 网络上销售的各种查重产品是怎么回事？

中国知网关于学术不端检测系统的声明见图 3-11。

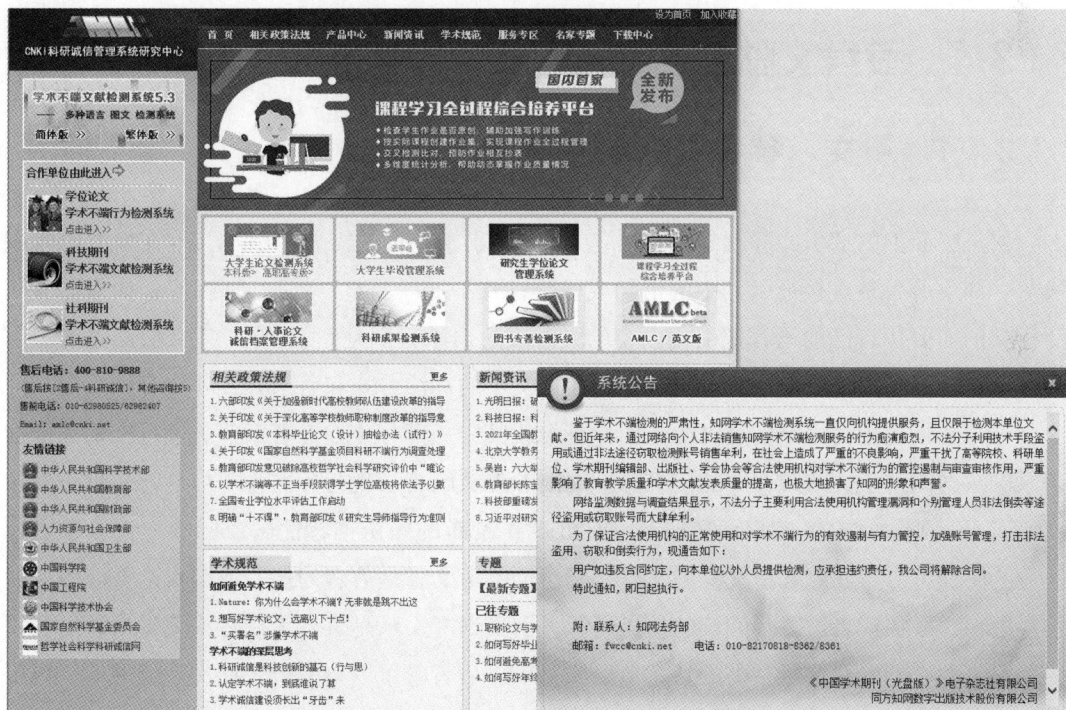

图 3-11　中国知网关于学术不端检测系统的声明

知网学术不端检测系统曾经仅向机构提供服务，仅限于检测本单位文献。但从 2022 年 6 月 12 日起，知网面向个人提供查重服务，收费标准为 1.5 元 / 千字。知网个人查重服务界面见图 3-12。

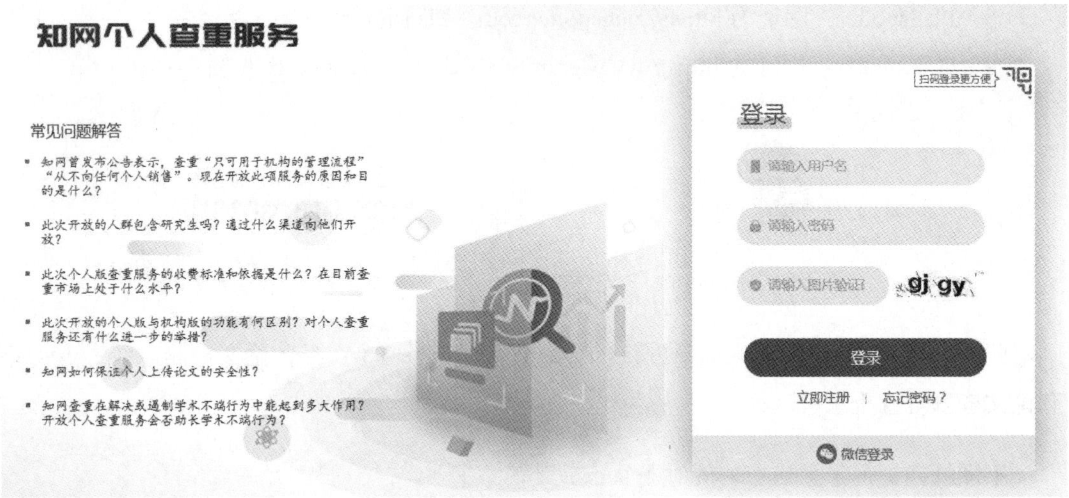

图 3-12　知网个人查重服务界面

3.4　参考文献

3.4.1　引文、参考文献、注释

　　狭义层面上的"引文"就是"引语"，即著者出于论证的需要而引自其他文献的语句或段落。如果著者是直接征引其中的语句或段落，并不加以调整，就是"直引"；如果著者按照行文的需要用自己的语言把引用内容的大意表达出来，则是"意引"。广义层面上的"引文"不仅包括引语，还包括参考文献及其在正文中的标注方式和著录方式等内容。

　　参考文献是指对一个信息资源（如专著）或其中一部分（如专著章节）进行准确和详细著录的数据，位于文末或文中的信息源。国内参考文献著录现行标准为《信息与文献　参考文献著录规则》（GB/T 7714—2015），是 2015 年发布的一份推荐性国家标准。将参考文献区分为阅读型参考文献和引文参考文献，阅读型参考文献是著者为撰写或编辑论著而阅读的信息资源，或供读者进一步阅读的信息资源；引文参考文献是著者为撰写或编辑论著而引用的信息资源。前者在文后、书的各章节后或书末。后者既可以集中著录在文后或书末，也可以分散著录在页下端。

　　注释是用简明的文字来解释和说明作品中特定部分的内容，一般以脚注、尾注或夹注（文中注）的形式出现。从被注释的对象来看，注释一般可分为文献注和非文献注，后者又可细化为题名注、作者注、术语注和论据注等。其中，文献注与前面提到的引文和参考文献比较类似。也有学者建议将文献注从注释中剥离出来，这样注释就只剩下非文献注的相关内容了。

　　国际上，不同学科／领域、国家／地区的研究者在长期实践中，形成了特定的规范和标准。比较常见的有 MLA 和 APA，MLA 是美国现代语言协会制定的论文指导格式，适用于人文与人文学科的研究论文；APA 是美国心理协会编写的《美国心理协会刊物手册》中推出的格式，是一个被广泛接受的研究论文撰写格式，特别针对社会科学领域的研究。APA 对学术文献的引用和参考文献的撰写方法，以及表格、图表、注脚和附录的编排方式做出了具体规定。美国芝加哥大学出版社 1937 年出版发行的《芝加哥大学论文写作指南》一书，是芝加哥大学论文写作指导凯特·L·杜拉宾对学术论文的写作方法和格式规范多年研究经验的总结。该书经过数次比较大的增补修订，已成为全美论文写作指导图书中的经典，是全美乃至全球学生和研究者写作各类论文的入门指导书和必备参考书。杜拉宾体例已成为全球社科类论文和研究著作标准的论文写作体例之一。

　　不同刊物、不同高校的学术规范会有所差异，投稿或撰写论文时还是要根据实际要求进行撰写、标注和著录。常用中外文数据库一般都提供引文导出服务。IEEE Xplore 与中国知网引文导出功能示例见图 3-13。

图 3-13　IEEE Xplore 与中国知网引文导出功能示例

3.4.2　参考文献的作用

　　（1）尊重前人和他人的知识成果。参考文献是前人研究成果的一种表现形式，引用参考文献是每位作者的权利，而著录参考文献则是其法律义务。列出参考文献，是对他人劳动的尊重，也免除了抄袭、剽窃他人成果的嫌疑。如果论文中引用了他人的学术观点、数据、材料、结论等，却没能如实、准确、规范地标注出处，是缺乏学术道德修养的表现，会被认为是抄袭或剽窃行为。

（2）反映研究基础。牛顿说："如果说我比别人看得更远些，那是因为我站在巨人的肩膀上。"研究工作都有继承性，现有的研究都是在过去研究的基础上进行和开展的，今人的研究成果或研究工作一般都是前人研究成果或研究工作的继续、深化和发展。因此，在文献中涉及研究的背景、理由、目的等的阐述，必然要对过去的工作进行评价。参考文献可以反映研究依据、研究起点和深度。这在一定程度上为论文导师（或答辩组成员）、编者和读者评估文献的价值和水平提供了客观依据。

（3）体现研究区别。参考文献能方便地把作者的成果与前人的成果区别开来。作者在阐述和论证过程中免不了要引用前人的成果，包括观点、方法、数据和其他资料，对引用部分加以标注，则他人的成果将表示得十分清楚。这样不仅体现自己的研究能力，也体现自己的创新和价值。

（4）反映科学态度并发挥索引作用，能够推荐一批精选文献。引用、参考、借鉴他人的研究成果是学术活动中的正常和常见行为，是任何一位治学严谨的研究者不容回避的。如实、规范地标注参考文献是一种必备素养，它不仅表明作者尊重知识、尊重科学、尊重他人的科学态度和品质，也可为同一研究方向的研究者提供文献线索，可方便地检索和查找有关文献信息，帮助其查阅原始文献，对这些文献信息有更详尽的了解，启发其思维，便于开展进一步的学术研究。

（5）节省文献篇幅。在文献中，作者引用或借鉴别人的方法和观点来佐证自己将要展开的论点等，如果把所涉及的内容全都写下来，有时可能造成论文内容烦琐、重点不明。正确列出参考文献，论文中所需表述的内容凡已有文献所载者不必详述，只需标注参考文献即可解决。这不仅精炼了语言，节省了篇幅，而且避免了一般性表述和资料堆积，使文献容易达到篇幅短、内容精的要求。

文献类型和标识代码、电子资源载体和标识代码分别见表 3-1、表 3-2。

表 3-1　　　　　　　　　　　　　文献类型和标识代码

文献类型	普通图书	会议录	汇编	报纸	期刊	学位论文	报告	标准	专利	数据库	计算机程序	电子公告
标志代码	M	C	G	N	J	D	R	S	P	DB	CP	EB

表 3-2　　　　　　　　　　　　　电子资源载体和标识代码

电子资源载体	载体标识代码
磁带（magnetic tape）	MT
磁盘（disk）	DK
光盘（CD-ROM）	CD
联机网络（online）	OL

3.4.3　不同类型的参考文献著录示例

（1）专著著录格式。主要责任者．题名：其他题名信息［文献类型标识 / 文献载体标识］．其他责任者．版本项．出版地：出版者，出版年：引文页码［引用日期］．获取和访问路径．数字对象唯一标识符．

如：

[1] 戴建陆，张岚．文献信息检索 [M]．北京：中国电力出版社，2021.

[2] 邱关源．电路 [M].5 版．北京：高等教育出版社，2006.

[3] HAWKING S W. A brief history of time from the big bang to black holes[M].New York：Bantam Books，1988.

[4] 胡坤，李振北 .ANSYS ICEM CFD 工程实例详解 [M/OL]．北京：人民邮电出版社，2014：[2022-05-07].https：//www.keledge.com/epubReader？url=https%3A%2F%2Fgateway.keledge.com%2Ftransfer%2Faqr%2Fauthorize&contentexternalid=P00003-01-978-7-115-35067-1-Epub&id=3329536&organizationExternalId=&objectType=104&process=&tocValue=.

（2）专著中的析出文献著录格式。析出文献主要责任者．析出文献题名［文献类型标识 / 文献载体标识］．析出文献其他责任者 // 专著主要责任者．专著题名：其他题名信息．版本项．出版地：出版者，出版年：析出文献的页码［引用日期］．获取和访问路径．数字对象唯一标识符．

如：

马克思．政治经济学批判 [M]// 马克思，恩格斯．马克思恩格斯全集：第 35 卷．北京：人民出版社，2013:302.

（3）连续出版物著录格式。主要责任者．题名：其他题名信息［文献类型标识 / 文献载体标识］．年，卷（期）– 年，卷（期）．出版地：出版者，出版年［引用日期］．获取和访问路径．数字对象唯一标识符．

如：

中国图书馆学会．图书馆学通讯 [J]. 1957(1)-1990(4).北京：北京图书馆，1957-1990.

（4）连续出版物中的析出文献著录格式。析出文献主要责任者．析出文献题名［文献类型标识 / 文献载体标识］．连续出版物题名：其他题名信息，年，卷（期）：页码［引用日期］．获取和访问路径．数字对象唯一标识符．

如：

[1] 张岚，戴建陆 .1988-2008 年大学生课外阅读行为变迁 [J].图书馆杂志，2009(3)：43-45.

[2]HAWKING S W. Particle creation by black holes [J]. Commun. Math. Phys.，1975，43：199- 220.

[3] SHI YG.Ray Wu：united we prevail[J].Science in China（Series C：Life Sciences），2009，52（02）：130-132.

[4] 竺可桢 . 东南季风与中国之雨量 [J]. 地理学报，1934，1(1)：1-27，197.

（5）专利文献著录格式。专利申请者或所有者 . 专利题名：专利号［文献类型标识 / 文献载体标识］. 公告日期或公开日期［引用日期］. 获取和访问路径 . 数字对象唯一标识符 .

如：

[1] 鞠振河，马迎秋 . 充放电倍效电路：CN106100054B [P].2019-08-23.

[2] 王启民，张铁岩 . 水源热泵与空气源热泵相结合的新能源跨季储能供暖系统：CN114110715A，[P]. 2022-03-01.

[3] ARBORE MA，BISMUTO A. Wavelength Agile Multiplexing：US2022099896 [P]. 2022-03-31.

[4] 西安电子科技大学 . 光折变自适应光外差探测方法：01128777.2[P/OL].2002-03-06 [2002-05-28].http：//211.152.9.47/sipoasp/zljs/hyjs-yx-new.asp？recid=01128777.2&leixin=0.

（6）电子资源著录格式。主要责任者 . 题名：其他题名信息［文献类型标识 / 文献载体标识］. 出版地：出版者，出版年：引文页码 (更新或修改日期)［引用日期］. 获取和访问路径 . 数字对象唯一标识符 .

如：

[1] 中国互联网络信息中心 . 第 49 次中国互联网络发展状况统计报告 [R/OL]. (2022-02-25) [2022-04-26].http：//www.cnnic.cn/hlwfzyj/hlwxzbg/hlwtjbg/202202/ P020220407403488048001.pdf.

[2] World Health Organization. World Health Statistics[R/OL].(2021-05-10)[2022-04-26]. https：//www.who.int/data/stories/world-health-statistics-2021-a-visual-summary.

[3] Dublin core metadata element set：version 1.1[EB/OL].(2012-06-14)[2014-06-11]. http：//dublincore.org/documents/dces/.

（7）更多著录示例。

论文集、会议录，如：

[1] 中共中央宣传部理论局编 . 庆祝中国共产党成立 100 周年理论研讨会论文集 [C]. 北京：学习出版社，2021：29.

[2] 中国职工教育研究会 . 职工教育研究论文集 [G]. 北京：人民教育出版社，1985.

报告，如：

[1] 中华人民共和国国务院新闻办公室 . 新时代的中国国防 [R]. 北京：人民出版社 ,2019.

[2] 中华人民共和国国务院新闻办公室 . 中国新型政党制度白皮书 [R/OL].(2021-06-25) [2022-04-26].http：//www.mod.gov.cn/regulatory/2021-06/25/content_4888135.htm.

学位论文，如：

陈薇 . 单克隆抗体亲和层析提取和纯化人基因工程 γ- 干扰素 [D]. 北京：清华大学，1991.

标准文献，如：

[1] 国家能源局 . 火力发电厂烟风煤粉管道设计规范 非书资料：DL/T 5121—2020 [S]. 北京：中国计划出版社 .2021.

[2] 全国信息技术标准化技术委员会教育技术分会 . 智慧校园总体框架 非书资料：GB/T 36342—2018 [S]. 北京：中国标准出版社 .2018.

3.4.4 参考文献表

参考文献表可以按顺序编码制组织，也可以按著者 – 出版年制组织。引文参考文献既可以集中著录在文后或书末，也可以分散著录在页下端。阅读型参考文献著录在文后、书的各章节后或书末。

顺序编码制：参考文献表采用顺序编码制组织时，各篇文献应按正文部分标注的序号依次列出。

著者 – 出版年制：参考文献表采用著者 – 出版年制组织时，各篇文献首先按文种集中，可分为中文、日文、西文、俄文、其他文种 5 部分，然后按著者字顺和出版年排列。中文文献可以按著者汉语拼音字顺排列，也可以按著者的笔画笔顺排列。

3.4.5 参考文献标注法

正文中引用的文献的标注方法可以采用顺序编码制，也可以采用著者 – 出版年制。

延伸阅读：

没有参考文献的论文

因"参考文献"的第一句——"本文不必参考任何文献"，一篇发表于 2002 年 5 月的论文火了。这篇没有参考文献的论文作者是钱伟长，文章的题目是《宁波甬江大桥的大挠度非线性计算问题》，发表在《应用数学和力学》2002 年第 5 期。

钱伟长的论文示例见图 3-14。

中国知网被引破万的中文期刊论文

中国知网中心网站数据显示，截至 2021 年 7 月 23 日，由温忠麟教授等人发表在《心理学报》2004 年 5 期的学术论文《中介效应检验程序及其应用》累计被引达 10001 次，成为中国知网首篇被引破万的中文期刊论文。

应用数学和力学, 第 23 卷 第 5 期(2002 年 5 月)　　　应用数学和力学编委会编
Applied Mathematics and Mechanics　　　　　　重 庆 出 版 社 出 版

文章编号: 1000_0887(2002) 05_0441_11

宁波甬江大桥的大挠度非线性计算问题

钱伟长

(上海大学, 上海市应用数学和力学研究所, 上海 200436)

(我刊编委钱伟长来稿)

摘要: 研究了宁波甬江铁路大桥的大挠度非线性设计计算问题• 提出了非线性方程的叠代近似算法, 同时指出了如果两岸落差约 5m, 两岸跨度约 100m 计算, 则桥梁中间的最大斜度将超过 5%, 这远远超过铁路设计允许的斜度• 为此, 提出了减小路轨斜度的设计方案, 即铁路在两岸都有长度约 1km 斜度为 0.5% 的路基, 使两岸的落差减小到约为原来落差的 1/10• 这样路轨在跨越甬江时, 其挠度的斜度就会大大缩小, 也在 0.5%～0.6% 之间•

关 键 词: 大挠度; 弹性模量; 悬臂梁
中图分类号: O343.5; O39: TB12　　　**文献标识码:** A

[参 考 文 献]

本文不必参考任何文献• 文中有关小挠度的理论在一般的材料力学书中都能见到, 有关非线性大挠度梁的基本微分方程及其近似解法, 亦是首次在本文中提出• 本人未见过宁波甬江大桥的设计, 但曾到现场参观过, 只是未曾听见有关技术人员具体解说过, 有些江宽、高差和两端接不上的数据, 只是目测估计的, 如有不妥之处, 还请谅解•

图 3-14　钱伟长的论文示例

3.5　参考文献管理工具

3.5.1　NoteExpress、NoteFirst

NoteExpress 由北京爱琴海乐之技术有限公司出品, 是目前国内主流的参考文献管理工具系统, 帮助用户在整个科研流程中高效利用电子资源; 检索并管理得到的文献摘要、全文; 在撰写学术论文、学位论文、专著或报告时, 可在正文中的指定位置添加文中注释, 可按照不同的期刊、学位论文格式要求自动生成参考文献索引。"青提学术"是其移动端应用程序。

NoteFirst 知识管理与科研协作系统由西安知先信息技术有限公司推出, 主要功能包括文献收集管理、论文写作帮助、科研协作交流以及学术信息搜索。全面支持国家标准, 并能满足 SCI、EI 等收录中文论文要求双语参考文献的格式要求。

3.5.2　RefWorks、EndNote

RefWorks 是国外基于网络浏览器的常用个人文献管理及参考文献创建工具。EndNote 是科睿唯安的官方软件。

3.6　尊重和保护知识产权

知识产权是"基于创造成果和工商标记依法产生的权利的统称"。最主要的三种知识产权是著作权、专利权和商标权，其中专利权与商标权也被统称为工业产权。

2021 年 1 月 1 日实施的中华人民共和国民法典中第一百二十三条规定，民事主体依法享有知识产权。知识产权是权利人依法就下列客体享有的专有权利：①作品；②发明、实用新型、外观设计；③商标；④地理标志；⑤商业秘密；⑥集成电路布图设计；⑦植物新品种；⑧法律规定的其他客体。这些都是智力劳动成果的结晶，是创新发展的源头活水。

世界知识产权日由世界知识产权组织于 2001 年 4 月 26 日设立，并决定从 2001 年起将每年的 4 月 26 日定为世界知识产权日，目的是在世界范围内树立尊重知识、崇尚科学和保护知识产权的意识，营造鼓励知识创新的法律环境。

学习知识产权知识，增强法律意识：了解知识产权法律体系，理解各项知识产权制度的内涵；掌握维权的方法和途径，勇于保护自己的知识产权；知晓侵权的后果与责任，不触碰知识产权法律保护的红线。

尊重他人智慧，拒绝盗版假冒：不抄袭他人作品；拒绝盗版，使用正版软件书籍，收听观看正版音视频资源，不传播盗版资源；不购买、不传播假冒伪劣产品；勇于创新创造，将智慧火花展现出来、表达出来。

请你思考： 勿以恶小而为之，哪些司空见惯的行为其实就是在侵权？

电子资源已经成为图书馆资源的重要组成部分，合理利用资源也是保护知识产权的一部分，不得滥用。各数据库商对"滥用"的界定并不一致，一般认为如果超出正常阅读速度下载文献就视为"滥用"。

不应使用任何工具软件下载图书馆购买的电子资源；不得连续、系统、集中、批量下载文献，或非法整本下载电子期刊；也不得将所获得的文献资料提供给校外人员，更不允许利用获得的文献资料进行非法牟利；妥善保管个人相关网络账号和密码，更不得将账号密码转借他人。

延伸阅读：

华为注册了整本《山海经》？

2019 年 5 月 24 日，国家知识产权局商标局网站显示，华为已经申请注册"华为鸿蒙"商标，并标注该商品可用于操作系统程序。华为的手机芯片叫"麒麟"；基带芯片叫"巴龙"；服务器芯片叫"鲲鹏"；服务器平台叫"泰山"；路由器芯片叫"凌霄"；人工智能芯片叫"昇腾"；操作系统叫"鸿蒙"……

华为注册的部分商标见图 3-15。

38526363	38	2019年05月29日	海蓝兽	华为技术有限公司
38526359	38	2019年05月29日	苍穹	华为技术有限公司
38526015	38	2019年05月29日	腾霄	华为技术有限公司
38524463	38	2019年05月29日	角虎	华为技术有限公司
38524395	38	2019年05月29日	鸿雁	华为技术有限公司
38523308	42	2019年05月29日	图形	华为技术有限公司
38522163	38	2019年05月29日	青鸾	华为技术有限公司
38522139	38	2019年05月29日	磐石	华为技术有限公司
38520298	9	2019年05月29日	图形	华为技术有限公司
38520217	38	2019年05月29日	乾坤	华为技术有限公司
38519170	38	2019年05月29日	HAETAE	华为技术有限公司
38518762	38	2019年05月29日	鸿鹄	华为技术有限公司
38518379	38	2019年05月29日	火龙	华为技术有限公司
38517548	38	2019年05月29日	金刚	华为技术有限公司
38517386	9	2019年05月29日	HUA WEI HOMEOS	华为技术有限公司
38517209	38	2019年05月29日	灵犀	华为技术有限公司
38517177	38	2019年05月29日	腾蛇	华为技术有限公司
38517168	38	2019年05月29日	青牛	华为技术有限公司
38514662	38	2019年05月29日	灵智	华为技术有限公司
38514662	38	2019年05月29日	灵智	华为技术有限公司
38514662	38	2019年05月29日	灵智	华为技术有限公司

图 3-15　华为注册的部分商标

3.7　学位论文写作

撰写学位论文本质上是进行一项研究的过程，需要确定选题，开展文献综述，选择研究方法，收集数据并分析数据，最后才是撰写论文。

搜索文献只是撰写学位论文的前期工作，需要对搜索到的文献进行筛选，去除与题目无关或关系不大的文献。进行有效阅读：对多数文献看摘要，对少数文献看全文；先看综述性和评论性文献，再看具体研究性文献；先粗读，后精读；先阅读中文，后阅读外文；优先阅读核心期刊文献。

《学位论文编写规则》（GB/T 7713.1—2006）是 2006 年发布的推荐性国家标准。

学位论文结构图、学位论文正文编排格式见图 3-16、图 3-17。

挑战来啦： 请找到《信息与文献　参考文献著录规则》（GB/T 7714－2015）和《学位论文编写规则》（GB/T 7713.1—2006）全文。

硕士论文目录结构示例见图 3-18。

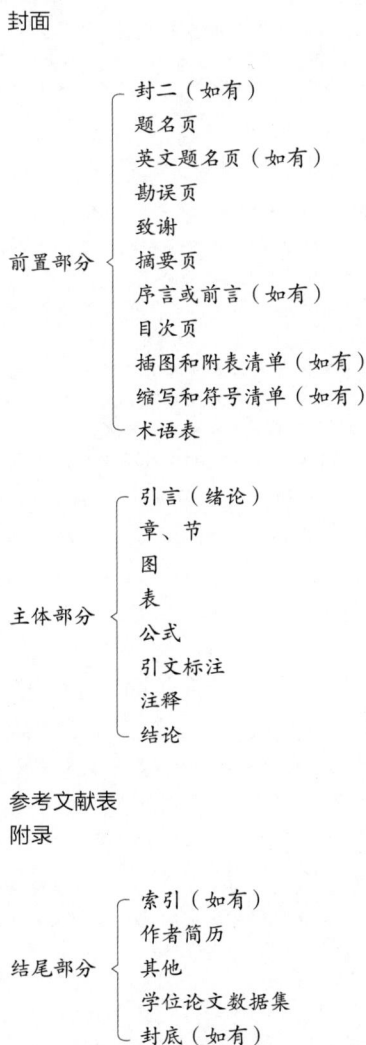

封面

前置部分
- 封二（如有）
- 题名页
- 英文题名页（如有）
- 勘误页
- 致谢
- 摘要页
- 序言或前言（如有）
- 目次页
- 插图和附表清单（如有）
- 缩写和符号清单（如有）
- 术语表

主体部分
- 引言（绪论）
- 章、节
- 图
- 表
- 公式
- 引文标注
- 注释
- 结论

参考文献表
附录

结尾部分
- 索引（如有）
- 作者简历
- 其他
- 学位论文数据集
- 封底（如有）

图 3-16　学位论文结构图

学位论文正文编排格式

1　（章的标题）

　　××××××××××××××××××××××××××××××××××
×××××××××××××××××××××××××××××
1.1　（节的标题）
　　×××××××××××××××××××××××××××××××××××
×××××××××××××××××××××××××
1.2　（节的标题）
1.2.1　××××××××××××××××××××××××××××××××
×××××××××××××××××××××××
1.2.2　××××××××××××××××××××××××××××××××
×××××××××××××××××××

2　（章的标题）

2.1　（节的标题）
2.1.1　×××××××××××××××××××××××××××××××××
×××××××××××××××××××××××
2.1.2　×××××××××××××××××××××××××××××××××
×××××××××××××××××××××
2.2　（节的标题）
　　×××××××××××××××××××××××××××××××××××
×××××××××××××××××××××××××
　　×××××××××××××××××××××××××××××××××××
××××××××××××××××××××××

3　（章的标题）

3.1　（节的标题）
　　×××××××××××××××××××××××××××××××××××
×××××××××××××××××
3.2　（节的标题）
　　×××××××××××××××××××××××××××××××××××
××××××××××××××××××
　　　a. ×××××××××××××××××××××××××××××××
　　　b. ×××××××××××××××××××××××××××××××××
××××××××××××××××××××

4　（章的标题）

　　×××××××××××××××××××××××××××××××××××
×××××××××××××××××××××××××××××××××××
×××××××××××
…………

图 3-17　学位论文正文编排格式

3.7.1　撰写题要词

"题要词"是标题、摘要和关键词的统称。标题应该简洁而又重点突出，清晰准确地表达研究的核心内容，要与研究主题或研究目的相吻合；摘要就是论文的主要内容和中心思

摘要
Abstract
1 绪论
- 1.1 课题的研究背景及研究现状
  - 1.1.1 课题的研究背景
  - 1.1.2 国内外汽轮机转子热应力在线监测研究现状
- 1.2 课题的研究意义
- 1.3 主要研究内容及拟采用的研究方法
  - 1.3.1 主要研究内容
  - 1.3.2 拟采用的研究方法

2 汽轮机转子调节级热应力场有限元分析
- 2.1 有限元分析基本理论
  - 2.1.1 模型的离散化
  - 2.1.2 单元位移插值函数的选取
  - 2.1.3 单元特性分析
  - 2.1.4 总体特性分析
- 2.2 计算模型的选取
- 2.3 汽轮机转子调节级有限元模型的建立
- 2.4 初始条件以及边界条件的处理
- 2.5 对流换热系数的确定
- 2.6 有限元计算结果分析
  - 2.6.1 温度场结果分析
  - 2.6.2 应力监测点的选取
- 2.7 本章小结

3 汽轮机转子热应力在线监测数学建模
- 3.1 汽轮机转子热应力形成原因
- 3.2 汽轮机转子温度场数学模型
- 3.3 汽轮机转子温度场的解析模型
- 3.4 汽轮机转子热应力的数学模型
- 3.5 热应力在线监测模型精度分析
- 3.6 本章小结

4 监测系统程序的开发
- 4.1 系统软件流程图
- 4.2 牛顿插值法的应用
  - 4.2.1 牛顿插值法简介
  - 4.2.2 牛顿插值法在系统中的应用
- 4.3 梯形图程序
  - 4.3.1 西门子PLC编程语言
  - 4.3.2 编程软件概述
  - 4.3.3 系统数据采集处理程序
- 4.4 本章小结

5 汽轮机转子热应力在线监测系统的设计
- 5.1 温度变送器
- 5.2 可编程控制器
  - 5.2.1 PLC分类
  - 5.2.2 在线监测系统PLC选型及I/O点分配
- 5.3 硬件结构系统设计
- 5.4 本章小结

6 系统离线仿真实验
- 6.1 力控组态软件概述
  - 6.1.1 力控组态软件简介
  - 6.1.2 力控组态软件基本结构
- 6.2 S7-200 PLC与上位机的通信
  - 6.2.1 计算机通信概述
  - 6.2.2 S7-200网络通信协议
  - 6.2.3 STEP7-Micro/WIN软件中通信接口参数的设置
- 6.3 离线仿真
  - 6.3.1 建立工程项目
  - 6.3.2 工程组态画面的建立
  - 6.3.3 定义变量
  - 6.3.4 配置I/O设备
  - 6.3.5 数据连接
  - 6.3.6 运行系统
- 6.4 本章小结

7 结论与展望
- 7.1 结论
- 7.2 展望

参考文献
攻读硕士学位期间科研项目及科研成果
致谢
作者简介

图 3-18 硕士论文目录结构示例

想，相当于论文的缩微版，麻雀虽小，五脏俱全，介绍研究背景或研究动机，提出研究问题或研究假设，研究方法与研究结果，研究结论与启示；关键词是通过 3 ~ 8 个词（短）语，一般是名词或名词短语，展现论文核心概念，关键词的一大用途是用于文献检索。关键词的标引应按《文献叙词标引规则》（GB/T 3860—2009）的原则和方法，参照各种词表和工具书选取；未被词表收录的新学科、新技术中的重要术语以及文章题名的人名、地名也可作为关键词（自由词）标出。不应出现无检索意义的关键词，如“研究”“论文”“概述”“展望”等。

3.7.2 撰写引言

引言发挥抛砖引玉的作用，陈述问题的缘起，说明研究问题或研究目的。

3.7.3 撰写文献综述

梳理以往与题目相关的国内外研究成果，从研究主题、研究视角、研究方法和研究结论等多个角度进行总结和概括，引出论文的研究主题，有理有据提出研究主题或研究假设。

3.7.4 撰写研究方法

阐明研究对象和研究步骤，应用条件、主要工具、操作方法、思辨方法，设计思想、拟采用的方法及手段，如样本来源、变量测量和数据分析方法等。

3.7.5 撰写讨论

根据研究结果与文献综述形成充分的互动和对话，说明研究主题或研究假设是否得到证实。

3.7.6 撰写结论

简要概述研究结论，交代研究主题的价值，说明不足和局限。

论文结构要完整统一，符合论文主题概念的内在联系和规律，前因后果，来龙去脉，合乎情理，连贯完整。大小标题要层层相扣，要有层次，重点突出，但也不能层次太多，支离破碎。正确运用图、表、公式，让论文内容更丰盈，更直观、生动。

第 4 章　搜索引擎　|

4.1 网络信息资源的特点

网络信息资源，也称虚拟信息资源，是指以数字化形式记录的，以多媒体形式表达的，存储在网络计算机介质上的，并通过计算机网络进行传递的信息内容的集合。随着 Internet 发展进程的不断加快，信息资源网络化已是大势所趋。与传统信息资源相比，网络信息资源具有如下突出特点：

1. 存储数字化

网络信息资源以电磁信号或光信号存储于磁性介质或光介质之上，存储密度高、容量大，信息的存储、传递、查询更加方便，且可以无损耗地重复使用。

2009 年中国数字出版业收入首次超过传统出版业，总值达 795 亿元人民币，超越传统书、报、刊的生产总值。2020 年，我国数字出版产业整体收入达到 11781.67 亿元，比十年前增长了 11 倍。

2. 形式多样化

网络信息资源集成了超文本、超媒体技术，除传统的文本信息，还有图表、图片、图像、动画、软件、数据库、音频、视频等多种媒体形式。

3. 内容多元化

网络信息资源几乎无所不包，覆盖了不同学科、不同领域、不同地区、不同语言的信息资源，堪称多语种、多类型的混合体。学术信息、商业信息、政府信息、个人信息一应俱全，应有尽有。

4. 共享程度高

网络信息资源的存储形式、数据结构具有通用性、开放性和标准化的特点，在网络环境下，时间和空间得到了最大程度的延伸和扩展。用户可以方便地共享同一信息资源。

5. 质量参差不齐，更迭频繁

网络信息资源来源分散、无序，很多情况下，网上的资源得不到有效的控制与约束，导致其质量良莠不齐、鱼龙混杂。此外，网络信息资源的创建、更新、删除随时可能发生，难以把握。

6. 增长迅速，分布非线性

网络信息资源的增长是呈几何级数的，没有人准确地知道 Internet 上究竟有多少网页，有报道统计，截至 2021 年人类一共创造了 79ZB 的数据（1ZB=1 万亿 GB=10 亿 TB），而

2025 年这个数据就会翻一番达到 181ZB，数以亿计的网页以分布式数据库的形式存放在不同国家、不同地区的各个服务器上，但这种利用超文本链接，按知识单元及其关系建立的知识结构网络，却使信息的查询获取变得更为方便快捷。

网络信息资源的出现是对人类信息交流渠道的巨大变革，形成日新月异的网络世界，浩如烟海并爆炸式增长的网络信息资源，故搜索引擎应运而生。

4.2 搜索引擎的工作原理

搜索引擎起源于 20 世纪 90 年代初，本质是一个计算机应用软件系统，或者说是一个网络应用软件系统。从网络用户的角度看，它根据用户提交的自然语言查询词或短语，返回一系列与该查询相关的网页信息，供用户进一步判断和选取。搜索引擎一般包括三个子系统：网页搜集系统、预处理系统和查询服务系统。

1. 网页搜集系统

借助"网络机器人"或"网络蜘蛛"程序遍历 Web 空间，或扫描一定 IP 地址范围内的网站，并沿着网络上的链接从一个网页到另一个网页，从一个网站到另一个网站，采集网页资料。为保证采集的资料最新，还会定期回访已抓取过的网页。

2. 预处理系统

由分析索引系统程序对收集系统采集到的网页进行分析，提取相关信息，包括网页所在统一资源定位符 URL、编码类型、页面内容包含的关键词、关键词位置、生成时间、大小、与其他网页的链接关系等，根据一定的相关度算法进行大量复杂计算，得到每一个网页针对页面内容及超链中每一个关键词的相关度（或重要性），然后用这些相关信息建立网页索引数据库。

3. 查询服务系统

用户输入关键词搜索后，由查询服务系统程序从网页索引数据库中找到符合该关键词的所有相关网页，并按照预处理系统计算好的相关度数值排序，相关度越高，排名越靠前。不同的搜索引擎，网页索引数据库不同，排名规则也不尽相同，因此，当我们以同一关键词在不同的搜索引擎查询时，搜索结果也就不尽相同。

4.3 搜索引擎的类型

按照信息搜集方法和服务提供方式的不同，搜索引擎主要可分为三大类：全文搜索引擎、目录式搜索引擎和元搜索引擎。

全文搜索引擎是名副其实的搜索引擎，谷歌、百度等是最具代表性的全文搜索引擎。

严格说来，目录式搜索引擎并非真正意义上的搜索引擎。目录式搜索引擎的目录索引以人工方式或半自动方式搜集，由编辑人员查看信息之后，人工形成信息摘要，并将信息置于事先确定的分类框架中，提供按目录分类的网站链接列表。用户完全可以不用进行关键词查询，仅靠分类目录也可找到需要的信息。该类搜索引擎因为加入了人的智能，所以信息准确，导航质量高；缺点是需要人工介入，数据维护量大，信息量小，信息更新不及时。目录搜索引擎中最具代表性的是雅虎网络资源目录。

元搜索引擎是在全文搜索引擎之上建立起来的，在使用元搜索引擎时，用户只需提交一次检索请求，经系统的转换处理后，检索请求可转交给多个预先选定的全文搜索引擎去查询，然后将所有查询结果汇总起来，最后以统一的格式呈现到用户桌面上。看上去很美的元搜索引擎国内外均有过一些尝试和探索，但都昙花一现。

4.4　常用搜索引擎

4.4.1　百度

1. 百度简介

百度是全球最大中文搜索引擎。2000 年 1 月 1 日，百度的创始人李彦宏、徐勇携 120 万美元回国，创建了百度。2000 年 5 月，百度首次为门户网站"硅谷动力"提供搜索技术服务，之后迅速占领中国搜索引擎市场，成为最主要的网络搜索技术提供商。2001 年 10 月 22 日其正式发布 Baidu 搜索引擎。百度在中国首创了"竞价排名"商业模式，所谓"竞价排名"，是一种按效果付费的网络推广方式。百度搜索引擎由蜘蛛程序、索引程序、监控程序、索引数据库四个部分构成。百度每天响应来自 100 余个国家和地区的数十亿次搜索请求，是网民获取中文信息和服务的主要入口之一。基于搜索引擎，百度演化出语音、图像、知识图谱、自然语言处理等人工智能技术。近年来，百度在深度学习、对话式人工智能操作系统、自动驾驶、AI 芯片等前沿领域积极布局。

延伸阅读：

度晓晓

度晓晓是百度公司推出的手机虚拟 AI 助手。2022 年 6 月度晓晓在高考语文作文挑战中，以 48 分超过 75% 考生，7 月度晓晓又挑战上海高考英语作文。多次担任上海地区高考英语阅卷组组长的梅德明教授点评说：度晓晓的作文内容完整，重点突出，行文流畅，能够使用高频词汇和复杂句式，整体来看达到了写作表意的目的，是一篇优秀的高分作文。这背后，是百度飞桨、文心大模型等 AI 基础设施提供的技术支持。

2. 百度搜索技巧

正确运用关键词是保证搜索效果的关键所在。时至今日，搜索引擎上关键词的边界大大延伸了，有来者不拒的味道。关键词可以是一个字，一个词组或是一个短语，也可以是一句话，甚至是一段话（百度的查询限制在 38 个汉字以内）。在百度上可以随便输入任何字、词，任何字母（如 a、b、c、A、B、C 等）及数字（1、2、3、100 等），或一个手机号码。百度不对大小字母进行区分，关键词之间用空格间隔，系统自动进行逻辑"与"运算，近年来百度一个明显的变化，输入检索词的开头，百度给出的搜索提示一般都是语句。2004 年百度 WAP 搜索推出，手机上也能使用百度。现在的百度 App 支持语音输入，比如"辽篮战胜谁了""金庸和钱学森是什么关系""比尔·盖茨推荐了什么书"。

除了熟悉的初级搜索，百度的高级搜索（http://www.baidu.com/gaoji/advanced.html）可以通过各种条件的细化、限定及组合，更为精准地描述检索需求，保证检索效果，去除冗余网页。百度高级搜索示例见图 4-1。

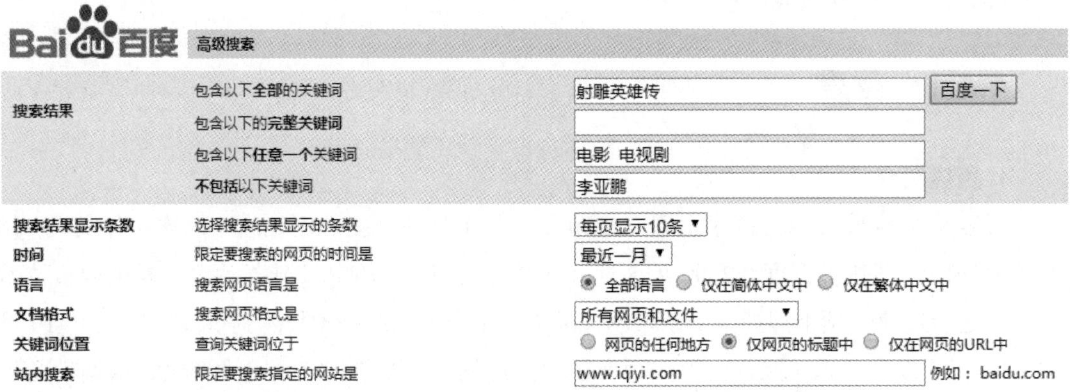

图 4-1　百度高级搜索示例

3. 百度产品与特色

百度推出了丰富多彩的产品，点击百度首页的"更多"—查看百度全部产品（http://www.baidu.com/more），包括百度文库、百度地图、百度知道、百度百科、百度网盘、百度推广、百度贴吧、百家号等。百度产品大全如图 4-2 所示。

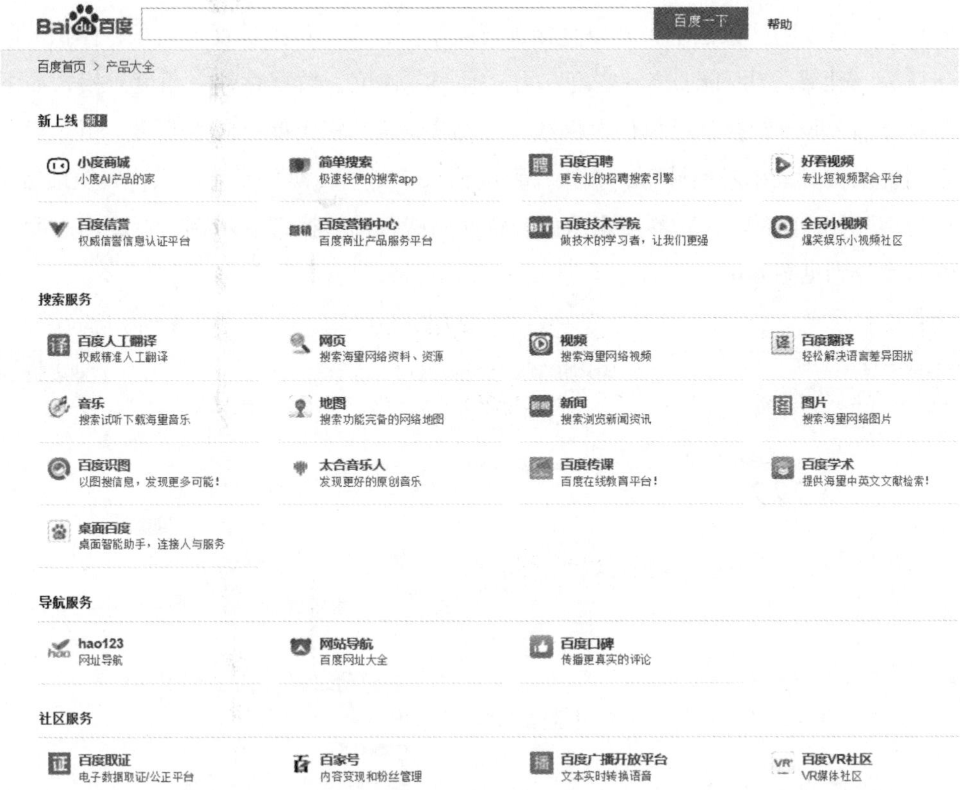

图 4-2　百度产品大全

　　拼音提示、错别字提示：只要输入查询词的汉语拼音，百度就能把符合要求的对应汉字提示出来。如输入"tuyouyou"，百度会自动提示"屠呦呦"。不会书写成语中的生僻字，输入"xiongdix"百度会提示"兄弟阋墙"。百度同样支持错别字提示，如输入"谷溅商农"会提示"谷贱伤农"，输入"踔历愤发"会提示"踔厉奋发"。百度拼音提示示例见图 4-3。

图 4-3　百度拼音提示示例

　　计算器、度量衡转换、货币转换：百度网页搜索内嵌计算器功能，支持实数范围内的计算，支持的运算包括加法（＋或＋）、减法（- 或—）、乘法（＊或 ×）、除法（/）、幂运算（^）、阶乘（！或!），支持的函数包括正弦、余弦、正切、对数，支持上述运算的混合运算。以下这个复杂计算式"log((sin(5))^2)-3+pi"，百度瞬间就可以反馈计算结果。如果要搜索含有数学计算式的网页，而不是做数学计算，点击搜索结果上的表达式链接，就可以达到目的。同理，在百度的搜索框中，可以直接进行度量衡转换，包括长度、面积、体积、质量、温度、压力、功率、功 / 能 / 热、密度、力、时间、速度、数据存储、角度。格式如下：换算数量换算前单位 =? 换算后单位，例如：-5 摄氏度 =? 华氏度；50 公顷 =? 亩。货币转换支持多国货币实时汇率转换计算，直接在百度输入"货币转换"或者输入"转换前货币 =?转换后货币"。百度内嵌计算器搜索示例、百度内嵌货币转换搜索示例、百度内嵌度量衡转换搜索示例分别见图 4-4 ~ 图 4-6。

图 4-4　百度内嵌计算器搜索示例

图 4-5　百度内嵌货币转换搜索示例

图 4-6　百度内嵌度量衡转换搜索示例

百度知道（http://zhidao.baidu.com）：百度知道是一个基于搜索的互动式知识问答分享平台。百度知道的最大特点就在于和搜索引擎的结合，让用户所拥有的隐性知识转化成显性知识，用户既是百度知道内容的使用者，同时又是百度知道的创造者，通过对回答的沉淀和组织形成新的信息库，其中的信息可被用户进一步检索和利用，是对过分依靠技术的搜索引擎的一种人性化完善。

百度百科（http://baike.baidu.com）：让人类平等地认知世界，2006 年 4 月 20 日由百度发起，是一部开放的由全体网民共同撰写的在线百科全书。任何人都可以创建自己的条目和修改完善他人发表的条目，体现了知识共享、人人参与，免费知识服务每一个需要的人。百度百科词条示例见图 4-7。

图 4-7　百度百科词条示例

学以致用： 尝试在百度百科中创建或修改一个词条。

百度地图（http://map.baidu.com）或 App：百度地图是为用户提供包括智能路线规划，智能导航（驾车、步行、骑行）以及实时路况等出行相关服务的平台。

百家号（http://baijiahao.baidu.com）：百度为创作者打造的集创作、发布、变现于一体的内容创作平台。

百度网盘是由百度公司出品的一款云服务产品，不仅为用户提供免费存储空间，还可以将视频、照片、文档、通信录数据在移动设备和 PC 端之间跨平台同步、备份等。

学以致用： 百度网盘在实际生活中有何妙用？

百度有一些特殊词语的搜索彩蛋，比如"黑洞""旋转""翻转"。百度搜索彩蛋示例见图 4-8。

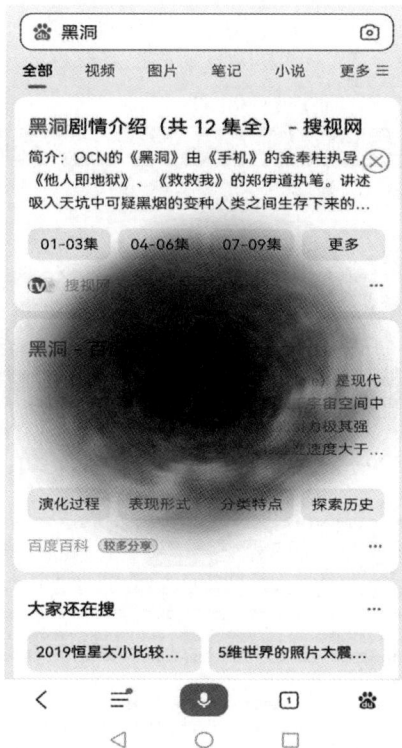

图 4-8　百度搜索彩蛋示例

百度的 PC 端和移动端搜索结果是不一样的。

4. 百度高级搜索语法

（1）专业文档搜索。百度支持对 Office 文档（包括 Word、Excel、PowerPoint）、Adobe PDF 文档、RTF 文档进行全文搜索。搜索这类文档的语法是"查询词 filetype：文档类型"，文档类型可以是以下格式：PDF、DOC、XLS、PPT、RTF。

例： "Data Breaches" filetype:pdf　"人工智能" filetype:ppt

百度文库（http://wenku.baidu.com）是百度发布的供网友在线分享文档的平台，于 2009 年 11 月 12 日推出，2014 年 4 月在线文档数量突破 1 亿，2020 年突破 8 亿。

（2）搜索范围的限定。把搜索范围限定在网页标题中——intitle，网页标题通常是对网页内容提纲挈领式的归纳。把查询内容范围限定在网页标题中，通常能获得良好的效果。使用方法是把查询内容中特别关键的部分，放在"intitle:"之后（中间不要有空格）。

把搜索范围限定在特定站点中——site，利用这个命令可以把搜索范围限定在某个指定站点中，从而提高查询效率。使用方法：在查询内容的后面，加上"site: 站点域名"。站点域名不要带"http://"，"site:"站点名之间也不能有空格。

把搜索范围限定在 url 链接中——inurl，网页 url 中的某些信息，常常有某种有价值的含义。对搜索结果的 url 做某种限定就可以获得良好的效果。使用方法：将需要在 url 中出现的关键词放在"inurl:"后面（中间不要有空格）。

　　例：intitle: 考研调剂　　物联网 site:zhihu.com　　基金 inurl:gov

> **挑战来啦：**请利用 filetype 与 intitle 命令搜索所学专业的外文文献。

　　（3）精确匹配。输入的查询词用双引号括起来，相当于进行精确匹配检索，避免百度自动拆词影响检索效果。加上书名号的查询词有两层特殊功能，一是书名号会出现在搜索结果中；二是被书名号括起来的内容，不会被拆分。

　　（4）要求搜索结果中不含特定查询词。如果不希望某些词出现在搜索结果中，可以用减号去除所有这些含有特定关键词的网页，使用方法："查询词 -（需要去除的查询词）"。

5. 百度高级搜索示例

　　（1）在国内大学网站搜索最近一周与"Python"相关的 PDF 文件。访问百度高级搜索，在搜索结果"包含以下的完整关键词"输入框中输入"Python"，在文档格式中选择"Adobe Acrobat PDF"，时间选项为"最近一周"，关键词位置限制在"仅在网页的标题中"，站内搜索限定为"*.edu.cn"。百度高级搜索示例见图 4-9。

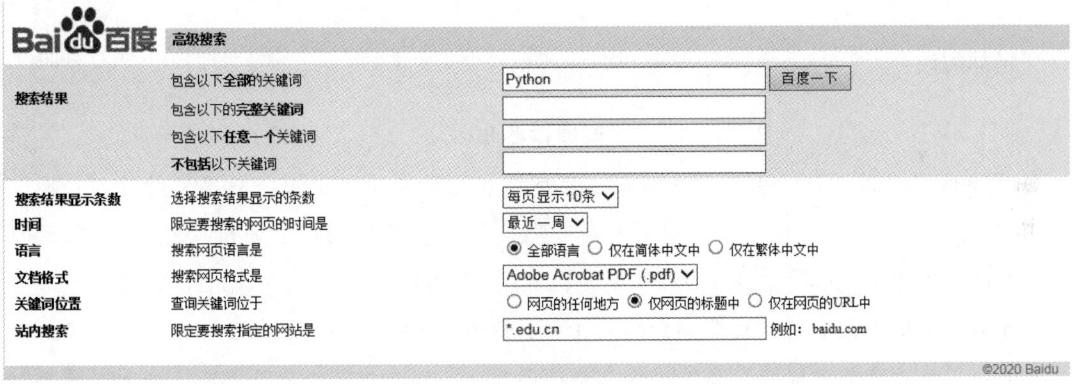

图 4-9　百度高级搜索示例

　　（2）搜索最近一月"大学英语四级模拟试题"。在包含以下的完整关键词输入框中输入"模拟试题"，在包含任意一个关键词输入框中输入"四级　4级"，时间选项为"最近一月"，关键词位置限制在"仅网页的标题中"。

　　（3）搜索"红楼梦"的相关网页，但不包括电影或电视剧。在包含以下的完整关键词输入框中输入"红楼梦"，在不包括以下关键词输入框中输入"电影 电视剧 剧组"，关键词位置限制在"网页的任何地方"。也可在百度初级搜索页面直接输入"红楼梦 -（电影 | 电视剧 | 剧组）"。百度高级搜索示例见图 4-10。

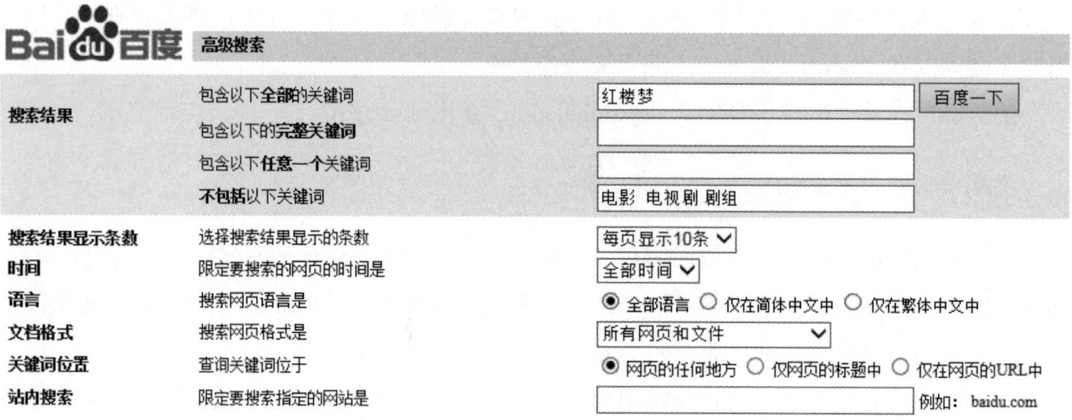

图 4-10　百度高级搜索示例

（4）搜索中国台湾地区有关"数字图书馆"的网页。选择百度高级搜索，在包含以下的完整关键词输入框中输入"数位图书馆"，在语言选项中选择"全部语言"，关键词位置限制在"仅网页标题中"，站内搜索限定为"*.tw"。中国台湾地区使用繁体汉字，计算机编码方式为 BIG 5 码，许多词汇与大陆有差异，检索时应注意甄别，本示例应输入"数位图书馆"而不是"数字图书馆"。

延伸阅读：

百度这些年

2005 年 8 月 5 日是百度高光时刻，百度在美国纳斯达克上市，股票发行价为每股 27 美元，开盘即升至 66 美元 / 股。此后一路疯长，最高至 151.21 美元 / 股，最终收于 122.54 美元 / 股，每股上涨了 95.54 美元，涨幅 353.85%，成为第一只上市首日股价超过 100 美元的中国股票，百度一夜之间成为股价最高的中国公司。百度亦创下了纳斯达克 6 年以来上市首日涨幅最高的纪录，美国股市 5 年以来的涨幅最高纪录，成为美国有史以来上市当天收益最多的 10 只股票之一。

中心化的 PC 机时代，成就了百度的巅峰。经历了魏则西事件等一系列负面新闻，加之 PC 机时代的远去，如今的移动端是一个个的 App（信息孤岛），即去中心化的。各大互联网平台与传统搜索引擎的"脱钩"，正在愈演愈烈。传统搜索平台的价值，正在以意想不到的速度坍塌。百度面临巨大的挑战，其搜索市场份额不断缩小，百度该往何处去？百度的口号从"百度一下，你就知道"变成了"百度一下，生活更好"，瞬息万变的网络世界，多少互联网公司跌落神坛销声匿迹，下一个会是谁呢？危机重重真的不是危言耸听。

4.4.2　谷歌（http://www.google.com）

谷歌被公认为全球规模最大的搜索引擎，1998 年由美国斯坦福大学的两位博士研究生拉里·佩奇和谢尔盖·布林创立。Google 中文名称为"谷歌"，解作"以穀为歌"（这里"谷"是"穀"的简化字），含义是"播种与期待之歌"，亦是"收获与欢愉之歌"。Google 支持 100 多种语言的查询，搜索数十亿计的图片并详读全球最大的 Usenet 信息存档——拥有十亿多个帖子，最早可追溯到 1981 年。2002 年，谷歌还只是一家专注搜索的小公司，还未首次公开募股。近年来发展迅猛，谷歌收购了多家人工智能和机器人公司，比如 DeepMind。谷歌正利用搜索改善它的人工智能，而不是用人工智能强化它的搜索能力。2016、2017 年谷歌研发的阿尔法围棋相继战胜了世界顶级围棋选手韩国的李世石和中国的柯洁及五人棋手团队。在 2021 年全球搜索引擎市场占有率排行榜中，谷歌占比高达 91.4%，位居第一。

谷歌的核心软件为 PageRank——网页级别，网页级别利用了网络独特的民主特性及其巨大的链接结构。当从网页 A 链接到网页 B 时，谷歌就认为"网页 A 投了网页 B 一票"。谷歌根据网页的得票数评定其重要性。然而，除了考虑网页得票数（即链接）的纯数量之外，谷歌还要分析投票的网页。"重要"的网页所投出的票就会有更高的权重，并且有助于提高其他网页的"重要性"。重要的、高质量的网页会获得较高的网页级别。谷歌在排列其搜索结果时，都会考虑每个网页的级别。当然，如果不能满足用户的查询要求，网页级别再高也毫无意义。因此，谷歌将网页级别与完善的文本匹配技术结合在一起，找到最重要、最有用的网页。谷歌所关注的远不只是关键词在网页上出现的次数，它还对该网页的内容（以及该网页所链接的内容）进行全面检查，从而确定该网页是否满足用户查询要求。PageRank 值的级别从 1 级到 10 级，10 级为满分，值越高说明该网页越受欢迎。PR 值为 1 的网站表明这个网站不太具有流行度，而 PR 值为 7 ~ 10 则表明这个网站非常受欢迎。谷歌把自己网站的 PR 值定到 9。

1. 谷歌语法与搜索技巧

谷歌初级检索页面和高级检索页面均与百度相近，Google 语法规则及示例见表 4-1。

表 4-1　　　　　　　　　　Google 语法规则及示例

语法	含义	示例
关键词 1 OR 关键词 2	逻辑或，必须大写	ld OR dvd　金庸 OR 梁羽生
关键词 1 空格 + 关键词 2	逻辑与	film + movie　金庸 + 梁羽生
关键词 1 空格 - 关键词 2	逻辑非	auto –car　金庸 – 梁羽生
~ 关键词 1	搜索关键词及其同义词	~elderly
~ 关键词空格 - 关键词	只搜索同义词，不要原词	~elderly -elderly
site: 网址	搜索区域仅限于目标网站	site:www.sie.edu.cn
link:URL	列出链接到目标 URL 的网页	link:www.sie.edu.cn

续表

语法	含义	示例
related:URL	搜索与目标 URL 地址相关网页	Related:http://www.informit.com
allinurl: 关键词	在 URL 地址搜索全部关键词	allinurl:software download
inurl: 关键词	在 URL 地址搜索第一个关键词	inurl:movie online
cache:URL	显示关于 URL 的 Google 缓存	cache:www.yahoo.com
allintitle: 关键词	在网页标题搜索全部关键词	allintitle: 红楼梦　林黛玉
intitle: 关键词	在网页标题搜索第一个关键词	intitle: 周老虎　周正龙
allintext: 关键词	搜索文本，不含网页标题和链接	allintext: 东边日出西边雨
allinlinks: 关键词	在链接中搜索，不含文本和标题	allinlinks:typeandrun
filetype: 文件类型	搜索指定类型的文件	filetype:doc　filetype:swf
-filetype: 文件类型	剔除指定类型的文件	-filetype:ppt

site、link、related、cache 命令不能与关键词结合使用。"site: 网址"可在某个特定的域或站点中进行搜索，如 site:www.sohu.com。"link: 网址"会显示所有指向该网址的网页，如"link:www.google.com"将找出所有指向 Google 主页的网页。

在 Google 中，使用"filetype: 文档类型"命令可以搜索多种非 HTML 文件，包括 PDF，Microsoft Office（doc、ppt、xls、rtf），Shockwave Flash（swf），PostScript（ps）和其他类型文档。新的文档类型只要与用户的搜索相关，就会自动显示在搜索结果中。例：输入"happy birthday filetype:swf"可以搜索到生日快乐的 Flash 动画。

在使用谷歌英文时，还要注意停用词 / 过滤词（Stop Words/Filter Words）的处理，英文中有一些词汇出现频率极高却没有实际意义或检索价值，如："a""an""the""and""what""is""who"等。只要在类似的这种词之前加上一个"+"即可保留对这类词的搜索，如：想要在搜索结果中包含"how"，输入"+how"即可，注意 + 之前应有一个空格符，而不是在它之后。输入以下这些标点 @、#、$、%、^、&、*、（、）、=、+、[、] 等时也会被谷歌忽略。

谷歌支持通配符号"*"，可以用"*"来替代单个字符，如"以 * 治国"，中间的"*"可以为任何字符。例：只记得某首英文歌曲的部分歌词，可以输入"when I was young * to the radio"搜索。

2. 谷歌产品与特色

谷歌地球（http://earth.google.com）是谷歌于 2001 年 6 月推出的三维地图服务，采用 3D 地图定位技术，并与卫星图片、地图相结合，依靠强大的 Google 搜索技术，全球地理信息就在眼前，从太空漫游到邻居一瞥，支持目的地输入，并直接放大，提供 3D 地形和建筑物，以前所未有的方式查看街道，并以 3D 的方式浏览世界各地的树木，其浏览视角支持倾斜或旋转等。谷歌地球 2004 年的沈阳工程学院校园见图 4-11。

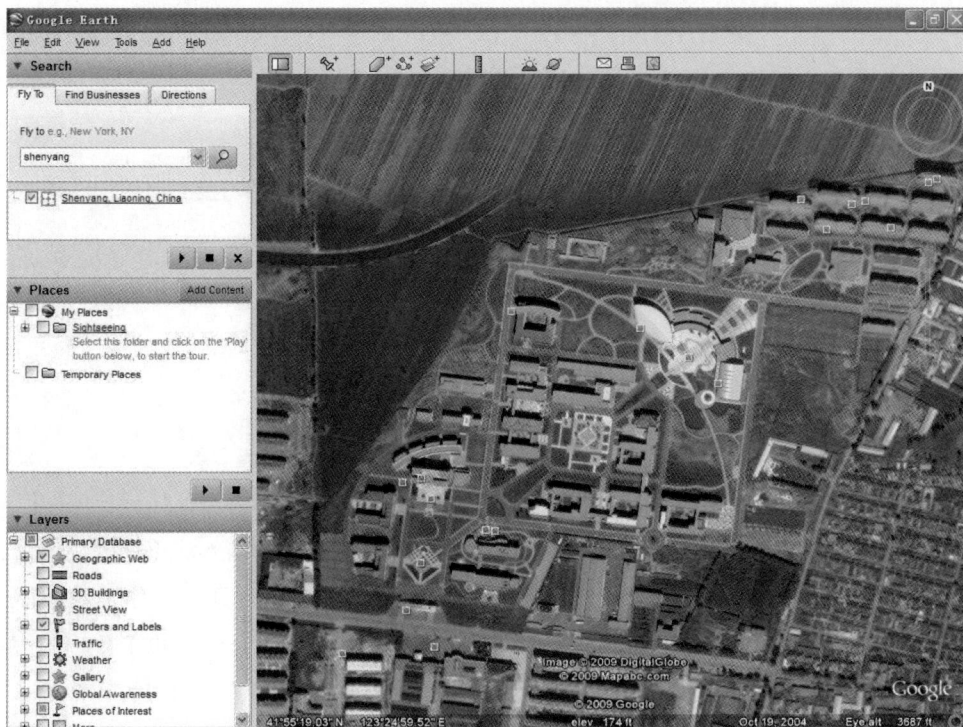

图 4-11　谷歌地球 2004 年的沈阳工程学院校园

除了搜索，谷歌在人工智能、无人驾驶领域都颇有建树，2005 年开始执行谷歌数字图书馆项目。Google Allo and Google Duo、YouTube 都是谷歌旗下的产品。谷歌于美国时间 2015 年 8 月 10 日宣布，对企业架构进行调整，通过创办一家名为 Alphabet 的"伞形公司"，把旗下搜索、YouTube、其他网络子公司与研发投资部门分离开来。

4.4.3　搜狗搜索（http://www.sogou.com）

2004 年 8 月，搜狐公司推出全球首个第三代互动式中文搜索引擎——搜狗搜索，2013 年腾讯 SOSO 的并入，搜狗搜索重置了行业格局，成为中国第二大搜索引擎，网页数量达到百亿以上，每天 5 亿网页的更新。搜狗自称"更懂网络，上网从搜狗开始"。搜狗网页评级体系是搜狗衡量网页重要性的指标，类似于 Google 的 PageRank，除考查网页之间的链接关系，同时考察链接质量、链接之间的相关性等特性，是机器根据 Sogou Rank 算法自动计算出来的，数值从 0 至 100 不等。网页评级越高在搜索中越容易被检索到。搜狗搜索首页如图 4-12 所示。

新闻 网页 微信 知乎 图片 视频 明医 英文 问问 学术 更多▾   辽宁 沈阳 ☁ 8°   显示卡片 换肤 设置 登录

图 4-12　搜狗搜索首页

搜狗输入法是国内输入法市场的佼佼者；搜狗与微信于 2010 年 6 月开始合作，对微信公众号和微信文章进行搜索；并推出了搜狗明医、搜狗知乎、搜狗英文搜索、搜狗指数、搜狗学术等多样化的产品与服务。

检索实例：

在沈阳工程学院图书馆微信公众号中搜索"借阅冠军"，见图 4-13。

4.4.4　其他中文搜索引擎

此外，360 搜索（http://www.so.com），原新华社与中国移动联合推出的"盘古搜索"与原人民网"即刻搜索"合并成立的中国搜索（http://www.chinaso.com），移动浏览器 UC 优视与阿里巴巴组建的神马搜索（https://m.sm.cn），今日头条都力图开拓中文搜索引擎市场。

4.4.5　其他英文搜索引擎

1. 雅虎 YAHOO!（http://www.yahoo.com）

1994 年 1 月，美国斯坦福大学电气工程专

图 4-13　微信公众号搜索

业的两位博士研究生杨致远和大卫·费洛创建了雅虎。雅虎成为全球最知名的门户搜索网站之一，其服务主要包括搜索引擎、电子邮件、新闻、求职招聘等，业务遍及全球几十个国家和地区。1999 年 9 月，中国雅虎网站开通。2005 年 8 月，中国雅虎由阿里巴巴集团全资收购。2008 年，微软曾开价 446 亿美元收购雅虎遭拒；2012 年 1 月 18 日，雅虎宣布杨致远辞去雅虎董事会以及公司内一切职务，彻底离开公司。当年的雅虎采用目录式搜索引擎的设计思想，其核心就是通过分级类目组织全部网页。编排缜密的分类目录体系是雅虎成功的重要因素。不过，2014 年雅虎已经彻底关闭了曾经的开山业务 Yahoo Directory 搜索引擎，结束了其近 20 年的历史使命。2017 年 6 月，雅虎被美国电信巨头 Verizon 收购。雅虎搜索首页如图 4-14 所示。

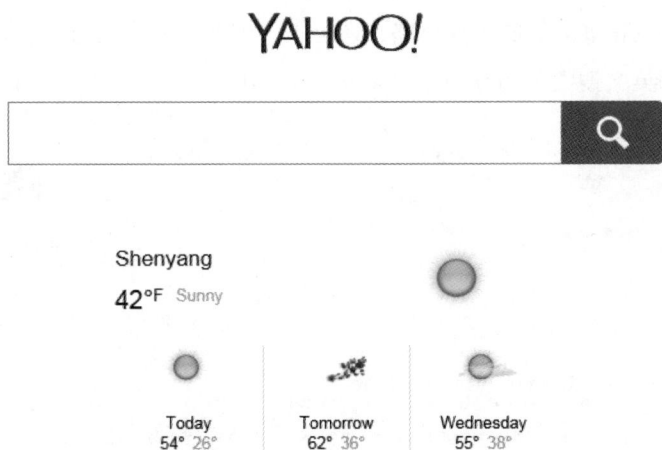

图 4-14 雅虎搜索首页

2. 微软必应（http://www.bing.com）

必应是微软公司于 2009 年 5 月 28 日推出的搜索品牌，为用户提供网页、图片、视频、词典、地图等全球信息搜索服务。2023 年 2 月微软宣布推出由 ChatGPT 支持的最新版本人工智能搜索引擎必应和 Edge 浏览器，搜索引擎迎来了新时代。微软必应搜索示例见图 4-15。

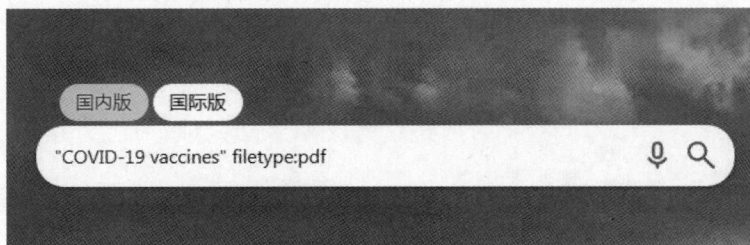

图 4-15 微软必应搜索示例

4.5 学术搜索

4.5.1 谷歌学术（http://scholar.google.com）

谷歌学术由谷歌于 2004 年 11 月推出。可广泛搜索众多学术著作出版商、专业性社团、预印本、各大学及其他学术组织的经同行评议的文章、论文、图书、摘要等。其口号为"站在巨人的肩膀上"。谷歌学术可以实现：从一个位置方便地搜索各种资源，查找报告、摘要及引用内容，通过所在的图书馆或在万维网上查找完整的论文，了解任何科研领域的重要论文。帮助人们了解某一领域的各项研究成果，特别是新的进展，可以追踪学者的科研活动，利用引文分析又可以拓展人们的研究思路，还可以了解期刊的应用与排名。谷歌学术中文搜索示例、谷歌学术英文搜索示例分别见图 4-16、图 4-17。

图 4-16　谷歌学术中文搜索示例

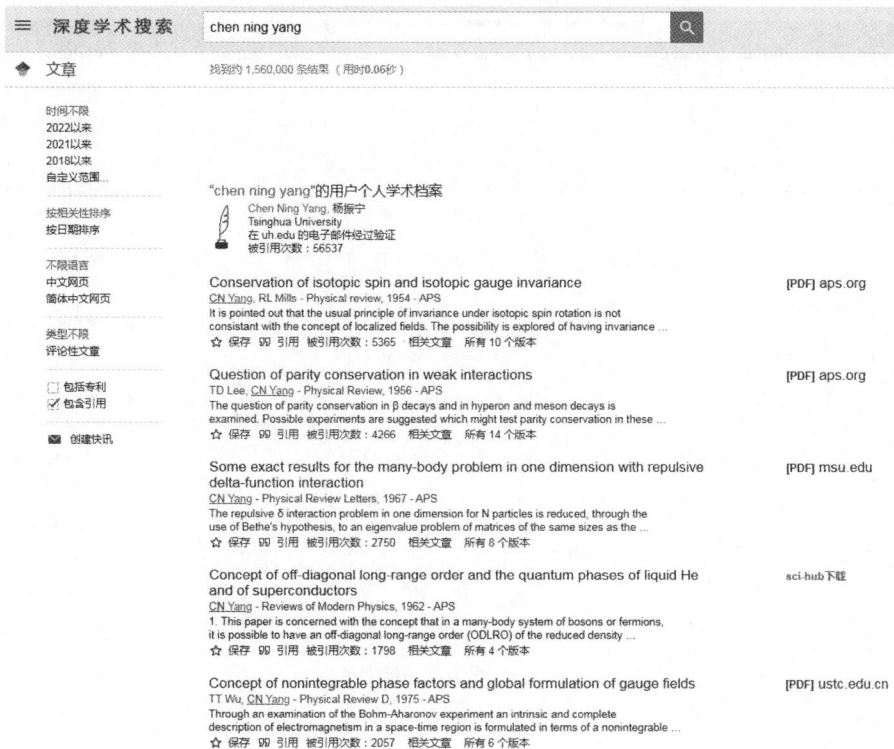

图 4-17 谷歌学术英文搜索示例

4.5.2 百度学术（https://xueshu.baidu.com）

百度学术于 2014 年 6 月上线，是百度旗下的免费学术资源搜索平台，口号是"保持学术的态度"。百度学术提供海量中英文文献学术资源，涵盖各类学术期刊、学位、会议论文。百度学术高级搜索示例、百度学术搜索结果分别见图 4-18、图 4-19。

图 4-18 百度学术高级搜索示例

图 4-19　百度学术搜索结果

4.5.3　CNKI 学术搜索·外文总库（http://scholar.cnki.net）

CNKI 学术搜索基于版权合作，将各类国际学术资源整合在一起，提供免费的题录检索服务，即学术资源的统一发现平台。与数百家国际出版社进行了版权合作，包括 Elsevier、Springer、Taylor & Francis、ProQuest、Wiley、Pubmed、Cambridge University Press 等国际最具影响力的出版社。其整合出版了数百个重要的学术数据库，文献内容涵盖科学、生物医学、化学、药剂学、地球科学、医疗与公共卫生、计算机科学、地理学、建筑学、生命科学、数学、物理学、统计学、工程学、环境等学科领域。收录的外文文献类型包括期刊、会议论文、学位论文、专利、标准、图书等。CNKI 学术搜索界面见图 4-20。

超星发现（http://www.zhizhen.com）、超星百链（http://www.blyun.com）、CiteSeerx（http://citeseerx.ist.psu.edu）、Refseek（http://www.refseek.com）、Base（http://www.base-search.net）、AMiner（http://aminer.org 或 https://www.aminer.cn）等都可用于搜索学术信息。

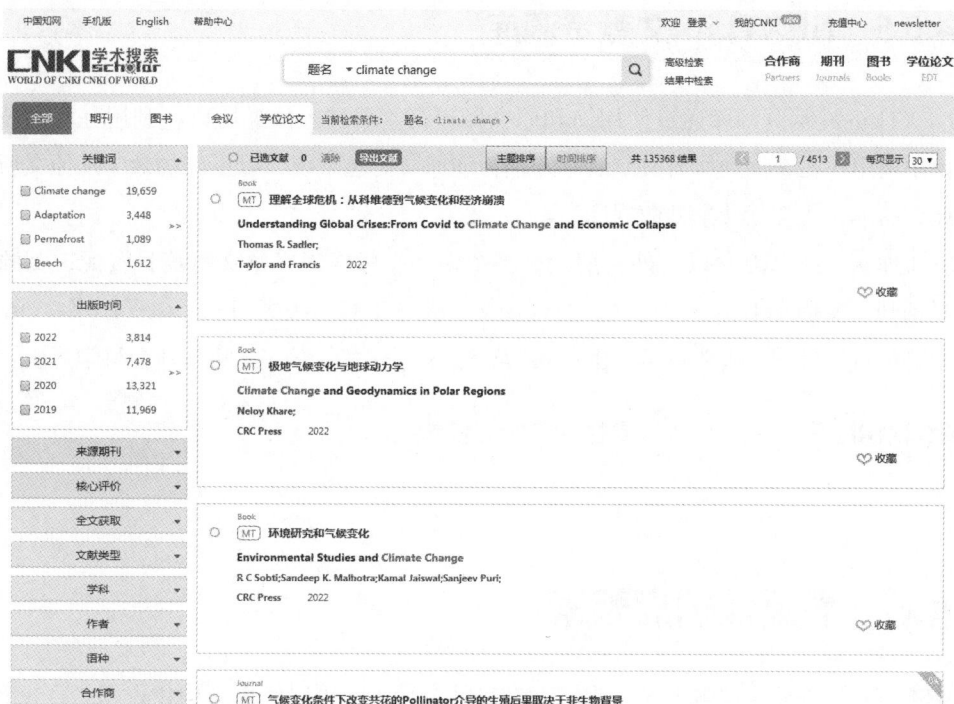

图 4-20 CNKI 学术搜索界面

4.5.4 争议之中的 Sci-Hub

Sci-Hub 由哈萨克软件开发暨神经技术研究员亚历珊卓·艾尔巴金创建，于 2011 年 9 月 5 日上线。Sci-Hub 首页见图 4-21。

图 4-21 Sci-Hub 首页

4.5.5　NEXTLib 文献资源库

NEXTLib 文献资源库通过使用馆和原文传递馆签署文献传递协议，利用互联网技术，实现使用馆用户在查询到所需文献后，通过智能原文传递系统，以更高的效率从原文所在馆获取原文的下一代文献共享型数据库。

资源库包含了 2 万种以上外文期刊，多个中外文数据库完整文献篇目资源；资源类型有电子期刊、文摘索引、学位论文、会议论文、参考工具、报纸新闻、电子图书、OA 资源等；学科为自然科学、农业科学、医药科学、工程与技术科学、人文与社会科学等。

学以致用： 如何免费合法获取搜索到的文献原文？

4.6　多媒体信息检索

文本信息以抽象、离散的字符形式存在，冗余较少，可以使用结构化查询语言（SQL）或超链接检索。多媒体信息结构复杂、规模海量、冗余性强，无法沿用传统的关键词、布尔逻辑检索方法。为了适应多媒体信息检索，人们提出了基于内容的多媒体信息检索思想。所谓基于内容检索（CBR），简单地说，主要指利用模式识别、语音识别、图像理解等技术直接对媒体对象的内容及上下文语义环境进行检索，如图像中的颜色、纹理、形状，视频中的镜头、场景、镜头的运动，声音中的音调、响度、音色等，直接对图像、视频、音频内容进行分析，抽取特征和语义，利用这些内容特征建立索引并作为检索的依据，实现对多媒体信息的查询与定位。

基于内容的图像检索主要有：基于颜色特征的检索、基于形状特征的检索、基于纹理特征的检索、基于空间特征关系的检索。

基于内容的音频检索，是指通过音频特征分析，对不同的音频数据赋予不同的语义，使具有相同语义的音频信息在听觉上保持相似。具体说来，从音频数据中提取出特定的音频特征，建立音频数据表示方法和数据模型，采用有效和可靠的查询处理算法，使用户可以在查询接口的辅助下，从大量存储的数据库中进行查找，检索出具有相关特征和相似特征的音频数据。基于内容的音频检索涉及多个领域、多种相关技术，需要经过预处理、特征提取、音频分类和音频检索这几个关键步骤。

4.6.1　图片搜索

淘宝、京东、唯品会等购物 App 都支持商品自动识别搜索，此项功能可以用来识别物品，虽然有时辨识度不高。

百度图片（https://image.baidu.com），可以指定搜索图片的颜色。百度图片搜索示例见图 4-22。

图 4-22　百度图片搜索示例

百度识图（https:// shitu.baidu.com），通过图像识别和检索技术，提供海量、实时图片信息；可以通过上传，粘贴图片网址等方式寻找目标图片的高清大图、相似美图；通过猜词了解和认知图片内容。百度识图搜索示例见图 4-23。

图 4-23　百度识图搜索示例

学以致用： 云旅游，用小红书搜索你家乡风光的美图。

4.6.2 音频、视频搜索

据 2023 年 3 月 2 日中国互联网络信息中心（CNNIC）在京发布的第 51 次《中国互联网络发展状况统计报告》显示，截至 2022 年 12 月，我国网络音乐用户规模达 6.84 亿。即时通信、网络视频、短视频用户使用率分别为 97.2%、96.5% 和 94.8%，用户规模分别达 10.38 亿、10.31 亿和 10.12 亿。

国内常用的网络音乐平台有 QQ 音乐、网易云音乐、酷狗音乐、咪咕音乐，苹果自带的 Apple Music 等。QQ 音乐有听歌识曲、哼唱识别功能，网易云音乐、咪咕音乐也有类似的功能，国外常用音乐软件有声田 / 声破天（Spotify，https://www.spotify.com）、音乐雷达（Shazam）、亚马逊音乐（Amazon Music）、JOOX Music、Melon 等。

技术的迅速发展，使得以 Telnet、MUD、E-mail 为代表的粗陋的互联网文本时代一跃成为如今丰富的多媒体时代。视频成为网络上最热门的发展方向，视频通信、在线直播已成常态，丰富多彩的视频内容喷薄而出。哔哩哔哩（俗称 B 站）上网友剪辑制作的视频汤家凤你怎么睡得着的"课堂叫醒服务"有 2000 多万次观看。

国际上的互联网巨头也纷纷涌入视频领域。2019 年，美国人每天在移动端的时间达到了 226 min，首次超过了电视端。移动端用户占比最高的几大应用为 Facebook、YouTube、WhatsApp、微信、Instagram、Facebook Messenger、Twitter、Snapchat、Pinterest、Twitch。2021 年第四季度，全球消费者在安卓手机上总共花费了约 9500 亿 h。其中，花在社交 / 通信和照片 / 视频产品上的时间约为 6500 亿 h，相比 2018 年第四季度的 4350 亿 h 增长了 50%。优兔（YouTube）于 2005 年 2 月由美籍华人陈士骏等人创立，是世界上最大的视频分享网站，奈飞是全球最大的付费流媒体服务提供商。TikTok 于 2017 年 5 月上线，愿景是"激发创造，带来愉悦"。2021 年 TikTok 超越 Facebook，成全球下载量最大应用。

中国视频搜索市场从 2005 年开始启动，发展迅猛，传统长视频阵营——当年的土豆、我乐（56）到现今的"爱优腾芒"（爱奇艺、优酷、腾讯、芒果），新兴的短视频阵营——抖音、快手，B 站的异军突起，微信也在 2020 年 1 月推出了视频号，各大厂商都想分一杯"视频"羹。王亚平太空授课视频见图 4-24。

所谓视频搜索是利用非结构化信息处理技术和 Spider 网络爬虫技术，对网络上的视频文件进行搜集整理，形成可供查询的数据库系统。视频搜索分为关键词搜索、内容搜索两类，通过视频搜寻、视频采集、视频分析、视频处理和视频索引等方面的技术来实现。

关键词是一种 Tag 标记，可以将视频文件通过关键词进行标注，利用文本搜索技术检索拥有 Tag 标记的视频文件，并按照一定的规则将视频地址反馈给用户，通过关键词 Tag 技术

图 4-24　王亚平太空授课视频

搜索，将非结构化的视频文件转化成结构化的文本信息进行检索。

内容搜索是对音、视频进行分析处理，转换成结构化视频内容索引，再通过视频内容进行检索，主要表现为通过对音、视频文件进行数字化处理，抽取关键帧，分析其特征，然后利用语音识别技术和图像识别技术提取文件中结构化内容，最终通过视频索引展现给用户。

可以搜索一部电影的视觉索引，仔细查看可视化的目录，或者浏览全片的可视化摘要。可视化的窍门在于可检索性。

音视频多媒体数据库见表 4-2。

表 4-2　　　　　　　　　　　　　　音视频多媒体数据库

数据库 LOGO	数据库名称	网址
网上报告厅	爱迪科森网上报告厅	https://wb.bjadks.com
ALEXANDER STREET	AS 学术视频在线	http://www.alexanderstreet.com
	AS 世界音乐在线	
名师讲坛	超星名师讲坛	http://ssvideo.chaoxing.com
KUKG	库客数字音乐图书馆	http://www.kuke.com
万方视频	万方视频	https://video.wanfangdata.com.cn
知识视界	"知识视界"视频教育资源库	http://www.libvideo.com

延伸阅读：

短视频领跑互联网

2G 网络时代，文字小说大发展；3G 网络时代，图片论坛爆发；随着 4G、5G 网络的普及，短视频如今已经占据了从咿呀学语的娃娃到步履蹒跚的长者这一前所未有的年龄宽度。当下的中国互联网中，短视频不仅在用户体量上已经成为顶级应用，在用户时长占比方面更是一骑绝尘，远远地拉开了同行差距。短视频正在改变互联网用户的"冲浪"和消费习惯，成为现代人"杀时间"的一大利器，随之而来的，亦是巨大的市场价值。你平时关注哪些（短）视频媒体？

挑战来啦： 为学校的高考招生制作一段短视频如何？

第 5 章 遨游互联网

5.1 Internet 的发展历程

Internet 的历史可以追溯到 1969 年，美国国防部高级研究计划署（ARPA）出于军事上的需要组建了由 4 个交换节点组成的分组式计算机网络系统——阿帕计算机网（ARPANet）。其核心思想是改变以往集中式网络布局的缺陷，网络必须能够经受住故障的考验而维持正常工作，一旦发生战争，当网络的某一部分因遭受攻击而失去工作能力时，网络的其他部分应当维持正常通信。阿帕计算机网只是一个实验性的计算机网络，但它提供了一种网络设计思想：网络的组成成分可能是不可靠的，当从源计算机向目标计算机发送信息时，应该对承担通信任务的计算机而不是网络本身赋予一种责任，保证把信息完整无误地送达目的地。这种思想始终贯穿 Internet 的发展过程之中。1974 年，IP（Internet 协议）和 TCP（传输控制协议）问世，合称 TCP/IP 协议，这两个协议定义了一种在计算机网络间传送报文（文件或命令）的方法。随后，美国国防部决定向全世界无条件地免费提供 TCP/IP，即向全世界公布解决计算机网络间通信的核心技术，正是 TCP/IP 协议核心技术的公开及广泛应用最终带来了 Internet 的大发展。

Internet 得到真正发展是在 20 世纪 80 年代。1983 年，ARPANet 分裂为两部分，ARPANet 和纯军事用的 MILNet。美国国家科学基金会建立了一个连接 6 大超级计算中心的专用网络 NSFNet，掀起了一个与 Internet 连接的高潮，用户主要是各个大学及科研机构。1986 年，NSFNet 替代 ARPANet 成为 Internet 的主干网。1988 年 Internet 开始向社会开放。

Internet 的第二次飞跃是在 20 世纪 90 年代，世界各地企业的计算机和局域网纷纷连入 Internet。Internet 的商业化，使得其在通信、信息检索、客户服务等方面的巨大潜力得以发挥。1991 年 6 月，在连通 Internet 的计算机中，商业用户首次超过了学术界用户，这是 Internet 发展史上的一个里程碑。1993 年 9 月，美国克林顿政府宣布实施 NII 计划，即"国家信息高速公路计划"，对 Internet 的发展可谓推波助澜，在全球掀起信息高速公路建设的热潮。从最初的 NII 到 GII（全球信息基础设施），以及到后来扩充到 NSDI（国家空间数据基础设施）及 DE（数字地球），Internet 的发展一浪高过一浪。

在我国，Internet 萌芽于 1986 年，北京市计算机应用技术研究所实施的国际联网项目——中国学术网（Chinese academic network，CANET）启动，并于 1986 年 2 月通过拨号方式在我国首次实现了与 Internet 的间接连接，揭开了中国人使用互联网的序幕；1987 年 9 月 14 日 21 时 07 分，钱天白教授通过 Internet 发出了中国有史以来的第一封 E-mail：

"Across the Great Wall we can reach every corner in the world"（越过长城，走向世界）；1990年11月28日，钱天白教授代表中国正式在 SRI-NIC（斯坦福网络信息中心研究所）注册登记了中国的顶级域名 CN，并在国外建立了我国第一台 CN 域名服务器，中国的网络从此有了自己的身份标识，并开通了使用中国顶级域名 CN 的国际电子邮件服务。

经过 30 余年的建设发展，中国已建成全球规模最大、技术领先的网络基础设施。截至 2022 年 12 月，在网络基础资源方面，域名总数为 3440 万个，".CN"域名数为 2010 万个，数量达 67369 块 /32；在信息基础设施建设方面，累计建成开通 231.2 万个 5G 基站，总量占全球 60% 以上，实现"县县通 5G、村村通宽带"，行政村、脱贫村通宽带率达 100%；工业互联网已经在 45 个国民经济大类中得到应用，产业规模已迈过万亿元大关；中国网民规模达 10.67 亿，互联网普及率为 75.6%，高于全球平均水平，全球最大网民群体逐步形成，农村网民 3.08 亿（占网民整体的 28.9%）；即时通信用户规模达 10.38 亿，网络视频（含短视频）用户规模达 10.31 亿，网络支付用户规模达 9.11 亿；新冠疫情以来，"停课不停学"，利用网络进行在线教学，在线教育用户规模超过 3.77 亿。截至 2021 年 12 月，未成年网民 1.91 亿，互联网普及率为 96.8%，远高于成年群体互联网普及率；60 岁及以上老年网民规模达 1.19 亿，占网民整体的比例达 11.5%。

延伸阅读：

中国互联网有多强？

在 2021 年世界互联网大会乌镇分会上，特斯拉公司首席执行官埃隆·马斯克受邀在开幕式发表致辞，在致辞中指出"中国成为全球数字化的领导"（China a global leader in digitalization）。中国网络空间研究院在会上发布了《世界互联网发展报告 2021》和《中国互联网发展报告 2021》蓝皮书。其中，世界互联网发展指数表明，美国、中国、英国、德国、加拿大综合排名前五位。以深圳为例，2022 年深圳已累计建成 5G 基站 5.1 万个（比整个欧洲都多），5G 用户超 900 万户，5G 流量占比达 30.78%。深圳成为全国首个 5G 独立组网全覆盖，5G 基站密度国内第一的城市。

数字技术创新能力快速提升。中国 5G 实现技术、产业、应用全面领先，高性能计算保持优势，北斗导航卫星全球覆盖并规模应用；芯片自主研发能力稳步提升，国产操作系统性能大幅提升；人工智能、云计算、大数据、区块链、量子信息等新兴技术跻身全球第一梯队。

数字经济发展规模全球领先。2017 年到 2021 年，中国数字经济规模从 27.2 万亿增至 45.5 万亿元，总量稳居世界第二，成为推动经济增长的主要引擎之一。

数字政府治理服务效能显著增强。中国电子政务在线服务指数全球排名提升至第 9 位；超 90% 的省级行政许可事项实现网上受理和"最多跑一次"；数字抗疫对统筹推进疫情防控和经济社会发展发挥了至关重要的作用。

5.2 Internet 的定义

何谓 Internet？提及 Internet，有"信息高速公路""网间网""网际网""国际互联网""国际计算机分组交换网""因特网"等诸多表述方式，我国国家科学技术名词审定委员会推荐的标准译名为"因特网"。

在百度百科中有如下解释：Internet 是由许多小的网络（子网）互联而成的一个逻辑网，每个子网中连接着若干台计算机（主机）。Internet 以相互交流信息资源为目的，基于一些共同的协议，并通过许多路由器和公共互联网连接而成，是一个信息资源共享的集合。

维基百科对 Internet 做了如下定义：因特网是一个全球范围的、公共访问的、互联的计算机网络，使用标准的网际协议通过分组交换传输数据，它是一个网络的网络，由数以百万个学术的、商业的、政府的网络组成，并提供各种信息与服务（电子邮件、在线聊天、文件传输、互联网页及其他万维网文档）等。

事实上，Internet 已经不仅仅是一个计算机网络，而是一个异常庞大的、实用的、可以共享的信息资源库。全球各地的人都可以使用 Internet 通信并共享信息资源，可以收发电子邮件，可以免费享用大量的信息资源，可以创建个人网站，可以欣赏视听资料，可以网络医疗，可以刷脸支付……Internet 是一个全球性的论坛，世界上最大的图书馆，任何人在任何时间、任何地点都可以加入进来，Internet 永远向你敞开大门，不管你是谁，无论你的性别、年龄、种族、宗教，无论你贫富与否，Internet 永远不会拒绝你。它会像电一样，成为一种低水平的持续性存在。未来 Internet 发展趋势可以概括为"ABBC"，A 即人工智能（artificial intelligence），B 即大数据（big data）和区块链（block chain），C 即云存储（cloud）。

从苏美尔人在泥板上写下楔形文字到现在，人类已经至少"出版"了 3.1 亿种书，14 亿篇文章和论述，1.8 亿首歌曲，3.2 万亿幅图像，327514 部电影，10 亿个 h 的视频、电视节目和短片，60 万亿个公共网页。只有 40% 的网络内容是以商业形式创造出来的，支撑人们创造其余部分的，不是责任，就是激情。每年人类生产出 800 万首新歌，200 万本新书，1.6 万部新电影，300 亿个博客帖子，1820 亿条推特信息，4 万件新产品。任何一个普通人都无须花费太多力气，最多就是抬下手腕的过程，就能召唤出包容万物的图书馆。

5.3 Internet 的常用工具与应用

5.3.1 WWW（world wide web）万维网

WWW 简称为 Web，也称万维网、环球信息网。WWW 是基于客户机 / 服务器方式的信息发现技术和超文本技术的综合。WWW 服务器通过超文本标记语言（HTML）把信息组织成为图文并茂的超文本，利用链接从一个站点跳到另一个站点。其是存储在 Internet 上、数量巨大的文档的集合。这些文档称为页面，是一种超文本信息，可以用于描述超媒体。史上第一个 Web 页面见图 5-1。

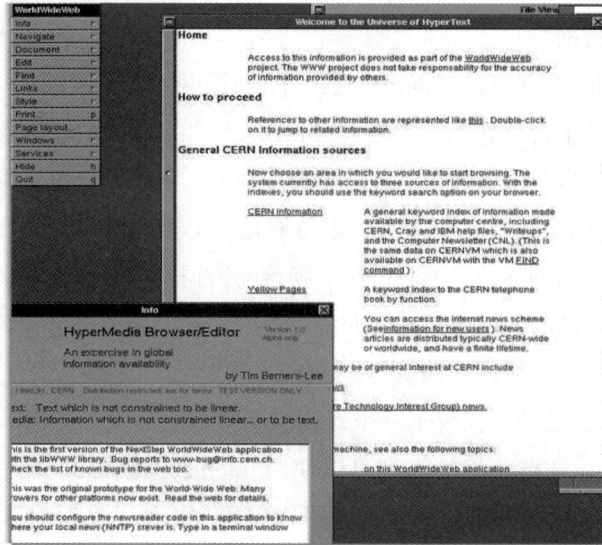

图 5-1　史上第一个 Web 页面

Internet 是基于 TCP/IP 协议的网络，网络上的每个节点（主机、服务器、客户机、路由器、个人计算机等）必须有一个唯一的地址标识，用来保证通信时的准确无误，这个标识人们习惯称之为 IP 地址。IP 地址必须是唯一的，Internet 上不能有两台主机有相同的 IP 地址。

每个 IP 地址由 32 位二进制数组成，8 位为一组共分 4 段，每段换算为小于 256 的十进制数，段间用小圆点分隔，如 202.118.116.1。每个 IP 地址包括网络标识和主机标识两部分。由于 IP 地址由数字构成，难于记忆和书写，因此在 IP 地址的基础上又发展出一种符号化的地址方案，来代替数字型的 IP 地址，每一个符号化的地址都与特定的 IP 地址对应，这样网络上的资源访问起来就容易得多了，这个与网络上的数字型 IP 地址相对应的字符型地址，就被称为域名。域名的构成方式为：主机名.机构名.网络名.最高层域名。如沈阳工程学院的域名为 sie.edu.cn，其中 cn 代表中国，edu 代表教育机构，sie 为机构名。在 Internet 上，通过域名服务器可自动将域名地址转换为 IP 地址。

域名实行分级管理，包括顶级域名、二级域名等。顶级域名又分为两类：一是国家顶级域名，二是通用的国际顶级域名。

中文域名是含有中文的新一代域名，中文域名至少需要含有一个中文文字，可以选择中文，字母（A~Z、a~z，大小写等价），数字（0~9）或符号（-）等命名，最多不超过 20 个字符。目前有".CN"".中国"".公司"".网络"四种类型的中文域名供用户注册，例如：

中国互联网络信息中心 . 中国，中国互联网络信息中心 .CN，中国互联网络信息中心 . 公司，
中国互联网络信息中心 . 网络。常用国家或地区域名、常用通用域名分别见表 5-1 和表 5-2。

表 5-1　　　　　　　　　　　　　　常用国家或地区域名

域名	国家或地区	域名	国家或地区	域名	国家或地区	域名	国家或地区
au	澳大利亚	br	巴西	ca	加拿大	cn	中国
de	德国	eg	埃及	fr	法国	gr	希腊
hk	中国香港	in	印度	jp	日本	kr	韩国
mo	中国澳门	nl	荷兰	pt	葡萄牙	ru	俄罗斯
sg	新加坡	tw	中国台湾	uk	英国	us	美国

表 5-2　　　　　　　　　　　　　　常用通用域名

域名类型	含义	域名类型	含义
aero	航空运输业专用	mil	军事机构
biz	商业企业	mobi	提供移动装置网站使用
cat	加泰罗尼亚语 / 文化使用	museum	博物馆
cc	商业公司或中国公司	name	家庭与个人
club	各类会所、社团	net	互联网络、接入网络的信息中心和运行中心
com	商业组织，但无限制	org	各种非营利性组织机构
coop	联合会用	pro	医生、律师等专业人士
edu	教育机构	tel	供连接电话网络与因特网的服务使用
gov	政府部门	top	企业顶级品牌
info	信息类站点，但无限制	travel	供旅行社、航空公司、酒店及旅游协会等机构使用
int	国际组织	xyz	简单易记
jobs	求职相关网站使用	tv	与电视、电影等相关视频站点

网址应用实例：

在百度学术中搜索到《煤粉工业锅炉火焰特性与炉膛结构研究》一文，如何找到文献原
文？来源显示的网址是关键，复制网址 ir.ustb.edu.cn 发现受限无法访问，分析网址：cn 代
表中国，edu 代表教育，ustb 显然是某所高校的名称缩写，通过在浏览器里输入 www.ustb.
edu.cn 这个网址判定为北京科技大学，IR 是机构知识库英文 institutional repository 的缩写，
也称机构仓储。推断这篇文章为北京科技大学机构知识库收藏的文献，可通过文献传递获取
原文。百度学术搜索结果界面见图 5-2。

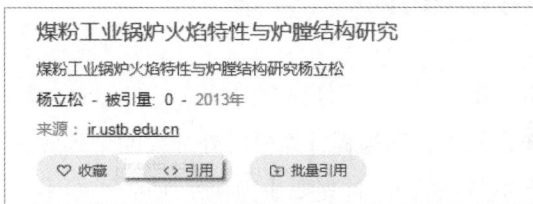

图 5-2　百度学术搜索结果界面

延伸阅读：

警惕虚假网站

中国建设银行的网址是 http://www.ccb.com，ccb 前后有任何多余字母或数字的都是假的！知网的网址是 www.cnki.net，不是 www.cnik.net，更不会是 www.cnkicom.com。相对较为可信的域名为 .edu、.gov、.cn，我国政府部门的网址域名一般为 ×××××.gov.cn，如果不是这个后缀做域名的政府网站，大概率不可信，甚至极有可能是诈骗网站。特别是当手机短信或是社交软件中收到的不明网址链接，一定要谨慎，不要随意点击打开。

5.3.2 E-mail（electronic mail）电子邮件

通过电子邮件系统，可以在几秒钟之内将邮件发送到世界上任何目的地，电子邮件消除了时间和空间上的障碍，它可以是文字、图像、声音等多种形式，并能实现"一点多址"功能，即同一邮件可以一次发送给多个电子邮件用户。

电子邮件地址的结构为：USER@ 服务器名。第一部分"USER"代表用户信箱的账号，对于同一个邮件服务器来说，这个账号必须是唯一的；第二部分"@"是分隔符，其英文原文为"at"，含义是"在"；第三部分"服务器名"是用户信箱的邮件服务器域名，用以标志其所在的位置。如：kf@people.cn 是人民网的工作邮箱。

学以致用： 电子邮箱除了收发邮件，还有哪些用途？

5.3.3 FTP（file transfer protocol）文件传输

在文件传输协议 FTP 的支持下，可以把文件从远程计算机拷贝到本地计算机上，或把本地计算机的文件传送到远程计算机。其目的是实现文件共享，提供一种非直接使用远程计算机的方式，为用户提供透明和可靠高效传送文件数据的服务。

5.3.4 Remote Login 远程登录

在网络通信协议 Telnet 的支持下，用户的计算机通过 Internet 暂时成为远程计算机的仿真终端，并进行交互操作，从而访问远程计算机对外开放的全部资源。要在远程计算机上登录（注意：应该是登录而不是登陆），首先要成为该系统的合法用户，并拥有相应的口令。

5.3.5 博客、微博、微信及社交媒体

Web 2.0 的兴起，开启互联网的新时代，其特点是"不仅是全民上网，而且是全民织网"。

中文"博客"一词，源于英文单词 blog 或 blogger。blog 是 Weblog 的简称，就是在网络上的一种流水记录形式，简称"网络日志"或"网志"。博客是一种简易的个人信息发布方式，任何人都可以注册，完成个人网页的创建、发布和更新。

博客在经历了约六年的成长期、高峰期后，在新的社交网站和微博的夹击下，进入了蛰伏期，风光不再。2010 年 11 月，微软宣布永久关闭博客服务，曾引起业内热议。

Vlog（video blog 或 video log）是博客的一种，意思是视频记录、视频博客、视频网络日志。创作者通过拍摄视频记录日常生活，以影像代替文字或相片，形成个人网志，上传后可与网友分享，强调时效性。

微博，即微博客（MicroBlog）的简称。最早也是最著名的微博是美国的推特（Twitter），最初每次发布的消息只能限制在 140 个字符，实现即时分享，2017 年扩大到 280 个字符；2009 年 8 月新浪网推出新浪微博内测版，成为国内门户网站中第一家提供微博服务的网站，微博正式进入中文上网主流人群视野，新浪微博于 2014 年 4 月 17 日正式登陆纳斯达克，成为全球范围内首家上市的中文社交媒体，2016 年其取消 140 字的限制，不多于 2000 字都可以。

微信（WeChat）是腾讯公司于 2011 年 1 月推出的一个为智能终端提供即时通信服务的应用程序，由张小龙所带领的腾讯研发中心产品团队打造。支持语音短信、视频、图片和文字，支持用户使用"扫一扫""摇一摇""看一看""搜一搜"，同时提供公众平台、朋友圈、消息推送等功能，2020 年起微信发力"视频号"。微信是互联网有史以来最为成功的产品之一，微信改变了中国网民的网络生活。时至今日，集即时沟通、娱乐社交和生活服务于一体的新移动生活方式在微信里逐步形成。截至 2023 年第一季度，微信及 WeChat 合并月活跃账户数为 13.19 亿。2017 年 1 月微信小程序上线，加速融入并助力各行各业。小程序日活跃账户突破 5 亿，文档等工具小程序服务了 7.5 亿用户，平均每天有超过 2 亿用户在小程序上使用政府服务。

你会用吗：微信图片"提取文字"搜索功能。

社交媒体指互联网上基于用户关系的内容生产与交换平台，主要包括社交网站、微博、微信、博客、论坛、播客等。社交媒体在互联网的沃土上蓬勃发展，爆发出令人炫目的能量，其传播的信息已成为人们浏览互联网的主要内容。

延伸阅读：

全球社交媒体用户数量

风靡全球的社交媒体有脸谱网（Facebook）、瓦次普（WhatsApp）、领英（Linkedin）、推特（Twitter）、照片墙（Instagram）、优兔（YouTube）、缤趣或品趣思（Pinterest），特别值得一提的是 TikTok（抖音海外版）。截至 2022 年 1 月，全球互联网用户数量达到 49.5 亿人，互联网用户占世界总人口的 62.5%，每个互联网用户平均每天在任何设备上使用互联网的时间是 6 小时 58 分钟，通过手机访问互联网的用户占 92.1%。全球有 46.2 亿社交媒体用户，这个数字相当于世界总人口的 58.4%。最受欢迎的社交媒体是 WhatsApp，占比 15.7%；Instagram 以 14.8% 的全球用户票数险胜 Facebook 的 14.5%，位居全球第二；微信也因 99% 的票数来自中国用户而斩获第四；而 TikTok 仅获 4.3% 的票数，明显与媒体渲染的程度不太相符，不过它依然是 2021 年全球下载量最大的应用程序。据 Meta 2021 年第三季度公布的数据，截至 2021 年 10 月，Facebook 仍然是全球使用最多的社交媒体平台，拥有 29.1 亿用户；YouTube 也不容小觑，该平台的受众增长速度几乎是 Facebook 的两倍，它现在至少有 25.6 亿活跃用户；WhatsApp 可能仍排名第三，每月至少有 20 亿活跃用户；Instagram 排名第四，在过去一年中是所有平台中增长最快的；微信排名第五，这个中国最受欢迎的社交媒体平台每月有 12.6 亿活跃用户。同样是腾讯旗下的社交媒体 QQ 移动端月活跃账户数为 5.52 亿，近年一直持续下降。

5.3.6　电子商务

电子商务通常是指在全球各地广泛的商业贸易活动中，在因特网开放的网络环境下，买卖双方不谋面地进行各种商贸活动，实现消费者的网上购物、商户之间的网上交易和在线电子支付以及各种商务活动、交易活动、金融活动和相关的综合服务活动的一种新型的商业运营模式。电子商务分为 ABC、B2B、B2C、C2C、B2M、M2C、B2A（即 B2G）、C2A（即 C2G）、O2O 等。

阿里巴巴集团由曾担任英语教师的马云与其他来自不同背景的伙伴共 18 人于 1999 年在中国杭州创立，他们从数家投资机构融资 500 万美元，推出专注于国内批发贸易的阿里巴巴中国交易市场（现称 "1688.com"）。阿里巴巴集团全球年度活跃消费者达到约 13.1 亿。淘宝、天猫、支付宝、阿里云、钉钉、菜鸟网络、淘菜菜、盒马鲜生都是阿里系旗下品牌与平台。阿里巴巴集团于 2014 年 9 月 19 日登陆纽交所，证券代码为 "BABA"，价格确定为每股 68 美元，这项交易也成为全球范围内规模最大的 IPO 交易之一。2020 年阿里巴巴集团曾是中国市值最大的互联网公司。2021 年 4 月 10 日，国家市场监督管理总局根据《中华人民共和国反垄断法》对阿里巴巴集团垄断行为做出行政处罚决定，责令阿里巴巴集团停止违法行为，并处以其 2019 年中国境内销售额 4557.12 亿元 4% 的罚款，计 182.28 亿元。

延伸阅读：　　　　　　　　　　　　　　　　　　　　　　　　　　🖑

淘宝和抖音快手的销售模式有何不同？

淘宝是传统电商、古典电商、搜索电商。淘宝是买家秀和卖家秀，卖的是照片，通过搜索、直通车、淘客以及钻展来进行交易，卖家获取用户搜索流量需要付费，为人找货。抖音、快手等是现代电商、兴趣电商、内容电商。通过内容、达人、直播以及私域（包括微淘私域和微信私域）来带动销售，卖的是穿搭，输出内容为模式。

中国已成为全球最大的移动支付市场。数字技术助推经济社会转型，移动互联网主导地位强化；商务交易类应用保持高速增长，促进消费带动转型升级；互联网理财市场趋向规范化；在线教育、网约车服务规模保持增长，共享单车丰富了出行方式；人脸识别、刷脸支付技术日趋成熟。

未雨绸缪： 人脸识别是一种身份法律制度，起到身份认证功能。在网络世界中，如何合理运用并保护自己的人脸数据等个人敏感甚至隐私信息？

亚马逊公司是 1994 年 7 月 5 日由杰夫·贝索斯创建的，一开始叫 Cadabra。它是美国最大的网络电子商务公司，总部位于华盛顿州的西雅图。它也是网络上最早开始经营电子商务的公司之一，一开始只经营书籍网络销售业务，现在则扩及了范围相当广的其他产品，已成为全球商品品种最多的网上零售商，全球数一数二的互联网企业。AWS（Amazon Web Services，云平台）、Kindle（电子阅读器）、A9（https://a9.com）是亚马逊的代表产品。

学以致用： 淘宝除了用于购物，还有哪些意想不到的功能？支付宝的隐藏功能，你知道多少？

请你思考： Kindle 为何败走中国？

5.3.7　二维码、物联网、近场通信

二维码又称二维条码，常见的二维码为 QR（quick response）Code，它比传统的 Bar Code 条形码能存储更多信息，也能表示更多的数据类型。二维码是用某种特定的几何图形按一定规律在平面（二维方向上）分布的黑白相间的图形记录数据符号信息；在代码编制上巧妙地利用构成计算机内部逻辑基础的 "0""1" 比特流的概念，使用若干个与二进制相对应的几何形体来表示文字数值信息，通过图像输入设备或光电扫描设备自动识读以实现信息自动处理。图 5-3 为沈阳工程学院图书馆微信公众号二维码。

图 5-3 沈阳工程学院
图书馆微信公众号二维码

互联网正从人与人连接的时代进入到万物互联的时代。物联网（IoT）是互联网基础上的应用延拓和业务扩展，物联网的组成和运作能达到物与物、物与网络的连接。物联网是通过射频识别（RFID）、红外感应器、全球定位系统、激光扫描器等信息传感设备，按约定协议，把任何物体与因特网连接起来，进行信息交换和通信，以实现智能化识别、定位、跟踪、监控和管理的一种网络。通信感知、计算机技术和计算理论等在网络中得到广泛应用和有效融合，物与物、物与网络连接，实现对物品的智能化运作和管理，所谓万物互联。

近场通信（NFC）是一种新兴的技术，使用了 NFC 技术的设备（例如移动电话）可以在彼此靠近的情况下进行数据交换，是由非接触式射频识别及互联互通技术整合演变而来的，通过在单一芯片上集成感应式读卡器、感应式卡片和点对点通信的功能，利用移动终端实现移动支付、电子票务、门禁、移动身份识别、防伪等应用。

5.3.8 App

App 是应用程序 application 的缩写，指可在移动终端上安装的应用程序，完善原始操作系统的不足，满足个性化需求。常用的移动端操作系统有苹果公司的 iOS、谷歌公司的安卓系统、塞班系统、微软平台，华为鸿蒙系统是华为公司 2019 年 8 月 9 日在华为开发者大会上正式发布的操作系统。App Store、Google Play、应用市场是下载各种 App 的主要渠道。截至 2022 年 6 月，我国国内市场上监测到的 App 数量为 232 万款，这些 App 渗透到衣食住行各个领域，不知不觉改变着我们日常的生活、学习、工作习惯。

你的答案：你最常用的手机 App 是什么？如果你的手机上只能留下五个 App，一定留下哪五个？

5.4 动手搜索起来

1946 年 2 月 14 日世界上第一台电子计算机埃尼阿克（ENIAC）诞生，电子计算机被称为 20 世纪最伟大的发明。时至今日，各种计算机及其衍生品特别是互联网可谓轰轰烈烈，影响深远，但归根结底，计算机、网络、智能手机等都只是工具和手段，不能过度依赖它们。能否在有信息需求的时候，用传统的手工检索工具找到正确的答案永远都是值得我们认真思考的。

5.4.1 搜索一个知识点

问：什么是生物质能？

答：方法一：传统思维，百度一下。

方法二：中国大百科全书数据库（https://h.bkzx.cn），中国大百科全书数据库搜索见图 5-4。

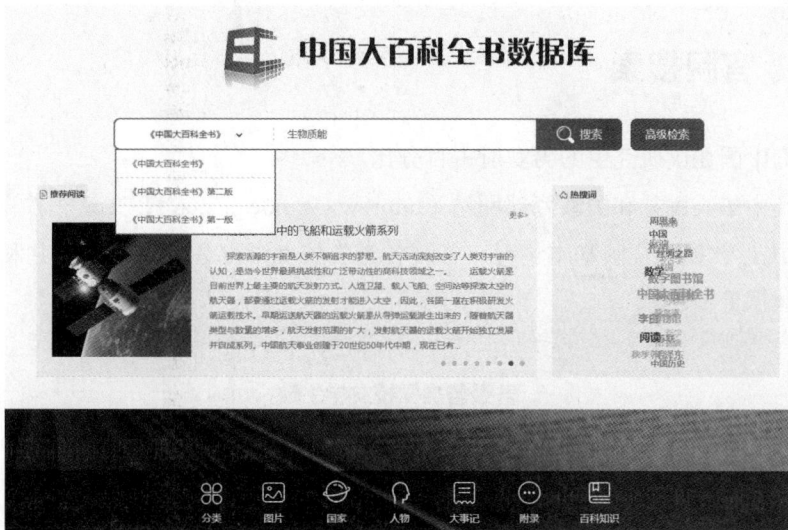

图 5-4 中国大百科全书数据库搜索

方法三：利用中国知网的知识元搜索，中国知网知识元搜索见图 5-5。

图 5-5 中国知网知识元搜索

方法四：利用超星读秀的知识搜索，超星读秀知识搜索见图 5-6。

图 5-6 超星读秀知识搜索

方法五：利用移动端安装的"超星学习通"搜索"生物质能"。

方法六：利用移动端安装的"知乎"搜索"生物质能"。

方法七：在微信中搜索"生物质能"。

任务来啦：更多搜索方法，请你思考。如何搜索到权威答案？如何搜索到与众不同的答案？

5.4.2 官网搜索

问：查询中国在读研究生的男女所占百分比。

答：访问中华人民共和国教育部网站（http://www.moe.gov.cn），文献—教育统计数据—2020 年教育统计数据—全国基本情况—各级各类学校女学生数。中华人民共和国教育部网站教育统计数据见图 5-7。

各级各类学校女学生数
Number of Female Students of Schools by Type and Level

单位:人
unit:person

	总计 Total	男 Male	女学生 Female Students	
			人数 Number	占学生总数的比重（%） Percentage
一、高等教育 Higher Education				
（一）研究生 Postgraduates	3139598	1540151	1599447	50.94
博　士 Doctor´s Degree	466549	271188	195361	41.87
硕　士 Master´s Degree	2673049	1268963	1404086	52.53
（二）普通本专科 Undergraduate in Regular HEIs	32852948	16111224	16741724	50.96
本　科 Normal Courses	18257460	8452819	9804641	53.70
专　科 Short-cycle Courses	14595488	7658405	6937083	47.53
（三）成人本专科 Undergraduate in Adult HEIs	7772942	3266496	4506446	57.98
本　科 Normal Courses	4051025	1595467	2455558	60.62
专　科 Short-cycle Courses	3721917	1671029	2050888	55.10
（四）网络本专科生 Web-based Undergraduates	8464464	4748979	3715485	43.90
本　科 Normal Courses	3111899	1636406	1475493	47.41
专　科 Short-cycle Courses	5352565	3112573	2239992	41.85

图 5-7　中华人民共和国教育部网站教育统计数据

5.4.3　高考录取分数线查询

问：查询沈阳工程学院历年录取分数线。

答：访问沈阳工程学院招生信息网（http://zhaosheng.sie.edu.cn），点击"历年分数线"。沈阳工程学院招生信息网见图 5-8。

图 5-8　沈阳工程学院招生信息网

5.4.4　毕业生人数、在校生人数查询

问：查询 2021 年辽宁省高校毕业生人数。

答：访问辽宁省教育厅网站（http://jyt.ln.gov.cn），点击政府信息—公开—统计信息—2021 年辽宁教育事业发展概况。辽宁省教育厅 2021 年辽宁教育事业发展概况见图 5-9。

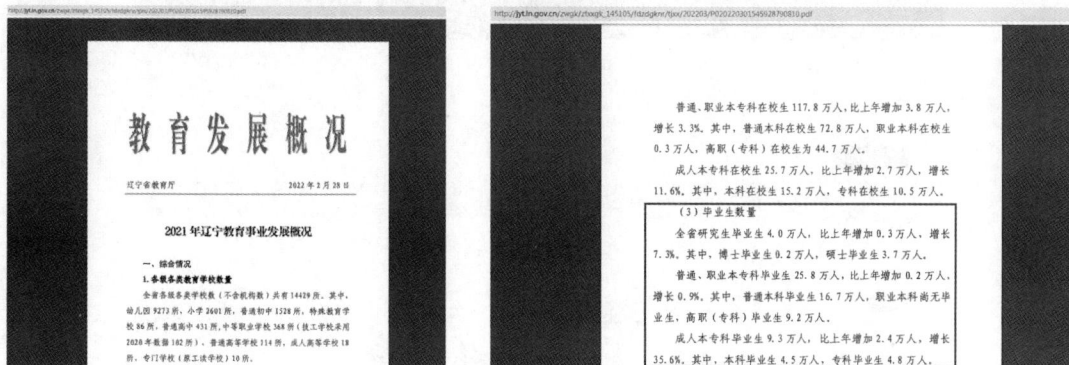

图 5-9　辽宁省教育厅 2021 年辽宁教育事业发展概况

手工检索工具不可弃，《辽宁省教育统计年鉴（2021）》一书是找到相关全面、权威、准确数据的传统手工检索工具的代表。

5.4.5　研究生报考相关网站

了解学校、专业途径如下：

（1）各高校研究院官网、微信公众号或其他新媒体账号。

（2）中国学位与研究生教育信息网（http://www.cdgdc.edu.cn），学科评估是教育部学位与研究生教育发展中心按照国务院学位委员会和教育部颁布的《学位授予和人才培养学科目录》，对具有博士、硕士学位授予权的一级学科进行整体水平的评估。

（3）上海软科教育信息咨询有限公司推出的"软科中国大学专业排名"。

（4）中国教育在线考研（https://kaoyan.eol.cn）。

全国硕士研究生报考和调剂指定网站：中国研究生招生信息网（https://yz.chsi.com.cn）。了解导师途径如下：利用学校官网，以及知网、万方、Scopus、科睿唯安等国内外知名数据库，了解导师个人情况、研究方向、研究成果。

5.4.6　重名查询

问：查询某个城市或地区有多少人与你重名。

答：推荐站点：北京市公安局同名查询系统（https://zwfw.gaj.beijing.gov.cn/rkgl/reserve/checkNameSexNum）。北京市公安局同名查询系统见图 5-10。

图 5-10　北京市公安局重名查询系统

推荐 App：辽宁公安 App。辽宁公安 App 重名查询见图 5-11。

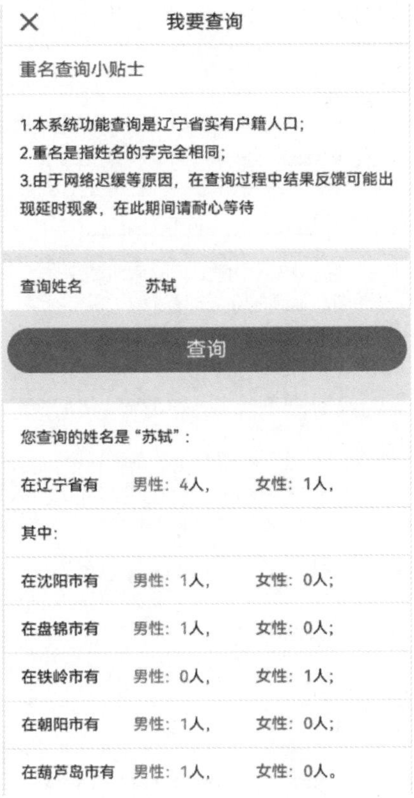

图 5-11　辽宁公安 App 重名查询

5.4.7　可信数据搜索

问：简述 2002—2003 年非典起止时间，世界各国的病例数。

答：如果利用搜索引擎会发现搜索到的答案各不相同，相互矛盾，不准确也不权威。中国知网作为一个学术类文献检索平台，可以用来查找可信答案或数据。

非典（严重急性呼吸综合征）一词，英文中的常见表述是 SARS，另外时间限定也很重要。中国知网检索策略 1、2，以及中国知网检索结果分别见图 5-12~ 图 5-14。

图 5-12　中国知网检索策略 1

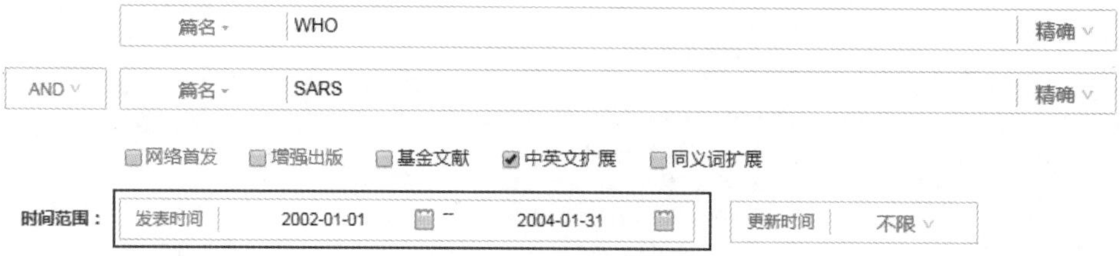

图 5-13 中国知网检索策略 2

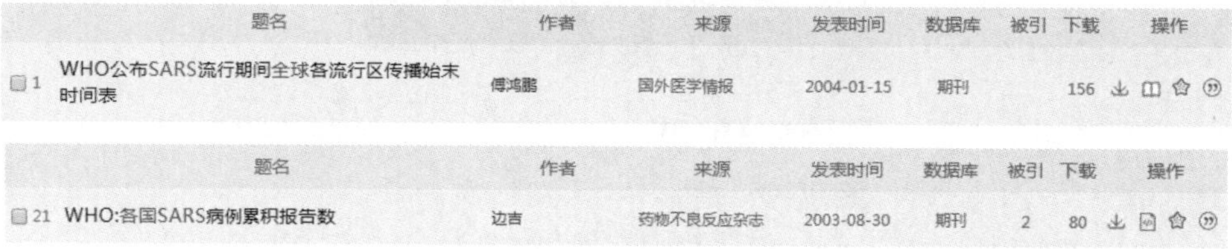

图 5-14 中国知网检索结果

5.5 开放获取

信息和知识是学术研究最重要的基础，能够对信息免费、不受时空和其他任何限制、方便而自由地获取和利用，一直是每个学者和全社会共同的愿望和理想。"开放获取"（open access，OA）正是为实现对信息平等、公开的获取而产生的一种学术出版与交流模式，是国际学术界、出版界、图书情报界为了推动科研成果、利用互联网自由传播而采取的运动。

"布达佩斯开放获取倡议"（BOAI）对"开放获取"给出了以下完整定义："对某文献的'开放获取'即意味着它在 Internet 公共领域里可以被免费获取，并允许任何用户阅读、下载、复制、传递、打印、搜索、超链接，也允许用户将其遍历并为之建立索引，用作软件的输入数据或其他任何合法用途。用户在使用该文献时不受财力、法律或技术的限制，而只需在获取时保持文献的完整性，这是对其复制和传递的唯一限制。"布达佩斯开放获取倡议呈现了两种开放获取，一是自我典藏，以机构知识库和学科知识库为代表，通常称之为绿色开放获取；二是开放获取期刊，也称之为开放出版或开放获取出版，通常称之为金色开放获取。

时至今日，开放获取类型不断丰富，由于种种原因，开放获取的这些类型，并不是简单的并列关系。开放获取类型见表 5-3。

表 5-3　　　　　　　　　　　　　　开放获取类型

开放获取名称	含义	主要特征
Gold Open Access	金色开放获取	作者支付文章处理费，任何人都可以免费访问，通常也可以再利用
Green Open Access	绿色开放获取	作者提交论文至知识库使其可以被自由访问，一般有禁运期（通常为 6 ～ 12 月）
Diamond Open Access	钻石开放获取	作者无须支付文章处理费，任何人也都可以免费访问

续表

开放获取名称	含义	主要特征
Hybrid Open Access	混合开放获取	传统订阅期刊允许其中的部分文章开放获取出版，其他文章仍需付费阅读
Bronze Open Access	青铜开放获取	论文可以被免费访问，但没有清晰的版权约定
Black Open Access	黑色开放获取	现有知识产权体系下的"盗版"网站，通常是免费、大规模、易用的

开放获取迎合了网络时代信息交流的新特点，开创了一种新的、高效的交流模式，它打破了商业出版商对信息的垄断，建立了一种新的学术与信息交流机制。

2020 年新冠疫情期间，中国科研工作者快速发表相关学术论文，即通过开放获取方式——bioRxiv，一个不需要同行评审的生物学预印本发行和存储服务，向世界科学家分享中国科研成果。中国科技工作者在 bioRxiv 发表的文献见图 5-15。

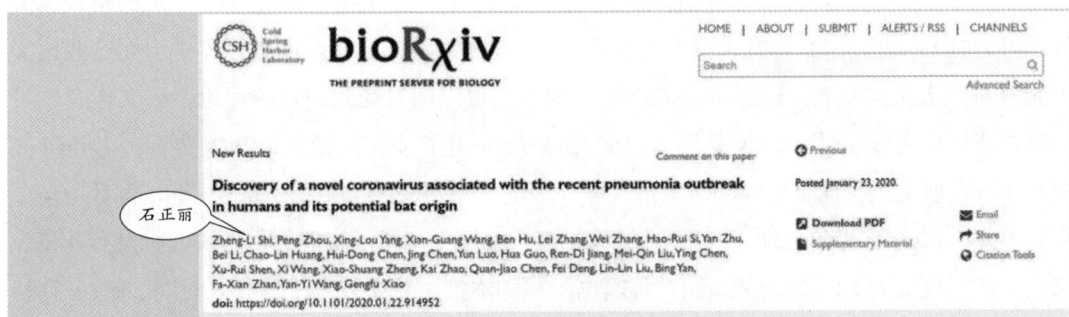

图 5-15　中国科技工作者在 bioRxiv 发表的文献

延伸阅读：

2020 年全国硕士研究生入学统一考试英语（一）试题相关词汇

The Dutch giant Elsevier which claims to publish 25% of the scientific papers produced in the world made profits of more than f900m last year while UK universities alone spent more than f210m in 2016 to enable researchers to access their own publicly funded research; both figures seem to rise unstoppably despite increasingly desperate efforts to change them. The most drastic and thoroughly illegal, reaction has been the emergence of Sci-Hub a kind of global photocopier for scientific papers set up in 2012, which now claims to offer access to every pay walled article published since 2015 The success of Sci-Hub which relies on researchers passing on copies they have themselves legally accessed shows the legal ecosystem has lost legitimacy among is users and must be transformed so that it works for all participants.

In Britain the move towards open access publishing has been driven by funding.

开放获取资源主要有预印本系统、开放获取期刊、开放获取机构库。

5.5.1　预印本系统

预印本是指科研工作者的研究成果还未在正式出版物上发表，出于和同行交流目的，自愿先在学术会议上或通过网络发布的科研论文、科技报告等文献。与正式出版物相比，预印本有利于学术争鸣、交流速度快。电子预印本（e-print）文库包括的文献种类有期刊文章、论文、会议或简报资料、灰色文献、学术报告及草稿资料等不同的类型。

1. arXiv（http://arxiv.org）

arXiv 是一个包括物理、数学、非线性科学、计算机科学、定量生物学、统计学等领域的电子预印本服务网站，始建于 1991 年。作为第一个出现的电子预印本文献库，arXiv 归美国康奈尔大学所有，其文献内容符合康奈尔大学学术标准，并得到美国国家科学基金会的资助。

arXiv 的最大特色在于科学研究人员的共同参与。研究者将自己的论文按一定的格式编排后，可通过 E-mail、FTP 等方式将论文按学科类别上传至 arXiv 相应的数据库中。而这些论文可能有时并未正式发表，这意味着数据库中的论文可以随时受到同行的评论，论文作者也可以对这些评论进行反驳。arXiv 采用双向交流的方式，用户不但可通过 WWW 界面或 E-mail 方式检索、获取文献，而且还能随时上传文献，因此 arXiv 的更新频率很高，几乎是每日更新。除美国外，arXiv 在世界各地还有 14 个镜像站点，我国中国科学院理论物理研究所设有其镜像站点，访问地址为 http://cn.arXiv.org。每篇电子预印本都按照文献出处、收录时间、arXiv 存档号、标题、作者、文摘、学科主题分类顺序进行著录，并提供参考文献和被引情况的链接。

arXiv 高级检索提供作者、题名、评论、期刊信息、报告号、仅摘要部分、全记录等九个检索途径，提供"AND""AND NOT""OR"三种布尔逻辑运算符。一般说来标点符号或电脑键盘上的特殊字符未建索引而无法检索，但为诸如"^"、"_"、"{"、"}"及"+"等字符建立了索引，可以检索如"K^+"或"nu_e"等特殊检索表达式，未建索引的字符会被从检索提问中剔除出去。大多数字段进行词干自动搜索，如输入"superconductors"，"superconducting"也会命中。允许使用"*"通配符但不能用在词首，支持双引号的精确匹配检索，但速度较慢，建议用布尔逻辑运算符 AND 代替。连字符"-"被从大多数短语中去除，如"domain-wall"变成了"domain wall"，arXiv 提供 PS、PDF 等格式的原文。其他国外预印本系统见表 5-4。

表 5-4　　　　　　　　　　　其他国外预印本系统

名称	网址	学科
bioRxiv	https://www.biorxiv.org	生物学
ChemRxiv	https://chemrxiv.org	化学
Cogprints	http://cogprints.org	认知科学
engRxiv	http://www.engrxiv.org	工程
MedArXiv	https://yoda.yale.edu/medrxiv	医学
PhilSci Archive	http://philsci-archive.pitt.edu	哲学

2. 中国科学院科技论文预发布平台（http://chinaxiv.org）

中国科学院科技论文预发布平台面向全国科研人员，目标是建设可靠、规范的自然科学领域的中国科研论文开放仓储库，接收中英文科学论文的预印本存缴以及有条件地接收已发表科学论文的开放存档，提供免费阅读并且维护科技论文的永久访问，促进中国高水平科研论文的快速预发布。ChinaXiv 于 2016 年 6 月正式上线并提供服务，它是国内第一个按国际通行模式规范运行的预发布平台。其他国内预印本系统见表 5-5。

表 5-5　　　　　　　　　　　　　　其他国内预印本系统

名称	网址	学科
中国心理学预印本平台	http://psych.chinaxiv.org	心理学
中国生物工程预印本出版平台	http://biotech.chinaxiv.org	生物工程
岩土力学与工程预印本平台	http://geotech.chinaxiv.org	岩土力学
中国语音乐律预印本平台	http://phonomuse.chinaxiv.org	语音乐律

3. 中国科技论文在线（http://www.paper.edu.cn）

中国科技论文在线是经中华人民共和国教育部批准，由教育部科技发展中心主办，针对科研人员普遍反映的论文发表困难，学术交流渠道窄，不利于科研成果快速、高效地转化为现实生产力而创建的科技论文网站。利用现代信息技术手段，打破传统出版物的概念，免去传统的评审、修改、编辑、印刷等程序，给科研人员提供一个方便、快捷的交流平台，提供及时发表成果和新观点的有效渠道，从而使新成果得到及时推广，科研创新思想得到及时交流。

根据文责自负的原则，作者所投论文遵守国家相关法律，为学术范围内的讨论，有一定学术水平，基本理论正确，且符合中国科技论文在线的基本投稿要求，一般可在 7 个工作日内发布。专业领域按自然科学国家标准学科分类与代码分为 43 类。

5.5.2　开放获取期刊

1. DOAJ（http://www.doaj.org）

DOAJ 是由瑞典隆德大学图书馆 2003 年 5 月推出的开放获取期刊检索系统。DOAJ 将期刊及文章按美国国会图书馆分类法的子集分类，共 20 类，包括农业、历史学及相关科学、目录学 / 图书馆学 / 信息资源、教育、美术、总类、地理学 / 人类学 / 娱乐、历史总论与欧洲历史、美洲历史、语言与文学、法律、医药、军事科学、音乐与音乐相关图书、海军学、哲学 / 心理学 / 宗教、政治学、科学、社会科学、技术。DOAJ 首页见图 5-16。

图 5-16　DOAJ 首页

2. J-STAGE 日本电子科技信息服务（http://www.jstage.jst.go.jp）

J-STAGE 是日本最大的科技信息平台，同时是一个科技信息电子期刊出版平台，向全世界及时发布日本科学技术研究的杰出成果和进展。可在线访问超过 1800 家出版商的 3200 多种期刊、会议录和其他学术出版物，期刊涉及各个学科领域。其文献多为英文，少数为日文。

3. SOCOLAR（http://www.socolar.com）

SOCOLAR 是开放获取资源一站式检索平台。近年来，OA 资源得到了空前的发展，OA 期刊和 OA 仓储成为研究人员获取学术资源的新途径，但 OA 资源分散存放在世界各地不同的服务器和网站上，用户很难直接全面地检索到这些资源。基于用户的信息需求和信息检索方面考虑，中国教育图书进出口公司启动了 SOCOLAR 这个非营利性项目，旨在实现学术文献资源集成一站式服务。

SOCOLAR 整合了国内外多个数据库，全学科资源覆盖，文献内容多语种，中外开放获取文章逾 1500 万。

4. 国家哲学社会科学学术期刊数据库（http://www.nssd.cn）

国家哲学社会科学学术期刊数据库是由全国哲学社会科学规划领导小组批准建设，中国社会科学院承建的国家级、开放型、公益性哲学社会科学信息平台，2012 年 3 月正式启动，系统平台于 2013 年 7 月 16 日上线开通。

国家哲学社会科学学术期刊数据库旨在建设成为我国国内最大的公益性社会科学精品期刊数据库，最大的社会科学开放获取平台，实现学术资源的开放共享，为学术研究提供有力的基础条件。

国家哲学社会科学学术期刊数据库收录精品学术期刊 2000 多种，论文超过 1000 万篇以及超过 101 万位学者、2.1 万家研究机构相关信息。其中，国家社科基金重点资助期刊 187种，中国社会科学院主管主办期刊 80 多种，三大评价体系（中国社会科学院、北京大学、南京大学）收录的 600 多种核心期刊，回溯到创刊号期刊 700 多种，最早回溯到 1920 年。

可免费在线阅读和全文下载，部分期刊实现与纸本期刊同步出版。

　　国家哲学社会科学学术期刊数据库提供人性化、多样化的功能服务，论文检索方式有：题名、关键词、机构、作者、摘要、刊名、年份、分类号、ISSN、基金资助、全文检索。期刊导航方式有：同步上线期刊导航、学科分类导航、核心期刊导航、社科基金资助期刊导航、中国社科院期刊导航、地区分类导航等。检索结果可进行聚类统计分析、多种排序、多种分面显示、导出等。国家哲学社会科学学术期刊数据库有多种用户定制功能：历史记录查询、定制推送、收藏订阅等。

　　划重点啦：国内哲学社会科学文献精品学术期刊免费获取，媲美知网、万方、维普三剑客期刊。国家哲学社会科学学术期刊数据库搜索示例见图 5-17。

图 5-17　国家哲学社会科学学术期刊数据库搜索示例

5.5.3　开放获取机构（也称开放获取仓储）

1. OpenDOAR（https://sherpa.ac.uk/opendoar/）

　　OpenDOAR 是由英国诺丁汉大学和瑞典隆德大学在一些机构的资助下于 2005 年 2 月共同创建的开放获取仓储检索系统，提供全球全面和权威的开放获取信息资源库列表。用户可以通过机构名称、国别、学科主题、资料类型等途径检索和使用这些仓储。OpenDOAR 和 DOAJ、ROAR（http://roar.eprints.org）一起构成当前网络开放获取学术信息资源（期刊论文、学位论文、会议论文、技术报告、专利、多媒体、预印本等）检索的主要平台。
OpenDOAR 首页见图 5-18。

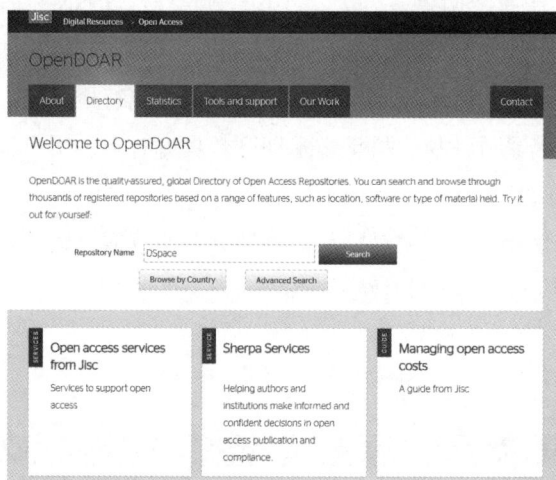

图 5-18　OpenDOAR 首页

学以致用： 除 DSpace、Drupal、EPrints、ETD-db 外，还有哪些主流机构仓储软件系统？

2. DSpace@MIT·麻省理工学院机构收藏库（http://dspace.mit.edu）

麻省理工学院机构收藏库是使用 DSpace 软件开发的一个数字化成果存储与交流知识库，收录该校教学科研人员和研究生提交的会议论文、图片、同行评审学术文章、预印本、技术报告、学位论文、工作报告等，可以按院系机构、提交日期、作者、题名和主题浏览，也可以对收藏的内容进行高级检索。Dsapce@MIT 搜狐张朝阳的博士论文见图 5-19。

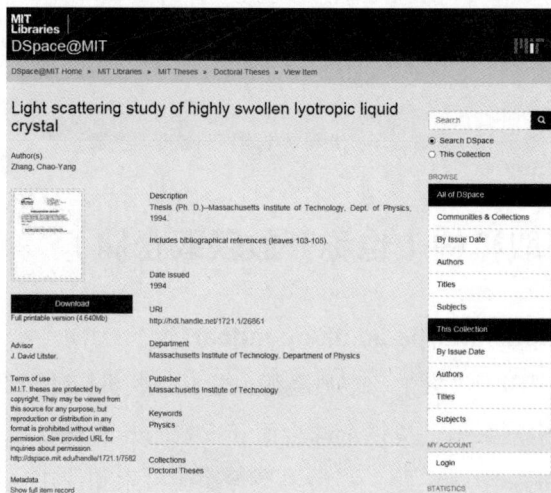

图 5-19　Dsapce@MIT 搜狐张朝阳的博士论文

3. 剑桥大学知识库 Apollo（https://www.repository.cam.ac.uk）

英国剑桥大学知识库系统被命名为阿波罗（Apollo），用于存储剑桥大学图书馆自己数字化的资料和本校其他机构产生的数字资源，如学术交流资料（论文和预印本）、学位论文、技术报告、各个学部的档案等，以多媒体、交互式课件、数据集、数据库等不同的格式形式存储。

4. 香港科技大学机构库（http://repository.ust.hk）

香港科技大学机构库是由香港科技大学图书馆用 DSpace 软件开发的一个数字化学术成果存储与交流知识库，收录由该校教学科研人员和博士生提交的论文、会议论文、预印本、博士学位论文、研究与技术报告、工作论文和演示稿等。

5.6 网络百科全书

百科全书：无论载体如何，传统的纸质也好，淡出历史舞台的光盘也罢，以网络为载体无疑是未来百科全书的发展之路。网络百科全书因其载体不受卷帙的限制，能向读者开放更广阔的知识领域。

维基百科：一个网络百科全书项目。维基百科由非营利组织维基媒体基金会负责营运。

百度百科：众人参与协作的网络百科全书，任何人都可以创建词条、编辑现有词条。

不列颠百科全书：2012 年 3 月 13 日，总部位于芝加哥的不列颠百科全书公司宣布，将停印已有 244 年历史的纸质版《不列颠百科全书》，今后将只提供电子版。

延伸阅读：

词条保卫战

2014 年，清华学子进行了一场长达 5 天 5 夜的特殊战斗——词条保卫战。

百度百科"词条保卫战"见图 5-20。

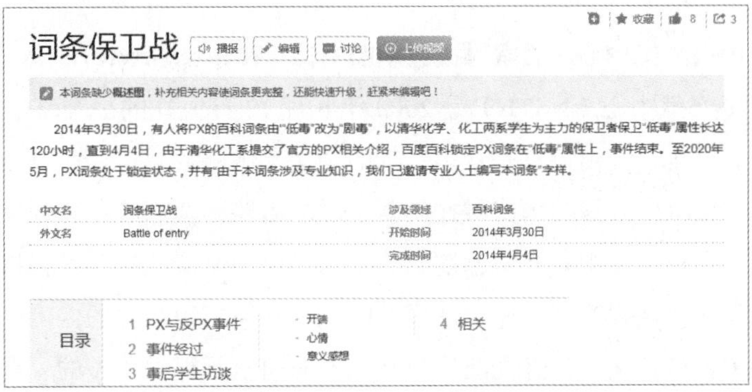

图 5-20 百度百科"词条保卫战"

5.7 获取专业信息的站点

5.7.1 各类图书馆网站

网络让图书馆突破了时空限制，无墙图书馆、网络图书馆、电子图书馆、数字图书馆、虚拟图书馆等概念应运而生……通过网络，可以 24h/ 天、7 天 / 周、365 天 / 年随时在线利用图书馆的数字资源与服务。辽宁省图书馆网站首页见图 5-21。

图 5-21　辽宁省图书馆网站首页

学以致用： 访问家乡公共图书馆网站，有哪些资源可以通过网络全年无休可得？

5.7.2 国内主要文献系统

1. 国家科技图书文献中心 · 国家科技数字图书馆（https://www.nstl.gov.cn）

国家科技图书文献中心（NSTL）是 2000 年 6 月 12 日成立的一个基于网络环境的科技文献信息资源服务机构，突出特点是众多文献的全文提供服务。

国家科技图书文献中心根据国家科技创新发展的需要，全面收藏和开发理、工、农、医等四大领域的科技文献，集中外文学术期刊、学术会议、学位论文、科技报告、科技文献专著、专利、标准和计量规程等于一体，形成了印本和网络资源互补的保障格局。其是资源丰富、品种齐全的国家科技文献信息资源保障基地，面向全国提供公益的、普惠的科技文献信息服务。

特色资源有外文回溯数据库、外文现刊库、开放资源集成获取系统、外文科技图书、高能物理开放获取图书、高能物理开放获取期刊论文等。外文印本文献品种稳定在 2.4 万～2.6 万余种，其中外文期刊 1.6 万多种，外文会议录等文献 8000 余种。开放资源集成获取系统收录期刊 8000 余种，期刊文献 500 多万篇，以及 2500 多个课件等资源。国家科技图书文献中心首页见图 5-22。

图 5-22　国家科技图书文献中心首页

2. 中国高等教育文献保障系统（http://www.calis.edu.cn）

中国高等教育文献保障系统（CALIS）是中华人民共和国教育部"九五""十五""三期""211 工程"中投资建设的面向所有高校图书馆的公共服务基础设施，通过构建基于互联网的"共建共享"云服务平台——中国高等教育数字图书馆，制定图书馆协同工作的相关技术标准和协作工作流程、培训图书馆专业馆员、为各成员馆提供各类应用系统等，支撑高校成员馆间的"文献、数据、设备、软件、知识、人员"等多层次共享。

CALIS 从 1998 年 11 月正式启动建设，建成以 CALIS 联机编目体系、CALIS 文献发现与获取体系、CALIS 协同服务体系和 CALIS 应用软件云服务（SaaS）平台等为主干，各省级共建共享数字图书馆平台、各高校数字图书馆系统为分支和叶节点的分布式中国高等教育数字图书馆。目前注册成员馆逾 1800 家，覆盖除台湾省外中国 31 个省（自治区、直辖市）和港澳地区，成为全球最大的高校图书馆联盟。CALIS 辽宁省文献信息服务中心网站首页见图 5-23。

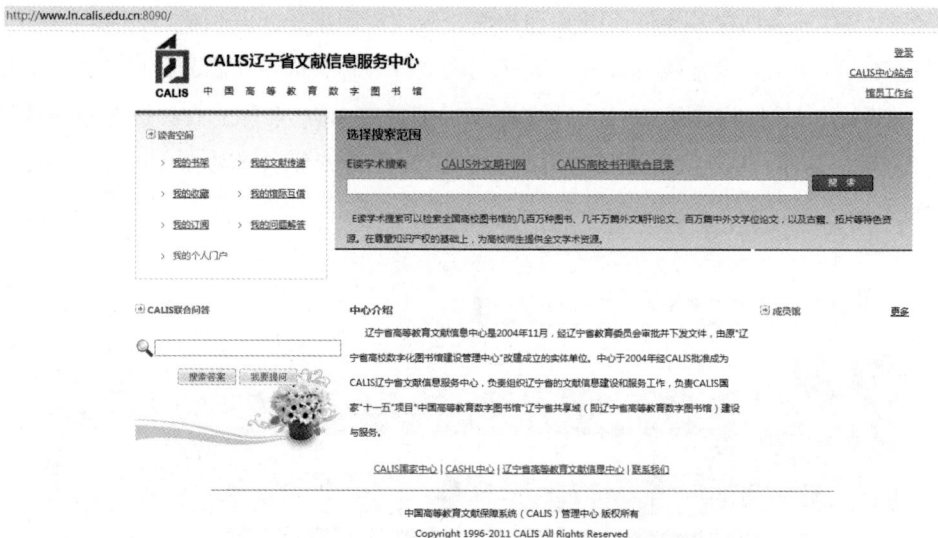

图 5-23　CALIS 辽宁省文献信息服务中心网站首页

CALIS 拥有以下资源发现系统：开元知海 e 读学术搜索、外文期刊网、"学苑汲古"高校古文献资源库、学位论文数据库、高校教学参考资源库。

开元知海 e 读学术搜索旨在全面发现全国高校丰富的纸本和电子资源，它与 CALIS 文献获取、统一认证、资源调度等系统集成，打通从"发现"到"获取"的"一站式服务"链路，为读者提供全新的馆际资源共享服务体验。开元知海 e 读学术搜索拥有海量数据，包括期刊、学位论文、普通图书、工具书、年鉴、报纸等资源，目前已逾 3 亿。本馆纸本资源可直接链接至图书馆 OPAC 查阅在架状态，电子资源可直接在线阅读，提供章节试读；本馆没有馆藏的资源可通过文献传递获取。全国高校成员馆均可免费阅读 36 万册 CALIS 购买的方正电子书。知识服务功能，在海量数字资源揭示基础上，建立全领域的知识脉络。通过知识图谱、关联图、领域细分等功能帮助读者挖掘知识节点背后的隐含信息。开元知海 e 读学术搜索首页见图 5-24。

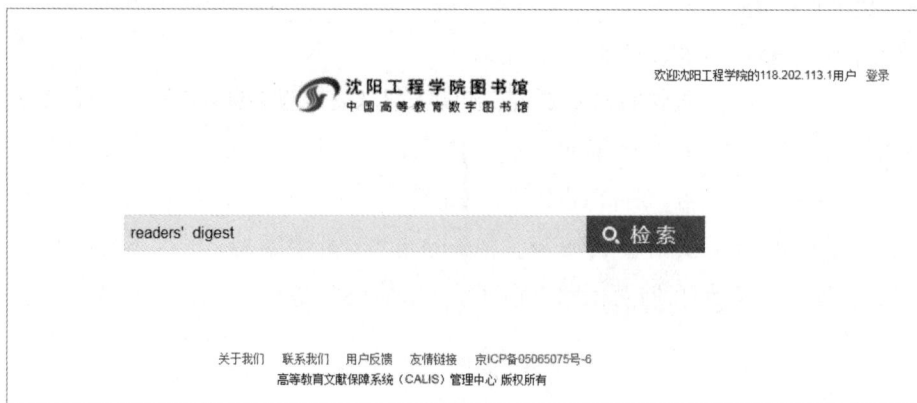

图 5-24　开元知海 e 读学术搜索首页

文献传递与馆际互借：文献传递是将用户所需的文献复制品以有效的方式和合理的费用，直接或间接传递给用户的一种非返还式的文献提供服务，具有快速、高效、简便的特点。由于馆舍和经费的限制，任何一个图书馆都无法完全满足读者对文献的需求，馆际互借是图书馆之间根据事前订立并保证共同遵守的互借规则，相互利用对方藏书，以满足读者需要的一种服务方式。CALIS 对文献传递和馆际互借进行补贴。

3. CASHL 开世览文·中国高校人文社会科学文献中心（http://www.cashl.edu.cn）

中国高校人文社会科学文献中心（CASHL）是在教育部领导下，为我国哲学社会科学教学科研提供外文文献及相关信息服务的最终保障平台，其建设目标是"国家人文社会科学文献信息资源平台"。

CASHL 于 2004 年 3 月 15 日正式被启动并开始提供服务。CASHL 首页见图 5-25。

图 5-25　CASHL 首页

4. 国家工程技术数字图书馆（https://netl.istic.ac.cn）

国家工程技术图书馆于 2000 年经国务院批准正式成立，依托中国科学技术信息研究所 60 多年的馆藏，是国内最大的工程技术类文献信息资源收藏和服务中心。

5. 全国图书馆参考咨询联盟（http://www.ucdrs.net）

全国图书馆参考咨询联盟平台为社会提供免费的网上参考咨询和文献远程传递服务，主要通过表单与电子邮件开展服务。

5.8　有的放矢　巧用搜索

现今的搜索与 PC 机主导的时代完全不同，不能单纯地依赖百度、谷歌、搜狗等传统搜索引擎。搜索引擎的确无远弗届，但"最好"的内容，往往并不在传统搜索框内。据中国互联网络信息中心发布的《中国互联网络发展状况统计报告》显示，近年搜索引擎使用率呈下滑趋势。搜索引擎使用率下降，并不意味着搜索行为减少，反而在以新的路径增加，分散在移动端各个场景的各个头部应用里。

全方位搜索，在中国知网、万方数据、维普资讯搜索，在 Scopus、IEEE Xplore、Springer、ScienceDirect 搜索，在微博搜索、在微信搜索，在抖音搜索，在淘宝搜索，在 B 站搜索，去官网搜索……没有标准答案，网络那么大，找到就好，找对就好，同一个问题，应该有多种办法找到答案，没有标准答案，也许你的搜索办法更胜一筹。

1. 搜索"数学建模"相关图书

方法一：利用所在图书馆的书目检索系统（OPAC），通过作者、内容简介、出版社、出版时间、借阅次数排序筛选；

方法二：利用所在图书馆的电子书数据库，通过在线试（阅）读、出版社、出版时间排序筛选；

方法三：利用当当、京东或天猫等图书购物网站，通过销量、评价筛选；

方法四：教师指定书目；

方法五：网友推荐，比如 B 站 UP 主、知乎知友。

学以致用：说出搜索"数学建模"相关图书的其他方法。

2. 大学生创新创业训练计划项目

搜索项目"智能送药机器人"相关文献，除学术期刊文章外，利用专利数据库搜索相关文献是一个不错的选择。CNIPA（中国国家知识产权局）与世界专利检索见图 5-26。

图 5-26　CNIPA 与世界专利检索

3. 识别假书刊

中国权威的出版物数据平台——中央宣传部出版物数据中心，可用于查询图书、音像电子、连环画，既可通过书名、作者、出版社、摘要任意关键词等基本信息搜索，也可通过图书在版编目（CIP）核准号、ISBN 号搜索，还可通过微信小程序搜索。微信小程序中央宣传部 PDC 平台见图 5-27。

图 5-27　微信小程序中央宣传部 PDC 平台

正规期刊有国际标准连续出版物号（ISSN）和国内统一刊号（CN）。

国家新闻出版署网站的"办事服务"，可进行"从业机构和产品查询"，如"期刊 / 期刊社查询"，国家新闻出版署期刊 / 期刊社查询见图 5-28。

图 5-28　国家新闻出版署期刊 / 期刊社查询

ISSN 官方查询入口：https://portal.issn.org。

利用搜索引擎搜索，具有蓝色"官方"标志才是真正的官网。标有"广告"字样，弹出"在线咨询"窗口，多种期刊聚集，宣称快速发表，网站域名或投稿邮箱带有"qikan、tougao、qik、fabiao、fb"等字样，无须注册即可在线投稿，都不可信！看似正规网站，但耐心翻到底部却有小字提示"非杂志官网""本网站部分信息来源于互联网"，更应果断弃之。真假期刊网站对比见图 5-29。

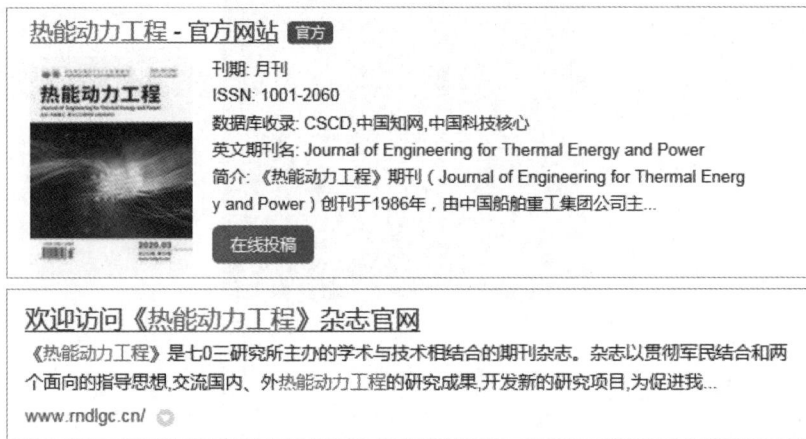

图 5-29　真假期刊网站对比

正规期刊一般有国内主管单位，有详细的通信地址和固定电话等详尽联系方式；而多数非法期刊，社址、编辑部地址或注册地址一般只注明"×× 信箱"、"×× 大厦 ×× 室"或"×× 楼 ×× 座"，并常常在异地设办事机构，地址分离、地址不详、汇款账号是个人非对公的都是非法期刊的显著特点。

一些不法分子会通过盗用刊号或刊名等手段克隆伪造正规杂志，利用中国知网、万方数据、重庆维普等主流数据库查询是否收录，如果均没有收录，大概率是假期刊。而且可以从搜索到的电子期刊封面、封底找到真正的官网、电子邮箱、联系方式。

学以致用："飞雪连天射白鹿，笑书神侠倚碧鸳"概括了金庸的武侠作品，如何判断手中的金庸武侠小说是否正版？

挑战来啦：查找《图书情报导刊》的官网与投稿电子邮箱。

4. 高考志愿填报

高考志愿填报可以参考以下网站或新媒体：

阳光高考网网址为 https://gaokao.chsi.com.cn。

各大学官网、招生微信公众号 / 抖音号等新媒体。

大连理工大学新媒体矩阵见图 5-30。

图 5-30　大连理工大学新媒体矩阵

延伸阅读：

媒体融合　融媒体

　　2020 年 9 月，中共中央办公厅、国务院办公厅印发了《关于加快推进媒体深度融合发展的意见》，其从重要意义、目标任务、工作原则三个方面明确了媒体深度融合发展的总体要求，要求深刻认识全媒体时代推进这项工作的重要性紧迫性，坚持正能量是总要求、管得住是硬道理、用得好是真本事，坚持正确方向，坚持一体发展，坚持移动优先，坚持科学布局，坚持改革创新，推动传统媒体和新兴媒体在体制机制、政策措施、流程管理、人才技术等方面加快融合步伐，尽快建成一批具有强大影响力和竞争力的新型主流媒体，逐步构建网上网下一体、内宣外宣联动的主流舆论格局，建立以内容建设为根本、先进技术为支撑、创新管理为保障的全媒体传播体系。

　　各省、自治区、直辖市招生考试院网站，如辽宁招生考试之窗（https://www.lnzsks.com）、北京教育考试院（https://www.bjeea.cn）、浙江省教育考试院（https://www.zjzs.net）。

　　一些知名自媒体也可作为参考。

5. 学而时习之——"学习强国"

　　"学习强国"集电视机、收音机、音乐播放器、视频播放器等于一体，可看《新闻联播》，听《中国之声》，听《共产党宣言》，播放《我的中国心》，观赏国庆大阅兵，更可云游中国。

　　"学习强国"是备战公务员考试的利器，便于考生了解中央及地方时政新闻，通过在线答题进行练习，并可为考试积累大量相关素材。其上有各类课程：如大中小学精品课，慕课，各类课程应有尽有。

　　"学习强国"搜索结果界面见图 5-31。

二级平台相关内容

【沈阳工程学院】电机与拖动：6.1 电力拖动系统中电动机的选择
衣丽葵　辽宁学习平台　4个月前

【沈阳工程学院】电机与拖动：5.5 直线异步电动机
衣丽葵　辽宁学习平台　4个月前

【沈阳工程学院】电机与拖动：5.4 步进电动机
衣丽葵　辽宁学习平台　4个月前

查看全部 >

图 5-31　"学习强国"搜索结果界面

通过“学习强国”可以搜索本地资讯：上至市政府，下至某幼儿园，从变电站到蔬菜大棚等；以及搜索美食教程：炸酱面、冷面、兰州拉面、葱油面、热干面、竹升面等。

学以致用：“学习强国”更多功能，请你挖掘。

6. 搜索中国互联网发展状况，网民数量，性别、年龄、学历，上网时长等信息

推荐中国互联网络信息中心网站（CNNIC，http://www.cnnic.cn），其于 1997 年 6 月 3 日组建，是中华人民共和国工业和信息化部直属事业单位，行使国家互联网络信息中心职责。其于每年上半年、下半年各发布一次权威报告——《中国互联网络发展状况统计报告》。

7. 全国发电量查询

国家统计局数据查询（https://data.stats.gov.cn）。国家统计局数据查询搜索结果页面见图 5-32。

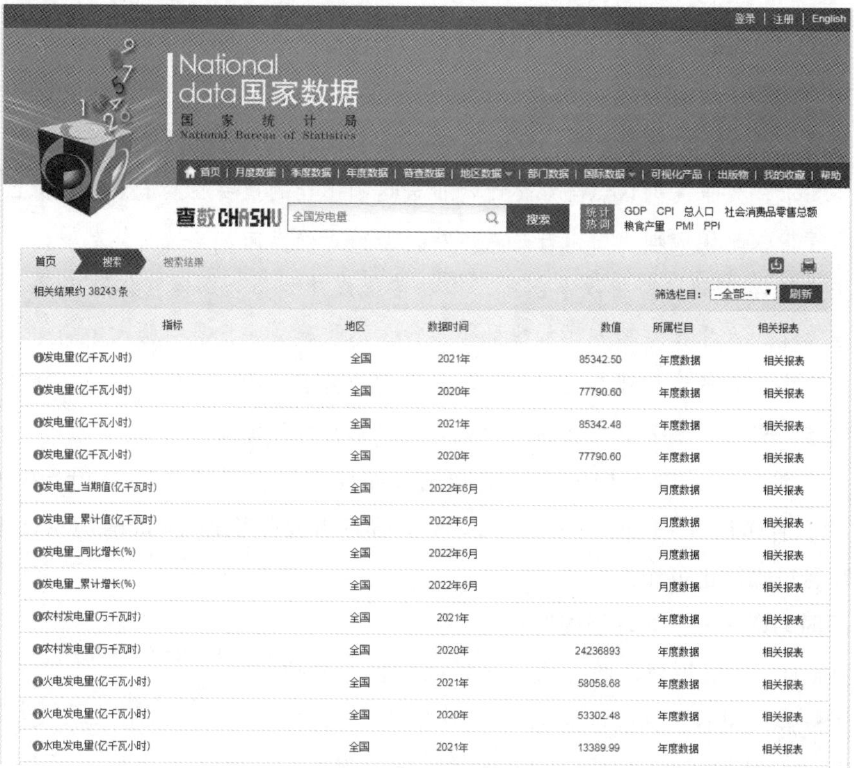

指标	地区	数据时间	数值	所属栏目	相关报表
发电量(亿千瓦小时)	全国	2021年	85342.50	年度数据	相关报表
发电量(亿千瓦小时)	全国	2020年	77790.60	年度数据	相关报表
发电量(亿千瓦小时)	全国	2021年	85342.48	年度数据	相关报表
发电量(亿千瓦小时)	全国	2020年	77790.60	年度数据	相关报表
发电量_当期值(亿千瓦时)	全国	2022年6月		月度数据	相关报表
发电量_累计值(亿千瓦时)	全国	2022年6月		月度数据	相关报表
发电量_同比增长(%)	全国	2022年6月		月度数据	相关报表
发电量_累计增长(%)	全国	2022年6月		月度数据	相关报表
农村发电量(万千瓦时)	全国	2021年		年度数据	相关报表
农村发电量(万千瓦时)	全国	2020年	24236893	年度数据	相关报表
火电发电量(亿千瓦小时)	全国	2021年	58058.68	年度数据	相关报表
火电发电量(亿千瓦小时)	全国	2020年	53302.48	年度数据	相关报表
水电发电量(亿千瓦小时)	全国	2021年	13389.99	年度数据	相关报表

图 5-32　国家统计局数据查询搜索结果页面

8. 企业资质查验

可以通过国家企业信用信息公示系统（http://www.gsxt.gov.cn），天眼查、企查查、爱企查等网站或 App 查验企业资质。

9. 查询人员是否可信

查询人员是否可信可参考以下网站：

中国裁判文书网：https://wenshu.court.gov.cn。

中国执行信息公开网：http://zxgk.court.gov.cn。

中国执行信息公开网搜索示例见图 5-33。

图 5-33　中国执行信息公开网搜索示例

10. 查询保研名单

可通过高校官网或微信公众号查询。微信公众号搜索示例 1 见图 5-34。

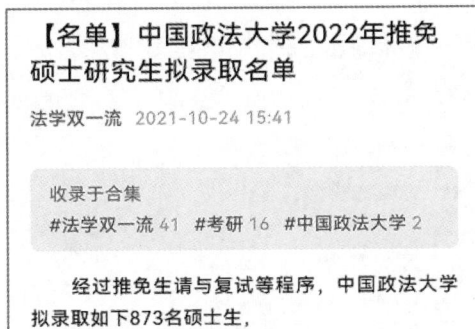

图 5-34　微信公众号搜索示例 1

11. 挖掘机月销量

微信公众号——CCMA 挖掘机分会（中国工程机械工业协会挖掘机分会），每月都会发布挖掘机行业数据。微信公众号搜索示例 2 见图 5-35。

2022年3月 中国挖掘机械市场概况

	国内	出口	合计
当期销量	26,556	10,529	37,085
去年同期	72,968	6,067	79,035
同比涨幅	-63.6%	73.5%	-53.1%
累计销量	51,886	25,289	77,175
去年同期	113,534	13,407	126,941
同比涨幅	-54.3%	88.6%	-39.2%

2022年3月 国内挖掘机械市场概况

	大挖(≥28.5t)	中挖(18.5~28.5t)	小挖(<18.5t)	合计
当期销量	2,690	6,002	17,864	26,556
去年同期	7,173	21,427	44,368	72,968
同比涨幅	-62.5%	-72.0%	-59.7%	-63.6%
累计销量	5,246	11,881	34,759	51,886
去年同期	12,063	33,306	68,165	113,534
同比涨幅	-56.5%	-64.3%	-49.0%	-54.3%

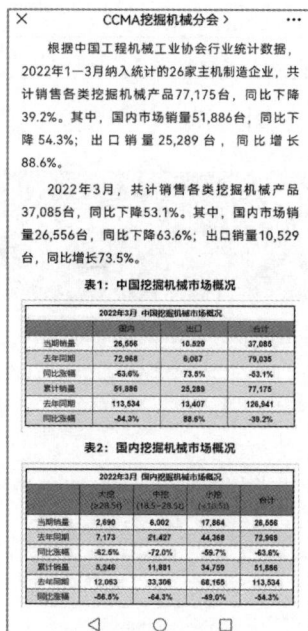

图 5-35 微信公众号搜索示例 2

12. 查询是保健品还是药品

访问国家药品监督管理局数据查询系统便可知晓。国家药品监督管理局数据查询系统查询结果界面见图 5-36。

药品批准文号一般由国药准字 1 位字母和 8 位数字组成，H 代表化学药品，Z 代表中成药，S 代表生物制品，B 代表保健药品，T 代表体外化学诊断试剂，F 代表药用辅料，J 代表进口分包装药品。

批准文号	国药准字Z15020795
产品名称	鸿茅药酒
英文名称	
商品名	
剂型	酒剂
规格	每瓶装:(1)250ml;(2)500ml
上市许可持有人	
上市许可持有人地址	
生产单位	内蒙古鸿茅药业有限责任公司
批准日期	2020-03-18
生产地址	内蒙古自治区乌兰察布市凉城县岱海镇建设街酒源路
产品类别	中药
原批准文号	
药品本位码	86903895000028；86903895000011
药品本位码备注	86903895000028[每瓶装250ml]；86903895000011[每瓶装500ml]
注	详情

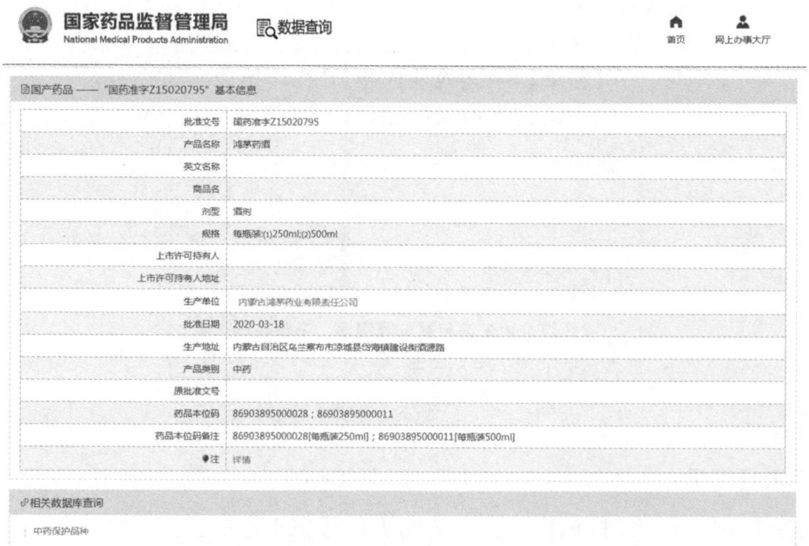

图 5-36 国家药品监督管理局数据查询系统查询结果界面

13. 万能的淘宝

不要小觑购物类网站，不仅仅是买衣服、鞋子的，可以用来搜索图片，拍照识物品，购买特殊材料，比如各种零 / 配件、实验元器件，查找进口商品的中文说明书，解决工作中遇到的实际问题。淘宝搜索示例见图 5-37。

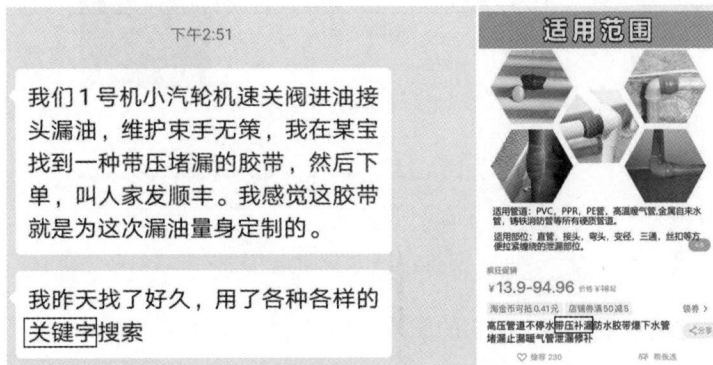

图 5-37　淘宝搜索示例

学以致用：购买床上用品、羊毛衫、泳衣、吉他，可以分别选择中国哪个小镇的商家？如何海淘？

14. 投放广告，选择哪家新媒体

清博指数：可以查询微信、头条、抖音等多个国内主流新媒体的网络传播指数。清博微信传播指数 WCI 通过微信公众号的阅读数量、点赞数量和评论数量等指标反映微信公众号的传播能力和效果，清博头条号指数 TGI 通过对头条号账号的活跃指数、传播指数、互动指数来反映账号的传播能力和效果。清博指数查询界面见图 5-38。

15. 电子邮件是否过时

即时通信工具的出现，让电子邮件应用场景大大减少，但电子邮件仍有着不可替代的作用，能够实现点对点的通信。在官方网站、学术期刊上刊发的论文，都能找到学者电子邮箱的足迹。西湖大学官网学者信息见图 5-39。

搜索实例：查询会议录封面 *Proceedings of the 37th Chinese control conference July 25-27, 2018, Wuhan, China*，利用搜索引擎、会议网站、会议录收录数据库平台 IEEE Xplore 等都无法找到，最后借助会议归口管理机构"中国自动化学会控制理论专业委员会"网站上查询到

图 5-38　清博指数查询界面

的电子邮箱地址 tcct@iss.ac.cn，通过发送求助电子邮件顺利获取到封面。

图 5-39　西湖大学官网学者信息

16. 搜索国家宝藏《千里江山图》的图片、视频

故宫博物院官网搜索结果界面见图 5-40。

图 5-40　故宫博物院官网搜索结果界面

央视网搜索结果界面见图 5-41。

图 5-41　央视网搜索结果界面

17. 庆幸自己是中国人

"我一直庆幸自己是中国人、中国漫画家。理由很简单，第一，作为一个中国漫画家，我有最多的中文读者，也会有最多的媒体来刊登我的漫画；第二，中国的历史悠久，文化资产最丰富，世世代代遗留下来的先人智慧，将是我取之不竭，用之不尽的漫画题材。"

"我生于台湾，将老死于杭州，葬于少林寺。"

这是哪位漫画家？请搜索他的漫画作品。手机百度搜索结果页面见图 5-42。沈阳市图书馆微信公众号搜索页面见图 5-43。

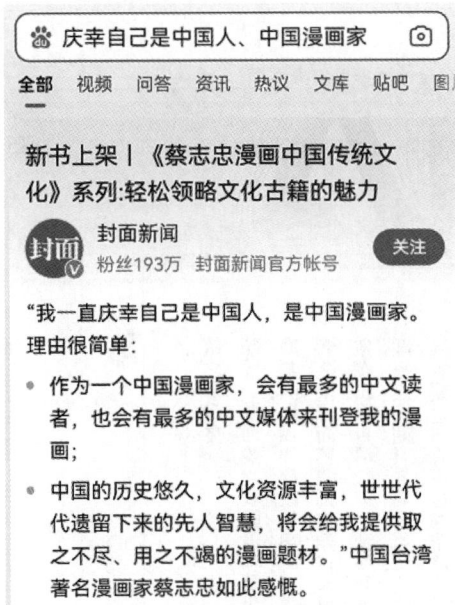

图 5-42　手机百度搜索结果页面

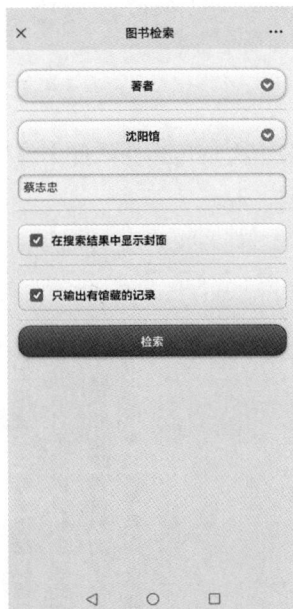

图 5-43　沈阳市图书馆微信公众号搜索页面

18. 验证"与时俱进"的最早出处

（1）利用搜索引擎搜索，发现"与时俱进"最早出处指向 1910 年上海商务印书馆初版的《中国伦理学史》，署名蔡振（蔡元培）。

（2）利用中国知网学术期刊库的核心期刊文章验证，选择全文搜索，搜索"蔡元培""中国伦理学史""与时俱进"。中国知网搜索到的局部内容见图 5-44。

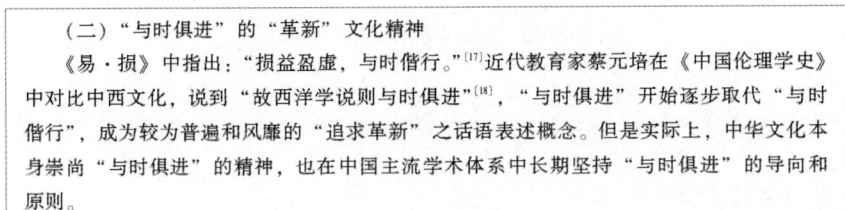

图 5-44　中国知网搜索到的局部内容

（3）利用超星读秀搜索图书"中国伦理学史"，搜索结果按时间升序排序。试读、查目录，了解该书叙述顺序。超星读秀搜索结果页面见图 5-45。

图 5-45　超星读秀搜索结果页面

通过图书馆文献传递获取此书最后一部分，然后在线阅读并找到出处。超星读秀电子书试读界面见图 5-46。

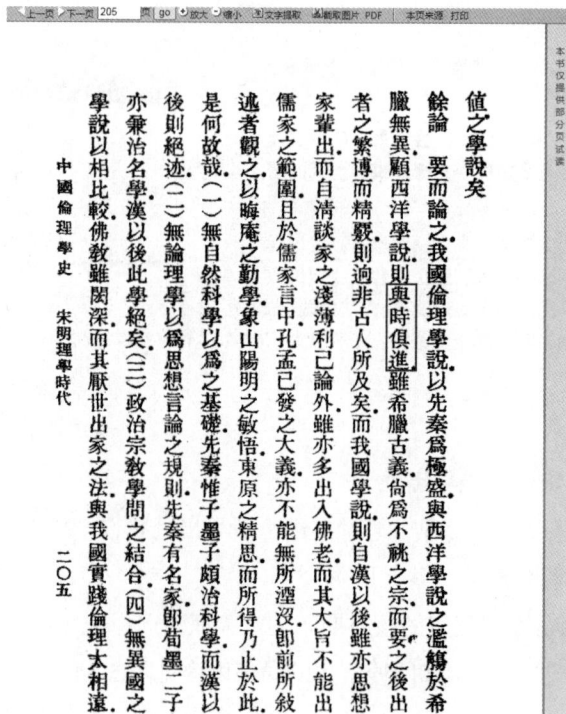

图 5-46　超星读秀电子书试读界面

挑战来啦： 方法不唯一，请尝试你的搜索方法。

19. 大学排名知多少

世界主流学术机构排名有英国泰晤士高等教育世界大学排名、英国 QS 世界大学排名、美国 U.S. News 世界大学排名，其他影响力较大的还有美国基本科学指标数据库（ESI）排名、英国自然指数排名。国内的有艾瑞深校友会网发布的校友会中国大学排名、上海软科教育信息咨询有限公司发布的软科中国大学学术排名（微信公众号"软科"）、武书连《中国大学评价》、ABC 咨询机构编制的中国大学排行榜等。

ESI 提供了从文献角度对全球高校及科研机构进行评价的体系。

各种大学排名侧重点不同，排名没那么重要，只是一个参考。中国大学需要大学精神，以便早日实现"2030 年更多的大学和学科进入世界一流行列以及 2035 年建成教育强国、人才强国的目标"。

任务来啦： 请搜索所学专业进入全球 ESI 排名前 1% 的中国高校。

20. 课件教案搜索

想搜索《大学计算机基础项目式教程：Windows 7+Office 2010》一书的电子教案，先搜索图书详细信息，作者为马焕坚和许丽娟，出版社为北京邮电大学出版社，访问其官网 http://www.buptpress.com，在右上角搜索框输入"马焕坚"，即可搜索到所需的电子教案。北京邮电大学出版社电子教案搜索页面见图 5-47。

图 5-47　北京邮电大学出版社电子教案搜索页面

下载中国电力出版社 2018 年出版的《配电系统自动化》（第二版）课件，访问中国电力出版社官网（http://www.cepp.sgcc.com.cn），点击资源下载—课件下载。还可利用中国电力出版社的微信公众号"中国电力教材服务"免费获取部分教材电子版。中国电力教材服务微信公众号见图 5-48。

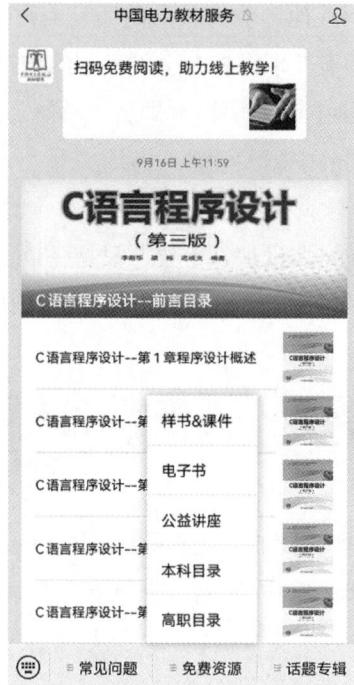

图 5-48 中国电力教材服务微信公众号

21. 搜索 2021 年诺贝尔经济学奖得主"David Card"的学术成果。

可用爱墨瑞得（Emerald）数据库，该数据库于 1967 年由来自世界著名百强商学院之一的布拉德福商学院的学者建立。从出版唯一一本期刊开始，现今已成为世界管理学期刊最大的出版社之一，爱墨瑞得侧重于管理学、图书馆学、工程学专家评审期刊，以及人文社会科学图书的出版。其涉及学科领域包含会计金融、商业管理、战略、人力资源、市场营销、物流与质量管理、旅游管理、信息知识管理、房地产与建筑环境、图书情报、教育管理、健康管理、机械工程、材料工程、航空航天、自动化、电子电气等领域。爱墨瑞得检索结果界面见图 5-49。

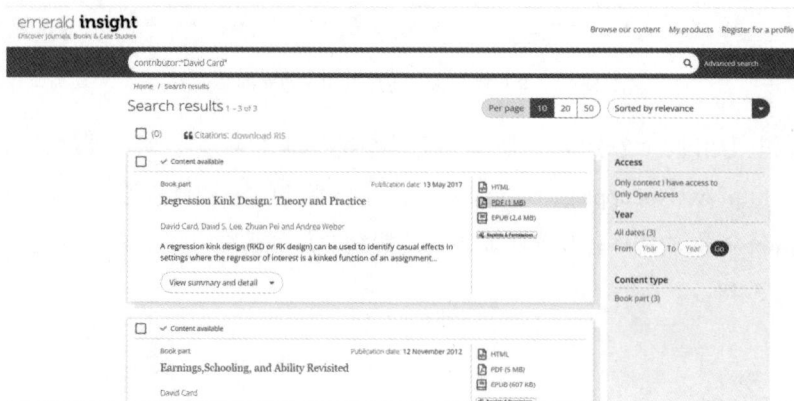

图 5-49 爱墨瑞得检索结果界面

22. 创业之烘焙店

传统开店模式：找店面→装修→开业→新店促销→发传单，可能苦于房租太高，没有客源而创业失败。

互联网模式：先用最小的成本去获取客户流量，运用社交媒体做好线上营销，在线上吸引客源，获取客户，之后再决定要不要开线下实体店。

核心技术：要有自己的烘焙核心技术，不能只是模仿他人产品，产品要有特色，定位准确。

利用地图类 App 搜索附近烘焙店具体位置，实地考察，为店面选址提供参考；利用大众点评、小红书、美团团购（外卖）、饿了么等 App 搜索同类产品定价、销量，为产品定位（位）提供依据。

23. 网络课程

网络课程有中国大学 MOOC（https://www.icourse163.org）；学堂在线（https://www.xuetangx.com）；网易公开课（https://vip.open.163.com）；有道精品课（https://ke.youdao.com）或 App；B 站（https://www.bilibili.com）或 App；Coursera（https://www.coursera.org）；可汗学院（https://www.khanacademy.org）等。

24. 其他

其他部分有电影书籍评分：豆瓣、烂番茄；知识问答平台：百度知道、知乎、搜狗问问、爱问知识人；公务员考试 App：学习强国、腰果公考、粉笔、番茄时钟；知识付费：得到、帆书、混沌；美食博主：日食记、绵羊料理、盗月社食遇记等。

> **学以致用**：分享网络应用技巧，分享更多优质网站与 App。

第 6 章　是真的吗？　|　🔍

6.1　形形色色的自媒体　真真假假的网络世界

1993 年，美国《纽约客》杂志刊登了一则漫画。漫画中一条狗坐在电脑前对着同伴说："在互联网上，没人知道你是一条狗。"《纽约客》杂志漫画见图 6-1。

"On the Internet, nobody knows you're a dog."

图 6-1　《纽约客》杂志漫画

网络时代往往不再遵循传统的信息发布与传播路径。网络的开放性导致了标准的稀释和缺失。理查德·埃德尔曼说，"在媒体技术爆炸的时代，除了每个人自己坚持的'真理'外，不会再有真理了"。

今时今日，网络上各种消息鱼龙混杂，假消息充斥屏幕：紫菜是黑色塑料袋做的？肉松是棉花做的？可乐是洁厕剂？常喝可乐会导致骨质疏松？大陆人吃不起茶叶蛋和榨菜？5G 网络基站传播新冠病毒？

"人人都有麦克风"的自媒体时代，舆论环境、媒体格局和传播方式发生了深刻变化，传统媒体"把关人"身份受到巨大冲击。"把关人"即信息传播中对信息进行筛选、过滤、加工的人或组织，是传播学常用概念之一，1947 年由美国社会心理学家来文首先提出。他认为，人类群体生活中存在不同的渠道。每一渠道都有一个"关"，每一关口都有"把关人"。消息、观念和理论，哪些应通过这个渠道传出去，哪些应留下不传，全由"把关人"决定。"把关人"的知识、意见和态度，对受传者有相当的影响力。后来，"把关人"这一概念被运用到大众传播媒介研究上。学者们认为，报刊、广播、电视台的编辑，就是"把关人"。送到报社的消息，每天成千上万，而能登载的不过几十或几百条，绝大部分消息被层层的"把关人"在"关口"拦住。

自媒体的兴起发展壮大，使得报纸、杂志、广播、电视等传统媒体的生存空间被急剧压缩，互联网这片虚拟空间实实在在地成了"没有硝烟的战场"。

Web 2.0 带来全民织网的盛况，各种无线互联网、个人智能终端的更新迭代足以用日新月异来形容，只要手持一部连通互联网的手机，便可随时随地"发声"，微博、微信、抖音号、头条号、百家号等各种自媒体层出不穷，一条消息通过转载、转发、推送，在短短几分钟内便可能传播给成千上万个受众。不计其数的"网民编辑"向读者提供了未经核实的信息，这些大量代表事物的真实或者假象的信息碎片纷乱地混杂在一起，读者则会成为错误信息传播的受害者。自媒体即私人化、平民化、普泛化、自主化的传播者，以现代化、电子化的手段，向不特定的大多数或者特定的单个人传递规范性及非规范性信息的新媒体的总称。与传统媒体相比，自媒体的确具有一些突出优势，自主化、多样化、个性化、大众化、碎片化、即时化，影响和改变了人们的学习方式、生活方式、工作方式、交往方式和思维方式，但部分自媒体受制于自身知识结构，扭曲的世界观、人生观、价值观，为了攫取商业利益，各种挖空心思，无所不用其极，"蹭热点""标题党"等现象随处可见，甚至用浮夸、煽情的语言对原事实进行有目的的改造、改编，捕风捉影、歪曲事实，毫无下限，只为了刺激公众眼球，骗取点击量，导致各种耸人听闻的假消息在网上肆意传播，危害巨大。

6.2　假消息类型

自 2016 年美国大选开始以来，大量的"假新闻"充斥在各类媒体中，研究表明，这些"假新闻"很可能受到政治家及其支持者的操控，对大选造成了干扰。"假新闻"（fake news）一词也迅速成为全球媒体关注的热点，成为全球热词，《牛津辞典》与《柯林斯英语词典》及字典网分别将"fake news""post-truth""misinformation"列为年度热词。

社交媒体平台中假消息类型众多，有学者对比了"假消息"的相关术语：

（1）谣言（rumor）：发布时真假性有待验证的消息。

（2）骗局（hoax）：伪装成真理的故意编造的谎言。

（3）标题党文章（click-bait）：诱导点击吸引流量的低质量报道，内容真实性未知。

（4）恶意消息（disinformation）：为了达到某种目的而故意误导他人的假消息。

（5）误传消息（misinformation）：事件演化或知识更新过程中无意产生的、不具有目的性的假消息。

（6）假新闻（fake news）：有意撰写的可以被证实为假的新闻文章，一般指政治类新闻。

6.3　识别假消息

2016 年，国际图书馆协会联合会（IFLA）发布了以下 8 条辨识假新闻的技巧：

（1）考虑新闻来源。不局限于新闻本身，而是调查其网站、发布机构的使命和联络信息。

（2）读全。标题通常是获取点击量的重要方式，整个故事的内容是什么？

（3）查询作者信息。快速检索作者信息，作者值得信赖吗？是真实的吗？

（4）论据？点击文中的链接，确认链接中提供的信息能否支撑新闻中的观点。

（5）核实日期。重复发布旧新闻，不意味着与现在的事件有关联。

（6）是一个玩笑？如果新闻所提到的事太异乎寻常，那可能是讽刺性的，需要研究发布的网站和作者来确认。

（7）核实自己对此新闻有无偏见。确认你现有的认知是否会影响对此新闻的判断。

（8）请教专家。咨询一位图书馆员，或者专注于信息核实事务的网站。

以下类似的耸人听闻的消息，是否经常能够遇到？虚假消息示例见图 6-2。

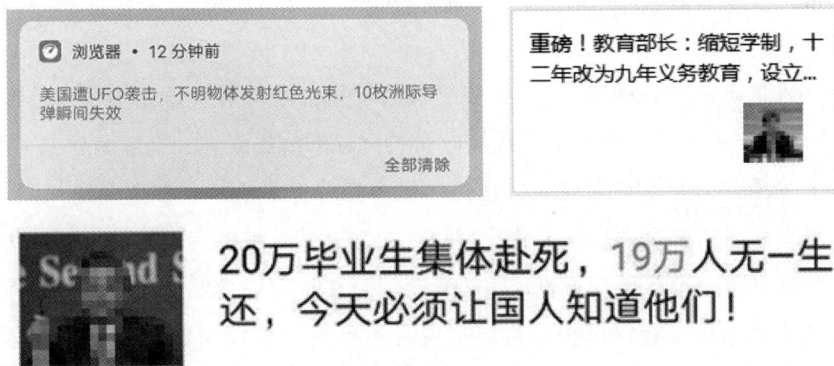

图 6-2　虚假消息示例

如何判断消息真伪？

一是查看来源：媒体是否权威，比如人民日报、新华社、中央广播电视总台；是官方媒体还是自媒体？

二是查看发布时间：时间上是否经得起推敲，是若干年前的"旧闻"，还是超前预测，或者是热点事件的即时发布？

三是主动选择可信度高的媒体，如关注官媒、高校官网，关注专业协会的微博 / 微信公众号，作为日常获取信息的习惯来源。

核实假消息的小贴士：

通过网络搜索不明信息中电话号码、信息内容等关键字（词），确认是否已有官方辟谣或通报。使用专用的辟谣工具查询，如微信辟谣助手、腾讯较真辟谣、中国互联网联合辟谣平台（https://www.piyao.org.cn）、头条辟谣等。

可将不明信息通过微博、微信公众号等新媒体平台发送给信息相关单位进行核实。

通过官方网站或 114 等可靠途径，查询并联系不明信息中自称的单位部门，确认不明信息真伪，切不可通过不明信息中提供的联系方式进行"核实"。

片面是很可怕的，有图未必有真相，音频可以炮制，有视频也未必有真相，视频可以剪辑。如果消息真的那么劲爆，地球人早就都知道了。

学以致用： 举例说明如何判断一则消息的真伪。

延伸阅读：

年轻人与网络诈骗无关？

提到电信网络诈骗，很多年轻人容易掉以轻心，觉得万万不可能发生在自己身上，自己肯定能一眼看穿骗子的骗局。然而据国家反诈中心公布的数据显示，在 2021 年电信网络诈骗的受害者中，18 岁以下占比 2%；18 至 35 岁占比 65.5%；36 至 59 岁占比 31.3%；60 岁及以上占比 1.4%。也就是说，从数据上看，竟然是最熟悉互联网的年轻人更容易被骗！这是为什么呢？

年轻个人信息容易"裸奔"。根据公安部的数据，电信网络诈骗手段早已经"加速迭代"，分工越发精细。年轻人使用网络时间长，留下的线索多，更容易信息"裸奔"，从而被犯罪分子盯上。站在旁观者的视角，很多骗局听起来都非常"儿戏"，很容易看破。但是被害者往往面临的是在大量数据的基础上，针对被害人"量身定制"的诈骗剧本，当对方精准地说出其生活中的每一个行为、习惯后，骗局就变得难以辨识了。

年轻更容易成为目标。根据上海市公安局的数据，2021 年在上海的年轻群体最容易中招的骗局主要有：兼职刷单类、网购类、冒充客服类、"杀猪盘"类、虚假贷款类等。

兼职刷单类诈骗之所以成为年轻人受骗最多的套路，最重要的原因就是部分年轻人缺乏稳定的经济来源，想要赚快钱，无法迅速辨识所谓的诱惑，从而落入诈骗陷阱。

高校中很多学生被骗，明明社会经验欠缺，却过于自信——"我这个学历，还有什么骗子能骗到我？"

除此之外,年轻人还有一个容易中招的特质:那就是遇事喜欢自己一个人扛。很多骗局,其实只要被害人和身边的人商量一下很容易就会看破了,而年轻人爱面子,遇到处理不了的问题不愿意求助,而这往往正中骗子的下怀。如果不确定自己是否正在遭遇电信网络诈骗,把手机放下,和身边的人聊一聊,很多时候就能脱困。

无论如何,在电信网络诈骗面前没有所谓"免疫人群",被骗的人也不全是所谓的"笨蛋",日常生活中始终要保持警戒心。建议收藏学习《反诈骗灵魂 8 问》,遇到不会处理的问题多向身边人求助,才能和诈骗套路彻底说拜拜。

反诈骗宣传图片见图 6-3。

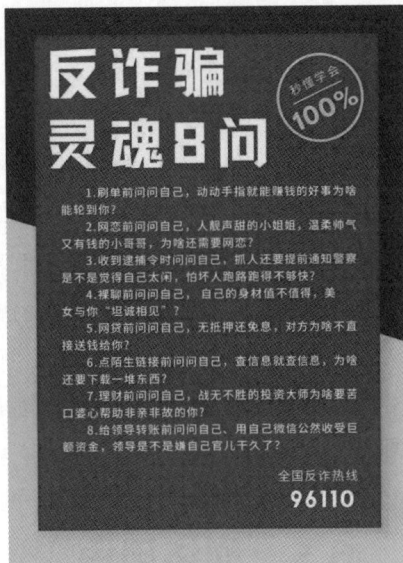

图 6-3　反诈骗宣传图片

6.4　正确运用网络

网络开创了一个新世界,但不单是美丽新世界,还有其丑陋暗黑的一面。网络作为载体和媒介,让信息传递交流有了无限可能,打破了时空界限,见所未见,让信息、知识、数据、文献的传播更加高效便捷。中国当代大学生的主力军——00 后,与中国互联网共同成长,网络常伴左右,通过网络获取信息、学习知识、交流情感、了解社会。但在网络积极一面的背后,潜伏着危险,网络以令人眩晕的色彩发出诱惑,部分网民尤其是青少年沉迷网络,不能自拔,迷失自我。网络是把双刃剑,人们要保持戒备心,提高自制力和判断力,正确运用网络,取其精华,去其糟粕,上网要适度,发挥网络积极一面为己所用,网络学习、网络求职、网络创业等非常值得提倡。我的地盘我做主,让自己做网络的主人,让网络成为自己手中有用的工具,才能把网络的作用发挥到最大,使网络成为我们最得力的助手。

延伸阅读:

创新创业——互联网带来无限可能

大众创业、万众创新的大背景之下,加之互联网的助力,带来无限可能与无限商机。曾经只是一名普通记者的"摩拜单车"创始人胡玮炜让"共享单车"在中国成为日常;WPS、金山词霸、卓越网、小米手机这些耳熟能详的品牌都与雷军密不可分,人们家中大概率有小米产品的身影。雷军一直奔跑在互联网之上,一直在创业。2021 年 3

月，知天命的雷军在小米春季发布会上表示，小米汽车是他人生中最后一次重大创业项目，为此"愿意押上我人生中所有积累的荣誉和战绩""为小米汽车而战"，计划 10 年投入 100 亿美元，造出年轻人第一辆车。

大学生创新创业训练计划项目，是中华人民共和国教育部决定在"十二五"期间实施的国家级大学生创新创业训练计划。通过实施国家级大学生创新创业训练计划，促进高等学校转变教育思想观念，改革人才培养模式，强化创新创业能力训练，增强高校学生的创新能力和在创新基础上的创业能力，培养适应创新型国家建设需要的高水平创新人才。

机会已经来了，就看你的创意了。来吧，尽情展示！

6.5　网络用语

今天的网络世界不仅是全民上网，而且是全民织网。网民将网络的优势发挥运用到极致，网络给了普通人一夜蹿红的机会，现如今网红博主也是一种职业，可以一夜涨粉 1000 万，只有网络能在几小时之内实现这样数量级的关注。于是网络用语应运而生，国家语言资源监测与研究中心 2021 年 12 月 6 日发布 2021 年度十大网络用语，十大网络用语依次为："觉醒年代""YYDS""双减""破防""元宇宙""绝绝子""躺平""伤害性不高，侮辱性极强""我看不懂，但我大受震撼""强国有我"。再如高校中广为人知的"内卷""摆烂"等词。

网络用语在未来一定会继续发展壮大，并将深刻影响现代语言和地球村的语言思维方式。语言的发展要靠不断创新，而互联网自由宽松的环境给语言的创新带来了极大的可能性。

请你回答：你最经常用到的网络词汇是什么？

6.6　网络暴力

每当网络上的热点事件引起舆论沸腾，激烈对立和争论有目共睹，极化的情绪和语言充斥着整个互联网生态。我们并不否认互联网为生活带来的便捷和高效，但事实上，正是因为互联网的利好推迟了我们对互联网副作用的反思，其后坐力已经日渐把网民分裂成两个对立阵营。于是，网民相互防备掣肘而不是共情同理，质疑谩骂而不是讨论协商，输出情绪而不是传递理性。网民的生活是被技术谱写的，被过量的信息包围，被廉价的快乐充斥，并且没有减缓的趋势。对话变得越发困难，因为双方说着不同的语言。于是，在任何一个话题引起舆论哗然时，群体的情绪先淹没了网络："番茄炒蛋是否放糖""豆花、月饼、粽子的咸甜之争""明星某战是不能触及的话题"……勒庞早在《乌合之众》一书中就预言了这些对立："群体永远漫游在无意识的领地，会随时听命于一切暗示，表现出对理性的影响无动于衷的生物所特有的激情，它们失去了一切批判能力，除了极端轻信外再无别的可能。"

这对人类的知识体系、思维方式以及理性思考能力、逻辑思维能力和判断能力都构成了极大的挑战。互联网越来越同质化、肤浅化，而当在舒适区习惯的网民走出舒适区的时候，他们就会怀疑为什么世界上有些人和自己的想法不同，继而攻击他人，谩骂也就随之诞生了。

"网络暴力"是一种依托网络平台或虚拟空间，兼具实在暴力因素的网络失范行为。一定规模的网民群体借由网络媒介技术通过人机界面实现感官化功能，对特定对象发起大规模的、非理性的攻击，对当事人身心、名誉、财产等方面造成实质性损害，影响社会价值观并干扰社会管理。

网络暴力的表现形式有三：对未经证实或已经证实的网络事件，在网上发表具有攻击性、煽动性和侮辱性的言论，造成当事人名誉损害；在网上公开当事人现实生活中的个人隐私，侵犯其隐私权；对当事人及其亲友的正常生活进行行动和言论侵扰，致使其人身权利受损。

网络暴力具有以下特性：

（1）广泛自发参与性。由于互联网的匿名性及参与过程的易操作性，网民纷纷自发卷入到与自身无关的网络暴力事件中。

（2）盲目从众性。网民的特殊结构导致其盲从性较强，加之传受双方信息不对称，舆论传播中羊群效应显著。

（3）初始动机朴素正义性。"正义"被视为人类社会最崇高的理想和追求，是社会管理的基本价值取向。大多网络暴力事件本身都涉及备受争议、触犯基本伦理道德的因素，广大网民将自己视为道德卫士，利用正义感对当事人进行道德审判，促使其在舆论驱使下回归道德底线。而这种初始动机的朴素正义，往往会随着舆论的推动被扭曲。

（4）价值观扭曲性。传统价值观是一个民族在长期历史积淀中形成的对处事标准的基本看法和态度。网络暴力事件本身往往触犯到传统价值观的底线，当事人所宣扬的价值观常与社会基本价值观相悖，跳脱大众价值观，对网络大众造成价值观扭曲，这就是网民常说的"尽毁"。

（5）个人利益侵害性。网络暴力以人格权益为行为客体，其后果都具有一定的人身依附性，并往往导致非虚拟性的后果。从语言攻击到人肉搜索，再到间接的现实影响，都会对当事人的身心、财产造成直接或间接的伤害，更甚者会危害生命安全。

（6）恶意制裁性。网络暴力存在于网络之中，不会产生真正物理上的伤害，却会对个体的心理造成严重伤害的行为现象。

　　"社会性死亡"出自美国作家托马斯·林奇 2006 年出版的《殡葬人手记》一书，书中有对死亡种类的描写："听诊器和脑电波仪测出的，叫'肌体死亡'；以神经末端和分子的活动为基准确定的，叫'代谢死亡'；最后是亲友和邻居所公知的死亡，即'社会性死亡'。"在当代中国语境下，"社会性死亡"多指在公众面前出丑丢脸，恨不得钻地缝、立刻离开这个星球，类似"公开处刑"之意，后来逐渐演化为"个体遭遇网络暴力后，陷入社交往来被阻断、社会声誉被倾轧困境的一种代名词"。"社会性死亡"（社死）一词在青年大学生群体中使用尤为广泛。类似的还有"社恐""社牛"。

　　传统社会话语体系中的文化传播通常以线性、中心辐射状等"一元中心"的方式进行，随着移动互联网和新媒体的普及，传统媒介主流文化话语体系的同一性和权威性受到巨大挑战，这种"去中心化"的模式源自人们渴望表达、追求自我的精神需求，传统垄断式的主流文化传播方式逐渐式微，而分散式、多中心信息文化的生态结构一旦诞生就展现出了蓬勃生机，网络喷子、键盘侠、杠精也随之诞生了。

　　网络喷子是指发表有意的带有攻击性、挑衅性的帖子或者内容的人，目的是让对方沮丧或者生气。键盘侠、杠精都属于网络喷子的范畴。网络喷子通常为了寻求心理刺激，从自身的世界观出发，不允许多元化价值观出现，以刺痛别人的心情、抬杠别人的言论来吸引眼球和关注，满足自身的优越感，是一种变态的心理需求。

　　有网友说："自从我说 0.5 乘 0.8 等于 0.4 被喷以后，我再也没跟别人争论过任何事。"在网络喷子的观念中，社会永远没有绝对真理，他们热衷于否定一切，喷个不停。非理性的情绪宣泄与耻化他者的暴力表达是他们的追求，脏话与刺激性言论同时存在。网络喷子一般具有以下特点：

　　（1）三低。"学历低、文化低、收入低"。随着网络的普及，文化水平较低的人也开始进驻，存在一些网民，其思维知识结构比较单一，喜欢断章取义，思考角度是"非黑即白"的二元对立观点，学历和文化限制了其思想的深度、眼界的广度。由于文化差异、生活背景的差异，让其对一些不同的观点进行抨击，"出口成脏"。

　　（2）网络的匿名性加剧了其实施行为的猖獗性。网络行为具有原始性和随意性，加之身处一个信息不被透明的环境之中，不担心被追责，觉得不为人知，就会变得肆无忌惮，尤其是其网络言论不被社会关系成员所了解，隐藏在屏幕和键盘之后，故而行为猖獗。

　　（3）理性化程度较低，容易被情绪煽动。键盘侠最早出现于 2014 年，是指社会现实中存在的一类特殊群体。他们在现实生活中胆小怕事，却喜欢占据网络道德制高点肆意评论社会事件或个人，彰显个人正义感，找寻个体存在感。激扬文字的键盘侠们平日里独自面对电脑屏幕敲击键盘或手机打字，对各大网络新闻事件进行评论，谈笑风生，毫无顾忌；而现实生活中他们躲避群体社交，内心怯懦不堪，摇身一变成为沉默的"路人甲"。网络上的键盘侠和现实中的沉默者存在着强烈的人格反差。

　　大学生中也存在键盘侠，潜伏网络空间，借助网名代号，隔着电脑手机屏幕，挥舞道德利剑，扮演江湖侠客，在网络空间中用文字的武器肆意发表言论，评论时政，攻击他人，并且针对自己的言论往往不承担任何责任。与"黑暗中的高调"形成明显反差的是他们"光明中的低调"。现实中，大学生键盘侠往往表现出人际关系离散，自我评价过低，意志行为怯懦，即典型的"言勇出，身怯行"。

"杠精"一词于 2017 年初现于"三微一端"（微博、微信、微视频、App 客户端），随后迅速走红网络，并被国家语言资源监测研究中心纳入了"2018 年度十大网络用语"。其专指与人交流时非常不愿接受他人的意见和看法，且情绪激烈，易于表达极端言论，甚至不问真相、不求是非，仅仅为反对而反对的人。进而网民还建构出了"杠精体质""杠精本精"等相关词汇。尽管在现实生活中也有网民以消遣娱乐的心态，借"杠精"一词或自黑自嘲或互嘲揶揄，但"杠精"强烈的负面符号、标签性质并没有得到根本改变。

6.7　注重网络安全　保护个人隐私

（1）保护个人敏感信息：姓名、身份证（号码）、手机号、学工号、银行卡号、家庭住址 / 通信方式、家庭成员等敏感信息不能随意填写、轻易提供，谨防信息裸奔；在公共网络环境中不处理个人敏感信息，不随意接入开放 Wi-Fi；快递单据消除个人信息后再丢弃；更不能泄露、传播、售卖他人 / 公民敏感信息。

（2）保护账号和密码：各种常用系统的账号和密码都要保密，密码怎么复杂也不为过，不要使用弱密码（123456、666666、888888），不要直接用生日、电话号码、证件号码等容易被猜测的信息作为密码。

（3）使用正版软件，对盗版说不！不随意下载安装非官方正规渠道软件或 App，不随意点击来历不明的链接或网站；在注册使用网站或 App 时需仔细阅读隐私政策或用户协议等，查看对应内容，确保自身权益得到相应保障，不做非必要授权，不用隐私换便利，防止霸王条款。

（4）对手机、电脑进行必要的安全设置，电脑要安装杀毒软件，平时要进行杀毒管理，做好备份，维修时要注意找可靠站点修理，并做好私密保护。

（5）在使用微信、微博、QQ 空间、贴吧、论坛等社交软件时，避免透露或标注真实身份信息，谨慎上传相关信息，照片、准考证、成绩单等要做必要的模糊处理，以防不法分子盗取个人信息。

（6）谨言慎行，网络不是法外之地，维护清朗网络环境，不传谣、信谣、造谣，不冲动发表不当言论。

在这个"互联网有记忆"的信息时代，隐私泄露造成的伤害几乎是不可控、不可逆的。

学习相关法律知识，发现违法犯罪行为及时向有关部门举报。自身信息被泄露或违法使用后，要寻求司法救助，用法律武器保护自身合法权益。

2016 年 11 月 7 日，第十二届全国人民代表大会常务委员会第二十四次会议通过《中华人民共和国网络安全法》，自 2017 年 6 月 1 日起施行。《中华人民共和国网络安全法》是为了保障网络安全，维护网络空间主权和国家安全、社会公共利益，保护公民、法人和其他组织的合法权益，促进经济社会信息化健康发展，制定的法规。

延伸阅读：

《中华人民共和国刑法》有关条目

第二百九十一条之一投放虚假的爆炸性、毒害性、放射性、传染病病原体等物质，或者编造爆炸威胁、生化威胁、放射威胁等恐怖信息，或者明知是编造的恐怖信息而故意传播，严重扰乱社会秩序的，处五年以下有期徒刑、拘役或者管制；造成严重后果的，处五年以上有期徒刑。

编造虚假的险情、疫情、灾情、警情，在信息网络或者其他媒体上传播，或者明知是上述虚假信息，故意在信息网络或者其他媒体上传播，严重扰乱社会秩序的，处三年以下有期徒刑、拘役或者管制；造成严重后果的，处三年以上七年以下有期徒刑。

第 7 章　阅读改变人生 |　🔍

7.1　阅读的意义

阅读不能改变人生的长度，但它可以改变人生的宽度，让人生在有限的长度内，宽广辽远，波澜壮阔，奔腾汹涌，浩荡激越。

阅读不能改变人生的物相，但它可以改变人生的气象。外在的形貌基于遗传而难以改变，但人的精神可以因阅读而蓬勃葱茏、气象万千。

阅读不能改变人生的起点，但它可以改变人生的终点。阅读让人生永不听任命运的摆布，把握自己，执着地走向梦想的极地。不论出身境地优裕或是贫寒，阅读可以改变人生的坐标和轨迹，奏响人生的乐章。

传统纸本阅读这件看似再平常不过的行为蕴含着深刻的含义，那些白纸黑字需要经过训练有素的读者的破译才有意义，虽然熟练的读者瞬间就能做好这样的破译，但是将印刷文字翻译为心灵意象的确是一项令人惊讶的复杂工作，它包含一种极具创造性的想象力，是其他脑力活动所不及的。阅读让我们变得更聪明更智慧。

7.2　大学生课外阅读——从 1977 年到 21 世纪 20 年代

1977 年恢复高考，1978 年改革开放，几十年间，中国高等教育发生了翻天覆地的变化。从"千军万马过独木桥"到"普及化大众化"；从"相对落后"到"规模第一"；从"大扩招"到"内涵发展"……中国正在实现从高等教育大国到高等教育强国的历史性跨越。

与此形成鲜明对比的是，大学生课外阅读时间不断减少，由最高峰时平均每周 15h 左右减少到半数大学生每周不足 3h，由"时间之长，超过了过去任何时期"到不占少数的大学生课外阅读时间"少得可怜"甚至不阅读，课外阅读时间下降已是不争的事实。

20 世纪 80 年代是一个特殊的年代，国人刚刚从过去的茫然、失落中解脱出来，新的思想、新的意识形态、新的经济现象崭露头角。20 世纪 80 年代是中国飞跃发展的时代，也是思想发生巨变的时代，特别是 20 世纪 80 年代中后期，官倒、不正之风、脑体倒挂、教育危机等热点问题引起民众的极大关注，改革开放的举步维艰，苏联、东欧的政治体制改革，风靡一时的西风思潮热，在向现代化迈进的目标中，中西文化又一次开始激烈的交锋与碰撞。知识分子与生俱来的忧患意识和社会责任感使得他们再次登上了中心意识形态的舞台，讴歌时代变革，以启蒙带动现代化，以思想文化革命推进社会改造，在学术界走马灯似的出现了各种热潮，渲染和引领一种宏伟的、激越的、理想化的社会文化风气。在这种强烈氛围感染下，人们思想极其活跃，尤其是青年读者紧随时代潮流，一个充满激情的读书时代来临了。

1988 年 4 月对复旦大学学生课外阅读情况的调查中，总共 324 人中有 40.7% 常读世界名著（其中文科生为 40.8%，理科生为 40.6%），有 39.4% 常读中国当代力作（其中文科生为 37.6%，理科生为 40.6%），有 19.9% 常读中国古典名著（其中文科生为 21.6%，理科生为 18.8%），有 34.4% 喜欢宋词（其中文科生为 39.1%，理科生为 31.4%），有 27.7% 常读唐诗（其中文科生为 25.6%，理科生为 29%），而常读武侠、风俗、侦探、惊险、科幻小说的同学分别为 19.6%、12.5%、11%、7.8% 和 6.5%。同学们说，他们爱读世界名著和中国当代力作的主要原因是：读世界名著不只是一种文化享受，还可以陶冶自己的情操，提高自身的文化素养，将历史作为一面镜子深刻地理解今天。中国当代力作反映了这一代人进一步发展和完善当今社会的愿望、要求和心声，促进他们对当代社会的思考。

进入 20 世纪 90 年代，1991 年苏联一夜之间解体，冷战结束。中国现代化进程迈出了实质性步伐，20 世纪 80 年代的大学生更关心政治，关心国家大事，把自己和国家的命运联系在一起，他们对自己的权利认识不多，而更多地考虑责任、义务，以及如何献身于祖国的事业。20 世纪 90 年代的大学生面对着市场经济大潮的冲击，他们的人生观、价值观呈现多元化发展，相比之下，他们仍然有责任感，但权利意识比较强，浪漫的色彩逐渐淡化，他们变得非常实际，更多关心的是自己，自己未来的工作情况，学习带有很大的目的性。特别是高校招生并轨收费、毕业生就业制度改革，"铁饭碗"被打破，终身性的职业变少。用人单位对毕业生的需求结构和层次有了较大的改变，大学生的知识结构、能力结构必须做出相应调整。对于大学生来说，除掌握好所学的专业知识和基本技能外，还必须具备与市场经济发展相适应的新的能力。他们读书的目的性更强，更明确，这也正是在 20 世纪 90 年代以后阅读率开始下降的原因。

1996 年底对中国矿业大学 700 余名大学生课外阅读情况的调查显示：大学生最喜欢阅读的 10 种书是《红楼梦》《平凡的世界》《简·爱》《三国演义》《围城》《飘》《穆斯林的葬礼》《钢铁是怎样炼成的》《水浒传》《中国可以说不》。对大学生成长影响最大的 10 本书是《平凡的世界》《钢铁是怎样炼成的》《简·爱》《居里夫人传》《周恩来传》《红楼梦》《围城》《人生》《毛泽东传》《邓小平文选》。大学生最希望阅读的 10 种书是《中国可以说不》《乱世佳人》《走下圣坛的周恩来》《钢铁是怎样炼成的》《文化苦旅》《我的父亲邓小平》《呼啸山庄》《邓小平文选》《曼哈顿的中国女人》《雾都孤儿》。

1999 年中华人民共和国教育部出台《面向 21 世纪教育振兴行动计划》，高校开始扩招，高等教育从精英化迈入大众化。网络刚好也在 20 世纪 90 年代中后期开始进入国人的视野，闯入了我们的生活，其发展速度之快超过了以往任何一个行业，网络渐渐成为我们生活不可割舍的一部分。我们现在的生活需要互联网，以后的生活将依赖互联网，互联网正在改变我们的生活，甚至有人说："不管你现在做什么或有什么想法，你必须要迎接互联网，然后适应互联网，除此之外你别无选择。"以网络为代表的新的传播方式的兴起，分流了受众，纸质媒体（书刊）不再是获取知识的主要渠道，越来越多的大学生不再局限于传统的阅读生活，阅读热情在降低，与此形成鲜明对比的是大学生上网时间迅速增加。此外，生活节奏加快，考级升学就业压力迅速增大，外部客观环境的变迁等诸多因素导致大学生课外阅读时间的流逝。00 后大学生更是伴随着互联网成长起来的一代，他们的阅读习惯，从小就是数字化的。2007 年沈阳地区高校大学生经典名著、畅销书阅读情况调查表见表 7-1。

表 7-1　　2007 年沈阳地区高校大学生经典名著、畅销书阅读情况调查表

书名	应答情况		占本题应答总数（1355 人）百分比	大学生阅读比例排名
	应答频数	占应答总数百分比		
《西游记》	776	6.70%	57.30%	1
《红楼梦》	758	6.50%	55.90%	2
《三国演义》	725	6.20%	53.50%	3
《水浒传》	699	6.00%	51.60%	4
《唐诗三百首》	690	5.90%	50.90%	5
《钢铁是怎样炼成的》	652	5.60%	48.10%	6
《简·爱》	649	5.60%	47.90%	7
《幻城》	580	5.00%	42.80%	8
《射雕英雄传》	542	4.60%	40.00%	9
《鲁滨逊漂流记》	533	4.60%	39.30%	10
《雷雨》	520	4.50%	38.40%	11
《骆驼祥子》	491	4.20%	36.20%	12
《围城》	484	4.20%	35.70%	13
《哈利·波特系列》	432	3.70%	31.90%	14
《飘》	419	3.60%	30.90%	15
《论语》	406	3.50%	30.00%	16
《达·芬奇密码》	380	3.30%	28.00%	17
《红与黑》	327	2.80%	24.10%	18
《史记》	271	2.30%	20.00%	19
《安娜·卡列尼娜》	269	2.30%	19.90%	20
《品三国》	203	1.70%	15.00%	21
《细节决定成败》	193	1.70%	14.20%	22
《平凡的世界》	163	1.40%	12.00%	23
《〈论语〉心得》	163	1.40%	12.00%	24
《白鹿原》	116	1.00%	8.60%	25
《邓小平文选》	114	1.00%	8.40%	26
《时间简史》	107	0.90%	7.90%	27

多年来大学生的阅读喜好可以概括为：对文学类图书的深爱，对所谓"休闲娱乐消遣"图书的偏爱，对热点图书、畅销图书的追捧，以及近年来"功利性"阅读的盛行。

以往的调查研究大多对"休闲娱乐消遣"阅读持否定态度，对"功利性"阅读持批判态度。说到"休闲娱乐消遣"类图书，就不得不回到究竟为什么"读书"这个问题上来，为了心灵？为了生存？为了功利？为了消遣？还是为中华之崛起读书？阅读需要有以下几个层次：消遣需要、实用需要、求知需要、审美需要、探索社会和人生的需要、研究创造的需要，概括起来可以划分为学习性阅读和休闲性阅读两大类型。必须承认"消遣娱乐"也是阅读的目的和动机之一，有时甚至可能还是唯一的阅读冲动。

所谓"功利性"阅读，自古有之，无论是"学而优则仕"，还是"富家不用买良田，书中自有千钟粟；安居不用架高堂，书中自有黄金屋；出门莫恨无人随，书中车马多如簇；娶妻莫恨无良媒，书中自有颜如玉；男儿若遂平生志，六经勤向窗前读。"千百年来对中国社会的影响是根深蒂固的。中国高等教育大众化的准备阶段从内涵到外延的发展几乎在一瞬间，就业压力迅速增大。在社会需要实用型人才和就业难的双重压力下，大学生功利性阅读倾向也就不足为奇了，阅读带有明显的实用性质，校园内多年热度不减的"考级热""考证热""考研热"，众多学子猛啃书本，快速充电。始于 2020 年的"内卷"一词是竞争激烈的真实写照；2022 年中国高校毕业生已经超过千万，达到 1076 万；2022 年全国硕士研究生报考人数为 457 万，首次突破了 400 万和 450 万，录取人数为 110.7 万，录取率为 24.22%。"功利性阅读"在市场经济条件取向下具有一定的合理性、正当性，属于文化生产性需求。"功利性阅读"并非孤立存在，必须承认多年来中国的学校教育、家庭教育、社会教育中种种功利性的表现，对人的心灵、理性的培养不足，强调为将来从事某种职业做准备，看重实用性的唯智主义，倾向明显的急功近利的狭隘教育乱象，功利性阅读是"存在即是合理"的真实写照。

深度思考：对你影响最大的书是哪本？

7.3　纸本阅读与数字阅读并存互补

世界范围内数字时代的到来，数字阅读以其新锐、跨时空、海量等特质而成为新的阅读方式，不断冲击着人们的感官。

2023 年 4 月 23 日，第 28 个世界读书日，中国新闻出版研究院发布第二十次全国国民阅读调查结果：

（1）2022 年我国成年国民各媒介综合阅读率持续稳定增长，数字化阅读方式接触率增幅稍高于纸质图书阅读率：成年国民包括书报刊和数字出版物在内的各种媒介的综合阅读率为 81.8%。图书阅读率为 59.8%；报纸阅读率为 23.5%；期刊阅读率为 17.7%；数字化阅读方式 (网络在线阅读、手机阅读、电子阅读器阅读、Pad 阅读等) 的接触率为 80.1%。对我国城乡成年居民 2022 年图书阅读率的考察发现，城镇居民的图书阅读率为 68.6%；农村居民的图书阅读率为 50.2%。

（2）成年国民数字化阅读倾向进一步增强，手机移动阅读成为主要形式：进一步对各类数字化阅读载体的接触情况进行分析发现，2022 年有 77.8% 的成年国民进行过手机阅读；71.5% 的成年国民进行过网络在线阅读；26.8% 的成年国民在电子阅读器上阅读；21.3% 的成年国民使用 Pad（平板电脑）进行数字化阅读。

（3）2022 年我国成年国民人均纸质图书和电子书阅读量均较上年有所提升，纸质图书阅读更受欢迎：从成年国民对各类出版物阅读量的考察看，人均纸质图书阅读量为 4.78 本。人均电子书阅读量为 3.33 本。纸质报纸的人均阅读量为 14.76 期（份）。纸质期刊的人均阅读量为 1.88 期（份）。通过对我国城乡成年居民图书阅读量的考察发现，我国城镇居民的纸质图书阅读量为 5.61 本；农村居民的纸质图书阅读量为 3.77 本。

（4）成年国民阅读量保持总体稳定，通过"听书"和"视频讲书"方式读书成为新的阅读选择：从成年国民倾向的阅读形式来看，有 45.5% 的成年国民倾向于"拿一本纸质图书阅读"；有 32.3% 的成年国民倾向于"在手机上阅读"；有 8.1% 的成年国民倾向于"在电子阅读器上阅读"；有 6.8% 的成年国民倾向于"网络在线阅读"；有 8.2% 的成年国民倾向于"听书"；有 2.8% 的成年国民倾向于"视频讲书"。从成年国民对个人阅读数量的评价来看，2022 年，有 3.3% 的国民认为自己的阅读数量很多，有 11.2% 的国民认为自己的阅读数量比较多，有 55.0% 的国民认为自己的阅读数量一般，有 30.5% 的国民认为自己的阅读数量很少或比较少。

（5）成年国民读书时间和网络阅读同步保持增长，手机阅读等轻阅读占用阅读时间越来越长，深度阅读有待加强；在传统纸质媒介中，成年国民人均每天读书时间最长，为 23.13min；人均每天读报时长为 5.05min；人均每天阅读期刊时长为 3.15min。在数字化媒介中，成年国民人均每天手机接触时间最长。2022 年我国成年国民人均每天手机接触时长为 105.23min；人均每天互联网接触时长为 66.58min；人均每天电子阅读器阅读时长为 10.65min；人均每天接触 Pad（平板电脑）的时长为 8.79min。

（6）超过三成的成年国民养成了听书的习惯，城乡差异逐步缩小。

（7）全民阅读品牌活动知晓度和参与度都有所提高，居民对阅读活动的满意度保持较高水平。

从阅读习惯来看，浏览一份电子文件比浏览一份纸质文件要困难得多，对两份或更多份文件进行比较时，使用纸质文件要容易得多；人们更愿意从垂直方向进行阅读，而绝大多数电脑显示器都要求用户从水平方向进行阅读。数字阅读是阅读方式的一种，它弥补了传统纸本阅读的部分缺陷，给读者提供了另一种选择，但纸本阅读的优势也是它所不能及的。

时下的大学生可谓被"三屏"包围着，电视的"大屏"、电脑的"中屏"、手机的"小屏"，这三屏特别是智能手机的"小屏"大大扩充了大学生的视界和沟通方式，增加了知识展示的维度与选择，打通了知识与娱乐的鸿沟，丰富了视听生活，还创造出了神奇的虚拟世界，却在慢慢侵吞并颠覆着传统学习与阅读方式，不占少数的大学生流连忘返，沉迷于屏幕构建的网络世界。如果说读书是"深"阅读，而读屏则是"浅"阅读和"轻"阅读，相对于图书阅读来说，读屏更多的是一种扫射、浏览状态。

在网络上"阅读"似乎是很惬意的事：无比丰富的资源，浏览器里满天飞舞的文字，移动端里绵绵不绝的信息潮水，永远都不必担心发生书荒无书可读。今天的大学生在网上幸福地冲浪时，难以想象当年的学长、学姐们在书店里磨蹭着翻书，在图书馆排队借阅的情景，那时的资源是有限的，大学生们的钱包是干瘪的，他们囫囵吞枣地读着，恨不得把眼睛当成一架摄像机，把大脑变成一张磁盘。网络改变了人类原本的阅读习惯，在网上更多的是一扫而过，深入阅读是较为稀有的。碎片化阅读泛滥，牺牲了深入阅读的功能，人变成信息的解码者，形成丰富的精神连接的能力被搁置。纸本阅读时代，我们尚能从容不迫，网络时代，却开始失去耐心，追求速度。速度对于阅读是相当有害的，速成式的阅读，也许可以获得短暂的感官满足或是刺激，然而最终可能收效甚微。网络阅读也在降低阅读者的逻辑思维能力。在高速运作的互联网上，更多时候"阅读"已经被"浏览"所代替，特别是4G、5G技术的普及，视频成了网络上的盛宴，一屏又一屏的长短视频，观看（刷屏）似乎成了常态，浏览也好，观看、刷屏也罢，都无法和阅读相提并论，其难以细细体味文字的优美和魅力，更不必说享受读书时的悠闲和自在，视频更是让我们连翻译文字的能力都有所丧失，思考变浅，甚至不思考。

数字阅读不会取代传统纸本阅读，因为传统的文本阅读中存在着一个文化传统，当我们阅读时会进入这个文化传统中思考，网络无法做到这一点。一本书拿在手中阅读、细细品味，和在屏幕上拖动鼠标快速浏览，用指尖触屏不断翻页，感觉显然是不一样的。如果传统阅读消亡，人类的很多想象能力也会消失。传统阅读和网络阅读差异很大：阅读内容不同，我们不能保证传统阅读内容都是精华，但网络上的内容参差不齐，有相当一部分相对肤浅，甚至低俗不堪，目前还不能完全同纸质媒体相提并论。碎片化阅读长驱直入，长期热衷或是偏好甚至是习惯于碎片化阅读，会导致人脑愈发浅薄化和思维愈发碎片化。网络阅读让人感觉轻松，而传统阅读有时却让人觉得累，这是因为传统阅读大多会引发人们深层次思考的缘故，纸张上带着墨香的印刷文字允许我们真正以自己的时间、自己的速度，用自己的眼睛和自己的心理去感知和想象。或者说，网络阅读更多的时候是快餐式的"浅阅读"，而传统阅读是缓慢地品评与回味，是一种深层次的学习和思考，是在吃一道博大精深的文化大餐。前者的特征是"推"，传播者主动，读者被动；后者的特征是"拉"，传播者被动，读者主动。上网冲浪时，拉开一扇又一扇大门，打开一个又一个别有洞天。网上阅读风光无限，既可能是宝库，也可能是"垃圾"，甚至"毒品"。网络也许可以成为我们的另一双眼睛，但网络不应代替我们思考。更多时候，还是应该回归到文本中去，用传统的方式，把自己的灵魂沉入书海中去，在语言文字里出生入死。传统阅读可以选择多种方式和环境，自由随意。沉浸在阅读之中，人会变得沉静、平和，网络阅读则受制于阅读方式和周围环境，同时由于大量信息对视觉的冲击以及带来的心理压力，往往使网络阅读者的阅读心态变得浮躁而富有功利性。

在现如今的大学中，不读书不会受到冷遇，不上网却会有形单影只的感觉。在获取最新资讯、快速沟通等方面，网络有很大的优势，它可以迅速传播信息，随时随地进行交流，因此，它日益成为大学生快节奏生活中难以割舍的一部分。任何人都无法否认它的出现给人类社会带来的巨大影响，也将无法估计在今后的发展进程中它将要扮演什么样的角色。但就目前来看，网络的出现，只是使人们又多了一条获取知识和信息的途径，快捷方便也只是从功能的角度来诠释，它只是人们发明的一件工具或者器物，读网不应取代读书。相反地，网络阅读是对传统文本阅读的补充，可以借助网络去查阅书中有关知识，以及对自己感兴趣的问题进行研究。网络亦非一个无奇不有、无所不包的超级帝国。网上的一些知识缺乏系统性，而且不够完备，通过网络阅读很难全面获得大学生所需的知识与技能，以文科学习为例，涉及诸多书籍，需要的恰恰是精读，即反复阅读、咀嚼思考的过程。一个具备相当人文素质的大学生，仅仅能够从网上获得信息还不够，还必须通过课内与课外的阅读，培养独立思考的能力，受到一些最基本的学术训练，才能够真正有效地加工、利用这些信息并学以致用。网络的强大检索功能易使阅读者丧失自我寻找的能力，浏览式的、跳跃式的网络信息难以形成专一的系统的思考。书籍的意义在于它所提供的信息更加接近知识，而绝非一般意义上的信息，更不是大众传媒所追逐的娱乐。如果沉溺于碎片化生活方式带来的短暂快感，就很难有时间深入地、系统地进行目标性阅读，无法通过选择、消化、梳理而完整地建构知识体系，也就谈不上灵活地创造性运用知识。更甚的是，碎片化阅读还会使读者形成一种惰性化的依赖，习惯于通过搜索、提问或者交互来获得知识碎片，不容易形成深度的、批判性的、理性化的、系统的知识体系。由于信息来得太容易，大学生在撰写论文、完成作业的过程中一字不差地复制、粘贴抄袭的不是少数。在网上，文章满天飞，得失瞬间事，应该收获知识而不是信息。网络毕竟只是工具，创造性思维的产生必须要有一个基本的读书量。清晰表达思想的能力必须通过大量的阅读才能获得，网络的长驱直入、沉迷其中，加快了人们阅读技能的萎缩速度。传统阅读教会我们健康地生活，帮助我们观察社会、提升自身素质。关掉屏幕，去阅读伟大的著作，会开启智慧之门，素面朝天的文字可以赋予我们无止境的联想，咀嚼无声无息的文字可以让思想飞扬。阅读是一种心灵的坚守，只有在阅读中，通过积累，把学习的知识不断转化为自身的素质，加入自己的生命体验，才能在电子文本的帮助下，产生出创造性的思维，从而把思维的触角伸得更广、更深。随着知识经济时代的到来，未来必将是一个学习型的社会，这意味着它必然也是一个"阅读"社会，"学会学习""终身学习"是对所有社会成员的要求，这主要靠自学，自学就需要阅读。无论是印在纸上，还是存储于网络之上，文字所承载的文化力量是永恒不变的，阅读行为仍将是人类永恒的生活方式。

延伸阅读：

娱乐至死

《娱乐至死》是美国媒体文化研究者、批判家尼尔·波兹曼于 1985 年出版的关于电视声像逐渐取代书写语言过程的著作。该书封面上一家四口坐在沙发上面对电视机，却没有脑袋，寓意电视在把人的脑袋掏空。

今时今日，大众传媒在网络加速和资本操控之下真的是全民娱乐、娱乐时代、娱乐之城、娱乐至死。过去 24h 里，有多长时间是捧着手机被里面的沙雕视频、搞笑段子逗笑；有多少时间在为明星爱豆的黑点八卦义愤填膺；又有多少时间被耸人听闻的新闻标题吸引点击阅读；还有多长时间是在通过各种媒介汲取知识，丰富自我？

《娱乐至死》一书封面见图 7-1。

图 7-1 《娱乐至死》一书封面

《2014 年国务院政府工作报告》首次提及全民阅读："促进基本公共文化服务标准化均等化，发展文化艺术、新闻出版、广播电影电视、档案等事业，繁荣发展哲学社会科学，倡导全民阅读。"2015 年政府工作报告第一次提及书香社会："繁荣发展哲学社会科学，发展文学艺术、新闻出版、广播影视等事业，重视文物、非物质文化遗产保护。提供更多优秀文艺作品，倡导全民阅读，建设书香社会"，成为政府工作报告中最浪漫的愿景。截止到 2023 年，全民阅读连续十次被写入政府工作报告。

阿根廷著名作家、国立图书馆馆长博尔赫斯说，我心里一直都在暗暗设想，天堂应该是图书馆的模样。

网络是工具性的，更倾向于搜索和浏览。而书籍则传承着历史，背负着时代的精髓，进行着文化的积淀。网络是神奇的革命，数字阅读嘉惠于人，但是不应取代传统纸本阅读。传统纸本阅读也要与时俱进，两者互补共进才是唯一的出路。

千百年来人类最伟大的智慧、最伟大的思想无一不蕴藏在书籍之中。人类精神发育最重要的载体就是阅读。阅读不是一个民族可以一劳永逸解决的问题，而是这个民族的每一个个体都要开始重新面对的问题。网络时代，阅读媒介的变化带来的阅读变革再次证明：形式的改变往往与内容无关，无论是青灯黄卷阅读，还是在线即时浏览，文字所承载的文化力量是永恒不变的。即使将来我们无所不能，阅读始终是帮助我们找到一方净土，抚慰心灵的最有效途径。阅读，是大学生永恒的主题；阅读，是大学最美的风景。今天，你阅读了吗？

从 2015 年起，清华大学邱勇校长会给被录取的新生送书，一起来看看这七年的书单吧，和清华学子共读同一种书。2015—2021 年清华校长送给新生的图书见图 7-2。

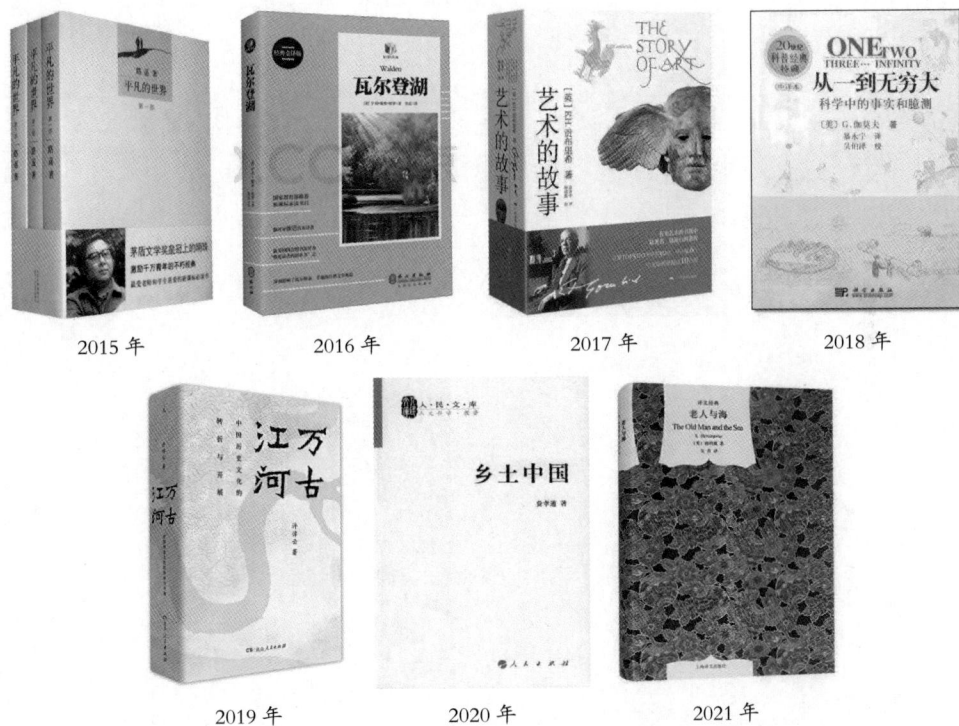

| 2015 年 | 2016 年 | 2017 年 | 2018 年 |

| 2019 年 | 2020 年 | 2021 年 |

图 7-2　2015—2021 年清华校长送给新生的图书

没时间真的不是理由，只要每天找出 15min 读书就可以博览群书。一个中等水平的读者可以用每分钟 300 字的速度读一本一般性的书籍，就多数小说、传记、游记以及有关个人爱好和兴趣方面的书而言，每 60s 读 300 字的速度恰到好处。15min 就能读4500 字，1 周 7 天读 31500 字，1 个月是 126000 字，1 年的阅读量可以达到 1512000

字。书籍的篇幅一般从 60000 字到 100000 字不等，平均起来大约 75000 字。每天读 15min，1 年就可以读 20 本书，这个数目是可观的，却并不难实现，唯一需要的是读书的决心。有了决心，不管多忙，一定能找到这 15min。同时，一定要手边有书。一旦开始阅读，这 15min 里的每一秒都不应该浪费。事先把要读的书准备好，触手可及，这样一定会每天读 15min 的书。那么可以一周读半本书，一个月读 2 本，一年读 20 本，一生读 100 本或者超过 1000 本。

深度思考：哪种书多年来在中国高校图书馆借阅榜单持续上榜，经久不衰？

附录　常用相关词汇

1. 馆际互借

图书情报机构之间根据事前订立并保证恪守的互借规则，相互利用对方的藏书，以满足读者需要的服务方式，是文献资源共享的一种传统形式。

2. 镜像站点

能够忠实复制某个原始信息源的另外一个站点，当网络用户与镜像站点的"电子距离"比原始站点更近时，镜像站点就可以为用户提供更有效的存取服务，本地镜像是国内图书情报机构购入的电子资源实现访问的常见做法。

3. 科技查新

简称查新，是指查新机构根据查新委托人提供的需要查证其新颖性的科学技术内容，按照中华人民共和国科技部《科技查新规范》操作，并做出结论。

4. 文献传递

现代意义的文献传递是在信息技术的支撑下从馆际互借发展而来，但又优于馆际互借的一种服务。图书馆或文献中心通过一定的方式，从异地获取读者所需文献，提供给读者的服务。通过文献传递服务，可以实现文献资源共享，高效地利用现有文献资源。

5. IF

影响因子（impact factor，IF）：源于汤森路透（科睿唯安始于汤森路透公司的知识产权与科技事业部）出品的期刊引证报告（journal citation reports，JCR）中的一项数据。影响因子是一个相对统计量，某期刊前两年发表的论文在该报告年份中被引用总次数除以该期刊在这两年内发表的论文总数。现已成为国际上通用的期刊评价指标，它不仅是一种测度期刊有用性和显示度的指标，而且也是测度期刊的学术水平，乃至论文质量的重要指标。

中国知网"期刊导航"可查询国内期刊影响因子，有复合影响因子与综合影响因子两种。

6. CALIS、CASHL、CADAL、DRAA

CALIS：中国高等教育文献保障系统（China academic library & information system）。

CASHL：中国高校人文社会科学文献中心（China academic social sciences and humanities library）。

CADAL：大学数字图书馆国际合作计划（China academic digital associative library）。

DRAA：高校图书馆数字资源采购联盟（digital resource acquisition alliance of Chinese academic libraries）。

7. DOI

数字对象标识符（digital object identifier，DOI）：数字对象唯一标识符，具有唯一性、持久性、兼容性、互操作性、动态更新的特点。一个 DOI 由两部分组成：前缀和后缀，中间用"/"分割，并且前缀以"."再分为两部分，对前缀与后缀的字符长度没有任何限制，理论上 DOI 编码体系的容量是无限的。

DOI 示例：10.16267/j.cnki.1005-3956.201503001

袁隆平院士 2015 年在《杂交水稻》第 3 期上发表的《发展超级杂交水稻 保障国家粮食安全》一文。

8. EI、SCI、SSCI、ISTP（CPCI）、CSCD、CSSCI 和同行评议（审）

《工程索引》（engineering Index，EI）：由美国工程师学会联合会于 1884 年创办。

《科学引文索引》（science citation index，SCI）：美国科学情报研究所（ISI）的尤金·加菲尔德（Eugene Garfield）于 1957 年在美国费城创办的引文数据库。

《社会科学引文索引》（social science citation index，SSCI）：其是 SCI 的姊妹篇，可以用来对不同国家和地区的社会科学论文进行统计分析的大型检索工具。

《科技会议录索引》（index to scientific & technical proceedings，ISTP）：创刊于 1978 年，由美国科学情报研究所编辑出版。该索引收录生命科学、物理与化学科学、农业、生物和环境科学、工程技术和应用科学等学科的会议文献，包括一般性会议、座谈会、研究会、讨论会、发表会等。其中工程技术与应用科学类文献约占 35%，其他涉及学科基本与 SCI 相同。

科睿唯安基于 Web of Science 的检索平台，将 ISTP 和 ISSHP（社会科学及人文科学会议录索引）两大会议录索引集成为 ISI Proceedings。集成之后 ISTP 分为文科和理科两种检索，分别是 CPCI-SSH 和 CPCI-S。故它们还统称为 ISTP，也有人叫它们 CPCI。

SCI、EI、ISTP（CPCI）是世界著名的三大科技文献检索系统，是国际公认的进行科学统计与科学评价的主要检索工具。SCI 最能反映基础学科研究水平和论文质量，ISTP、EI 这两个检索系统评定科技论文和科技期刊的质量标准方面相比之下较为宽松。

2020 年 3 月，中华人民共和国教育部和中华人民共和国科学技术部联合发文，明文要求反对唯 SCI 至上，尤其不可以完全通过文章的影响因子来决定职称评定、工作机会和科研经费分配。

《中国科学引文数据库》（Chinese science citation database，CSCD）：创建于 1989 年，收录我国数学、物理、化学、天文学、地学、生物学、农林科学、医药卫生、工程技术、环境科学和管理科学等领域出版的中英文科技核心期刊和优秀期刊千余种，已积累从 1989 年迄今的论文记录 600 多万条，引文记录 9000 多万条，被誉为"中国的 SCI"。

《中文社会科学引文索引》（Chinese social sciences citation index，CSSCI）：由南京大学投资建设、南京大学中国社会科学研究评价中心开发研制的人文社会科学引文数据库，用来检索中文人文社会科学领域的论文收录和被引用情况。其始创于 1997 年底，1998 年南京大学组建了"CSSCI 项目课题组"，开始了 CSSCI 数据库（第一版）的研发，并于 2000 年投入使用。

《中国引文数据库》是以中国知网《中国学术文献网络出版总库》的文后参考文献和文献注释为信息对象建立的规范引文数据库。

同行评议起源于英国，最早出现在英国《皇家学会哲学汇刊》的论文评审之中。同行评议指由不存在利益冲突的独立专家对提交的论文、报告等进行学术评价，检验其方法、过程、结论等的可靠性，由从事该领域或接近该领域的专家来评定一项研究工作的学术水平或重要性的一种方法。同行评议被西方国家用于科研基金、科技论文和科技成果奖励等科研管理当中，是应用范围最广、时间最久的定性评价方法之一，如同行评议期刊、同行评议文章。

9. ESI

科睿唯安的基本科学指标数据库（essential science indicators，ESI）：其是 2001 年推出的衡量科学研究绩效、跟踪科学发展趋势的基本分析评价工具。ESI 已成为当今世界范围内普遍用以评价高校、学术机构、国家 / 地区国际学术水平及影响力的重要评价指标工具之一。

10. ETD

电子学位论文（electronic theses/ dissertations，ETD）。如美国宾夕法尼亚州大学电子论文库。

11. IEE、IET、IEL、IEEE、IEEE Xplore

英国工程技术学会（institution of engineering and technology，IET）：其总部位于英国伦敦，是欧洲规模最大、全球第二（仅次于 IEEE）的国际专业学会。IET 前身为英国电气工程师学会 IEE，IEE 创立于 1871 年，最早名称为电报工程师学会，1888 年正式更名为英国电气工程师学会（institution of electrical engineers，IEE），2006 年英国电气工程师学会（IEE）和国际工业工程师学会（IIE）合并，更名为英国工程技术学会（IET）。

电气与电子工程师学会（institute of electrical and electronics engineers，IEEE）总部位于美国纽约，是一个国际性的电子技术与信息科学工程师的学会，也是全球最大的非营利性专业技术学会。其数据库原名为 IEL，即 IEEE electronic library 的简称，现检索平台为 IEEE Xplore。

12. IR

机构知识库（institutional repository，IR），也称机构仓储。机构知识库指聚集了本机构成员学术作品与成果的知识库，它是开放获取发展的产物。利用互联网技术和信息保存技术，将机构成员的成果保存下来，并且建立一定的元数据标准，对这些成果进行组织、标引，让本机构的成员免费利用的知识服务。

13. ISBN、ISSN、CN

国际标准书号（international standard book number，ISBN）：其是专门为识别图书等文献而设计的国际编号。2007 年 1 月 1 日之前，国际标准书号由 10 位数字组成，分为四段：组号（国家、地区、语言的代号）、出版者号、书序号和校验码。2007 年 1 月 1 日起，实行新版 ISBN，由 13 位数字组成，总共五段，在原来的 10 位数字前加上 3 位 EAN（欧洲商品编号），图书产品代码为 "978"。ISBN 相当于图书的身份证号码，全球通用，全球唯一。

例： 高等教育出版社 2014 年出版的《高等数学》ISBN 为 978-7-04-039663-8 或 9787040396638。

国际标准连续出版物号（international standard serial number，ISSN）：其是为各种内容类型和载体类型的连续出版物（报纸、期刊、年鉴等）所分配的具有唯一识别性的代码。适用于连续出版发行的印刷或非印刷出版物，包括期刊、报纸、年报以及各种学会会志、记事、会报、汇刊和丛刊等。由冠以 ISSN 字符的八位数字组成，前后四位数之间用 "-" 隔开。

CN 为国内统一刊号，是我国报刊管理部门为了便于报刊统计、管理而按一定规则进行编排的号码总称。

例： 沈阳工程学院学报（社会科学版）ISSN 为 1672-9617，CN 为 21-1518/C。沈阳工程学院学报（自然科学版）ISSN 为 1673-1603，CN 为 21-1524/N。

14. http、https

http 是超文本传输协议，信息是明文传输。

https 是具有安全性的 SSL 加密传输协议。

http 和 https 使用的是完全不同的连接方式用的端口也不一样，前者是 80，后者是 443。

http 的连接很简单，是无状态的。https 协议是由 SSL+HTTP 协议构建的可进行加密传输、身份认证的网络协议，要比 http 协议安全。https 协议需要到 CA 申请证书，一般免费证书很少，需要交费。

15. OA

开放获取（open access，OA）：其是为实现对信息平等、公开的获取而产生的一种学术出版与交流模式，是国际学术界、出版界、图书情报界为了推动科研成果利用互联网自由传播而采取的运动。开放获取资源主要有预印本系统、开放获取期刊、开放获取机构库。

16. OCRID

2010 年 8 月，ORCID（open researcher and contributor identifier）公司在美国宣布成立。ORCID 为非营利组织，愿景是为全球学者免费提供唯一的、永久的标识（ID），通过与学术生态系统中多个角色广泛合作，将 ID 与该 ID 对应的学术成果、教育背景、工作履历、基金资助等数据关联起来，进而准确追踪全球学者与机构的隶属关系及其研究成果。

ORCID 为学者赋予的 ID 由 16 位数字构成，ID 编码方式符合 ISO 27729 国际标准，并从国际标准名称标识符（international standard name identifier，ISNI）申请 0000-0001-5000-0007 至 0000-0003-5000-0001 编码区间用于 ID 分配。

17. OPAC

联机公共目录检索系统（online public access catalog，OPAC）：其通过与图书馆内部书刊管理系统联机，实现用户检索图书、期刊的需要。OPAC 是图书馆开展服务及读者检索资源的重要工具，针对馆藏文献的搜索引擎，属于馆内集成业务系统的一个子系统。

18. PMID

PMID 是 PubMed 唯一标识码，用于为 PubMed 数据库中收录的生命科学和医学等领域的文献编号。从编号 PMID:1 开始，每年约有 1 百万新条目被加入。PMID 与 ISBN 和 DOI 类似，可以在 PubMed 数据库中直接使用，每一个 PMID 编号都对应着唯一一份文献，读者可以免费查阅文献的标题、作者、摘要等信息。

19. URL、OpenURL

统一资源定位系统（uniform resource locator，URL）：其是因特网的万维网服务程序上用于指定信息位置的表示方法。它最初是由万维网之父蒂姆·伯纳斯·李发明用来作为万维网的地址。现在它已经被万维网联盟编制为互联网标准 RFC1738。

OpenURL 即"开放链接"，是一项技术标准（NISO Z38.99.2004）。开放链接是一种附带有元数据信息和资源地址信息的"可运行"的 URL。可用来解决二次文献数据库到原文服务的动态链接问题，服务提供方（通常是图书馆）维护的链接解析器能够在相关服务网页上动态生成开放链接。

20. IP

Internet protocol：因特网协议。

intellectual property：知识产权。

21. CARSI、OpenAthens、Shibboleth、VPN

中国教育和科研计算机网统一认证与资源共享基础设施（CERNET authentication and resource sharing infrastructure，CARSI）：支持师生用户在校外无须连接校内 VPN，通过统一身份认证方式就可以访问学术数据库。

Athens 最早是由英国 EduServ 公司开发的用于提供单点登录服务的身份和访问管理系统，后来加入了 SAML 标准推出新的 OpenAthens。Shibboleth 和 OpenAthens 同样是基于 SAML 的身份认证和访问管理系统，两者在技术实现上没有太大差异。其主要区别在于，Shibboleth 是开源实现，由社区进行产品维护和支持，安装部署需要有关单位自行解决，对负责实施的联盟组织和图书馆有一定的技术门槛。OpenAthens 属于商业产品，是一套成熟的基于云端的产品解决方案，由公司负责其商业化运作并提供服务支持。Shibboleth 是一个针对 SSO 的开源项目。Shibboleth 项目主要应用在校园内 Web 资源共享，以及校园间的应用系统的用户身份联合认证。

　　虚拟专用网络（virtual private network，VPN）。VPN 属于远程访问技术，简单地说就是利用公用网络架设专用网络，进行加密通信。VPN 网关通过对数据包的加密和数据包目标地址的转换实现远程访问。WebVPN 提供基于 Web 的内网应用访问控制，允许授权用户访问只对内网开放的 Web 应用，实现类似 VPN 的功能。

参考文献

[1] 戴建陆，张岚．文献信息检索 [M]．北京：中国电力出版社，2021．

[2] ZIKOPOULOS P. Harness the Power of Big Data：The IBM Big Data Platform[M]．New York：McGraw-Hill Professional，2012．

[3] 中国互联网络信息中心．第 50 次中国互联网络发展状况统计报告 [R/OL]．(2022-08-31)[2022-09-22]．http：//www.cnnic.cn/NMediaFile/2022/0916/MAIN1663312359252H1J8O7CGR2.pdf．

[4] 李军．大数据从海量到精准 [M].北京：清华大学出版社，2014．

[5] 曾晓牧，孙平，王梦丽，等.北京地区高校信息素质能力指标体系研究 [J].大学图书馆学报，2006(03)：64-67．

[6] 韩丽风，王茜，李津，等．高等教育信息素养框架 [J]．大学图书馆学报，2015，33(06)：118-126．DOI：10.16603/j.issn1002-1027.2015.06.017．

[7] 深圳职业技术学院图书馆．疫情中的信息洪流，怎样考验了你？[EB/OL].（2020-02-14）[2022-04-30].https：//mp.weixin.qq.com/s/zsAWyE24eYsXvfUaP0V0Ag?version=4.0.3.6007&platform=win．

[8] 古典．跃迁 [M]．北京：中信出版社，2007．

[9] 赖茂生，徐克敏．科技文献检索 [M]．北京：北京大学出版社，2014．

[10] 欧美同学会．聚焦｜"国士"邓稼先，海归中的无名英雄！[EB/OL].(2019-07-31) [2022-06-30]．https：//baijiahao.baidu.com/s?id=1640542655099139160&wfr=spider&for=pc．

[11] 高信成．图书分类 [M]．北京：中国书店出版社，1992．

[12] 中国国家图书馆．国图概况 [EB/OL]．[2022-04-01]．http：//www.nlc.cn/dsb_footer/gygt/lsyg/index_2.htm．

[13] 赵俊杰．美国科技报告体系建设概况 [J]．全球科技经济瞭望，2013，28(03)：1-7．

[14] 掌桥科研．美国政府科技报告是什么？在哪里可以下载？[EB/OL]．(2020-12-14)[2020-04-15]．https：//www.sohu.com/a/438191217_120363032．

[15] 凯文·凯利．必然 [M]．周峰，董理，金阳，译．北京：电子工业出版社，2016．

[16] 陈根.“碎片化阅读”进一步加强，蜜糖还是砒霜？[EB/OL].（2021-03-27）[2022-07-07].https：//user.guancha.cn/main/content?id=484888.

[17] CNKI 工具书库. 把关人 [M/OL].[2022-05-04].https：//gongjushu.cnki.net /RBook/Detail?entryId=R2006100030000021&PlatForm=.

[18] 吴广智，郭斌，丁亚三，等. 假消息认知机理研究综述 [J]. 计算机科学，2021，48(06)：306-314.

[19] 托马斯·林奇. 殡葬人手记：一个阴森行业的生活研究 [M]. 张宗子，译. 北京：外语教学与研究出版社，2015.

[20] 行远. 人民网三评“社会性死亡”之一：下一个是谁？[EB/OL].（2020-10-30）[2022-05-07].http：//opinion.people.com.cn/n1/2020/1130/c223228－31948883.html.

[21] 梁思思，曹东勃.“社会性死亡”：青年网络暴力新趋势及治理路径 [J]. 社会科学战线，2022(04)：234-240.

[22] 李华君，曾留馨，滕姗姗. 网络暴力的发展研究：内涵类型、现状特征与治理对策——基于 2012-2016 年 30 起典型网络暴力事件分析 [J]. 情报杂志，2017，36(09)：139-145.

[23] 唐甜. 网络喷子对网络空间环境的影响研究 [J]. 传播力研究，2018，2(28)：238-239.

[24] 张昌羽.“杠精”群像：表征，生成及引导策略 [J]. 现代传播（中国传媒大学学报），2021，43(12)：21-24.

[25] 汕头市公安局. 全民反诈 | 年轻人更容易被电信诈骗？别不信，真是这样 [EB/OL].(2022-04-27)[2022-06-09].https：//www.shantou.gov.cn/stsgaj/gkmlpt/content/2/2056/mpost_2056350.html# 3485.

[26] 巴丹. 阅读改变人生 [M]. 北京：东方出版社，2010.

[27] 奥斯罗. 假如每天读书 15 分钟 [EB/OL].(2006-07-23)[2022-06-25].http：// zhidao.baidu.com/question/9932499.html.

[28] 窦天芳，张书华，张蓓. ORCID 的现状，风险与对策 [J]. 数字图书馆论坛，2022(02)：47-52.

[29] 杜慰纯，宋爽，李娜，等. 信息获取与利用 [M]. 2 版. 北京：清华大学出版社，2016.

[30] 周建芳. 信息素养与信息检索 [M]. 北京：科学出版社，2021.